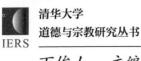

清华大学
道德与宗教研究丛书

万俊人　主编

美德之心

李义天　著

商务印书馆
创于1897
The Commercial Press

"清华大学道德与宗教研究丛书"序

　　无论是从人类文明暨文化的历史源生学意义上审视，还是从文明暨文化之核心内涵的阐释学意义上理解，道德与宗教从一开始便具有难以分割的文明暨文化之孪生特性或身份（status），尽管现代哲学家和思想家出于科学理性的启蒙诉求，曾在很长时间里不遗余力地将道德从宗教的"禁锢"中解放出来，但最终也难以将两者真正分离开来。这一点不仅已然为马克斯·韦伯的宗教社会学研究所证实，也始终普遍存活于人类的日常经验生活和民间信仰之中——无论在传统社会还是在现代社会——而成为一种"不言而喻"的大众确信。譬如：中国民众坚信不疑的因果（善恶）报应观念、天命观念；世代传承不绝的祭天（如儒家之"天人合一"）、祭祖（如儒家之"慎终追远"）等世俗文化习俗；等等。现代精神分析宗师弗洛伊德曾借喻"图腾"（totem）与"禁忌"（taboo）以释原始的"宗教"和"道德"，虽未必十分精确，却不失其辞意妙用。易言之，道德与宗教从来就是，且极可能永远都是人类生活中不可分割的两个最隐秘相契而又复杂纠缠的文明暨文化因子，某种意义上甚至可以说：二者的精神交融随着人类文明暨文化的不断演进而变得日益突出和重要。

　　如所周知，我们现在使用的"道德"一词，来自对英文 morality 的翻译，其词源词根是拉丁文 mores，基本含义是指人类生活的习俗。"习俗"看起来是一个纯粹的描述性语词，并无"道德"那样明显的

i

规范或约束（禁忌）性含义，不过这并不意味着对"道德"的词源学考察削弱了"道德"一词的重要性。古希腊抒情诗人品达有一句曾被希罗多德高度赞扬过的名言："习俗是万物之王。"[①] 如果基于这一认识而将"道德"关联于人类生活的习俗来理解，那么反而可以说，对"道德"的词源学考察恰恰意味着从文化史的视野凸显了道德之于人类生活的重要性。不同的人群具有不同的生活方式，形成了不同的文化，造就了不同的文明，而道德就是构成人类生活方式的精神内核，从而也是构成一个文明的精神内核。

当然，我们也同时看到：一方面，"现代性道德谋划"（麦金泰尔语）和现代伦理学人一直在做超越"习俗"、探究"后习俗伦理（学）"的持续努力，以期为我们所处的这个日趋公共化的现代生活世界提供尽可能具有"普遍有效性或约束力"的"后习俗伦理（学）"。这种努力是值得关注的，也是可以甚至是轻易就能够从现实的经验生活世界获得大量客观依据和事实支持的。但另一方面，如果因为"普遍有效性或约束力"的吁求成为现代伦理学的唯一甚或全部追求，那么，又该如何确保文化多元主义关于文明暨文化多样性的平等诉求？即便这种"普遍有效性或约束力"真实可能，那么道德规范的法规化是否意味着道德对法律的僭越？或者反过来，道德可能会遭到现代法律放逐而沦落至文明暨文化的边缘？更让人焦虑的是，某种话语霸权主义的"普遍有效性或约束力"宣称，常常因为其文化解释权的垄断与价值优越性的自负而使得这一谋划成为可疑的"文化政治"性图谋，更何况，道德与宗教的密切勾连已然成为"普遍理性主义伦理学"难以逾越的障碍？！

---

① 希罗多德：《希罗多德历史：希腊波斯战争史》（上），商务印书馆1959年版，第212页。

　　历史地看，人类的道德观念往往蕴含于宗教之中，而这显然不仅仅是出于教育或教化（paideia）的理由。在后冷战时代提出"文明冲突论"的哈佛著名教授亨廷顿就直截了当地把宗教作为界定文明的主要因素，从而有如下明确断论："在所有界定文明的客观因素中，最重要的通常是宗教。"① 我们现在使用的"宗教"一词，来自对英文 religion 的翻译，其词源则来自拉丁文 religio，基本含义是指人对神的敬虔态度、崇拜心理或义务感。西塞罗首次在普世灵性主义（ecumenic spiritualism）的意义上使用了这个词，试图将人类对终极的神性实在的超越性体验区别于或多或少未能摆脱偶像崇拜的迷信，而后这个词被拉丁教父们接过，又通过教会的延续流传到了现代西方。② 当然，现在我们谈到"宗教"，往往关联于一系列特定的社会生活制度和礼拜仪式，往往指向维系着或大或小人类群体的灵性生活的制度化存在。

　　从人类生活方式的多样性中，似乎可以合理地推导出人类道德观念的多样性和人类宗教形态的多样性。这一结论看起来也符合客观事实。但必须指出，塑造了高级文明的道德学说或宗教教义往往隐含着普世主义诉求，而这也正是我们理解道德与宗教之密切关系的又一条重要线索。③ 成熟的道德传统往往通过诉诸普遍人性的观念，鼓吹人之为人的生活方式，而宗教之所以撇开政治制度另起炉灶，也正是其普遍性诉求的一种制度化的公开表达。质言之，普世主义往往依赖于对某种超越的神性实在的真切体验，而后者又被看作普遍人性的建构

---

① 亨廷顿：《文明的冲突与世界秩序的重建》，周琪等译，新华出版社 2010 年版，第 21 页。

② 沃格林：《天下时代》，叶颖译，译林出版社 2018 年版，第 99—100 页。

③ 沃格林认为，无论是从人的体验的层面还是从与体验相关的符号化的层面看，中文中的"天下"与西文中的"普世"（ecumene）都具有等价关系，因此，普世主义也就等价于天下主义。参见沃格林：《天下时代》，叶颖译，译林出版社 2018 年版，第 371 页。

性力量。

以上对道德与宗教之于人类文明的重要性以及二者密切关系的简要分析足以表明，从历史和哲学的双重维度将道德与宗教关联在一起加以研究，属于综合性的人类文明研究的核心部分，同时也是一项具有当代普遍意义的智识事业，在中西文明交流如此深入繁复的今天，此类研究的学术意义和现实意义之重大当不言而喻。

在中文学术视域中追溯"道德"与"宗教"的西方词源之所以还具有正当性，也正是因为现代中国或"中国现代性"本身就诞生于中西文明的全方位际遇之中。现代中国的人文学传统更是深受西方文明和文化的持续强化的影响，尤其从当下的视角看，经过了一百多年高强度、高密度的中西际会，西方之于中国，已经不再仅仅作为一个"分离的他者"而存在，毋宁说，现如今西方已经内在于我们，甚至不是作为可以划出清晰界限的一个部分而内在于我们，而是以如此深刻的方式内在于我们：在我们的生活世界中时时刻刻全方位地发挥着它的影响。中西文明的全方位际遇当然是西方殖民主义历史的一部分，它在给中国人带来极大痛苦的同时，也让我们经受到了前所未有的文明暨文化危机。然则，在一种理性而智慧的文化理解中，危机亦是契机，也就是说，中西际遇给中国人带来的历史性危机实际上也成为中国文明向西方文明学习，进而启动自身现代化进程的历史性契机。一百多年来，中国人一直在真诚而顽强地向西方学习，在某些方面甚至丝毫不弱于我们的邻国日本，这一点有目共睹、毋庸置疑。而泊今为止，中国人通过学习西方所取得的历史性成就也是有目共睹的。反过来看，如果充分意识到现代性本身就包含着西方文明的危机，那么，对中国现代性道路的探索与反思就必须直面如下问题：中国文明和文化要在西方文明和文化的巨大挑战中，通过自我肯定和学习对方而获得自身的更新，同时又必须克服中西文明暨文化的双重危机。

1922 年 4 月，任教于国立东南大学的吴宓在其主编的《学衡》杂志第 4 期上发表了著名的《论新文化运动》一文。可惜，后人多诟病吴宓此文对新文化运动过于激烈的批评，而忽略他在此文中提出的新文化构想。在此，我们愿郑重引用：

> 今欲造成中国之新文化，自当兼取中西文明之精华而熔铸之、贯通之。吾国古今之学术、德教、文艺、典章，皆当研究之、保存之、昌明之，发挥而光大之。而西洋古今之学术、德教、文艺、典章，亦当研究之、吸取之、译述之，了解而受用之。若谓材料广博，时力人才有限，则当分别本末轻重、小大精粗，择其尤者而先为之。中国之文化，以孔教为中枢，以佛教为辅翼。西洋之文化，以希腊罗马之文章哲理与耶教融合孕育而成。今欲造成新文化，则当先通知旧有之文化。盖以文化乃源远流长，逐渐酝酿，孳乳煦育而成，非无因而遽至者，亦非摇旗呐喊、揠苗助长而可致者也。今既须通知旧有之文化矣，则当于以上所言之四者，孔教、佛教、希腊、罗马之文章哲学及耶教之真义，首当着重研究，方为正道。

吴宓先生以儒、佛、希腊（包括罗马）、基督教概括中西文明的精华，实可谓中正平实，在当时直接针对新文化运动的主帅胡适等人对中西文明的偏激理解，尤其是他们基于全盘性反传统主义立场而对中西古典传统的全盘性否定。吴宓先生从中西文明的历史源流谈起，对中西古典传统采取了双重肯定，并基于这种双重肯定勾勒了中国未来新文化的基本蓝图，即以中西文明的融会贯通为大方向。1925 年，吴宓先生应邀执教于清华大学，任国学研究院主任（院长），因而将他关于中国未来文化开展的新构想全面贯彻到了清华国学研究院的建设中，从而也极大地塑造了现代中国人文学史上的清华学统。可以说，到目前为止，吴宓的上述看法仍是现代中国人文学史上对中西问题的最好刻画，也是关于中国文化的未来发展所提出的最好方案。

学术界更为熟悉的是陈寅恪先生在 1934 年为冯友兰《中国哲学史》（下册）所写的"审查报告"中，通过对佛教传入中国这一中国文明史上的"大事因缘"的简要刻画，而提炼出来的对待外来文化的思想态度：

> 窃疑中国自今日以后，即使能忠实输入北美或东欧之思想，其结局当亦等于玄奘唯识之学，在吾国思想史上，既不能居最高之地位，且亦终归于歇绝者。其能于思想上自成系统、有所创获者，必须一方面吸收输入外来之学说，一方面不忘本来民族之地位。此二种相反而适相成之态度，乃道教之真精神，新儒家之旧途径，而二千年吾民族与他民族思想接触史之所昭示者也。①

不难见出，陈寅恪先生对中西文明的基本看法与吴宓高度一致，他的言下之意显然是：中西文明的全方位遭遇是佛教传入中国之后中国文明史上的又一大事因缘，从而也是世界历史的一大事因缘。

其实，早在 1905 年，王国维先生在《论近年之学术界》一文中就基于本土文化与外来文化之间能动与受动的关系而将中西思想的历史性遭遇与儒教与佛教的历史性遭遇相提并论，从而以"第二之佛教"

---

① 陈寅恪：《金明馆丛稿二编》，生活·读书·新知三联书店 2009 年版，第 284—285 页。

来描述"西洋之思想"在进入中国之后可能具有的地位。① 1906 年，在《奏定经学科大学文学科大学章程书后》一文中，在为哲学学科辩护的语境中，王国维先生明确断言："异日发明光大我国之学术者，必在兼通世界学术之人，而不在一孔之陋儒，固可决也。"② 晚年执教于清华大学的王国维先生处在"道出于二"的处境意识中，其政治立场更趋于保守，对西方现代文明的批评也相应升级，但并未改变他对西方学术，尤其是他对西方历史科学（其实是指整个人文学）的高度肯定。③

奠定清华学统的另一位重要人物梁启超先生，也和他的上述几位同事持类似态度。1902 年，流亡海外的梁启超先生提出著名的"新民说"，即是以中西调和论为其新民说的文化纲领：

> 新民云者，非欲吾民尽弃其旧以从人也。新之义有二：一曰淬厉其所本有而新之；二曰采补其所本无而新之。二者缺一，时乃无功。……有冲突则必有调和。冲突者，调和之先驱也。善调和者，斯为伟大国民。……故吾所谓新民者，必非如心醉西风者流，蔑弃吾数千年之道德、学术、风俗，以求伍于他人；亦非如墨守故纸者流，谓仅抱此数千年之道德、学术、风俗，遂足以立于大地也。④

---

① 谢维扬、房鑫亮主编：《王国维全集》第 1 卷，浙江教育出版社 2010 年版，第 121 页。

② 谢维扬、房鑫亮主编：《王国维全集》第 14 卷，浙江教育出版社 2010 年版，第 36 页。

③ 晚年王国维对中西政治与学术的理解可参见作于 1924 年的《论政学疏稿》，载谢维扬、房鑫亮主编：《王国维全集》第 14 卷，浙江教育出版社 2010 年版，第 211—216 页。

④ 林志钧主编：《饮冰室合集》第 6 册专集 4，中华书局 1989 年版，第 5—6 页。

1919 年，梁启超先生从第一次世界大战之后的欧洲游历归来，对西方文明的反思与批判在程度上比以往更深，而在《欧游心影录》一书的最后，他谈到"中国人对于世界文明之大责任"时则以中西文明的化合立论："我们的国家，有个绝大责任横在前途。什么责任呢？是拿西洋的文明来扩充我的文明，又拿我的文明去补助西洋的文明，叫他化合起来成一种新文明。"①

20 世纪末，清华大学启动全面复建文科学科群的重大谋划，2000 年 5 月清华大学哲学系复建，不久有关宗教学、人类学、考古学系（所）的复建事宜也先后被提上有关议程，但因机缘未到而搁置。为弥补因此而可能造成的学科体系建构的不足或阙失，我们在学校的支持下，取得校友和各界友好人士的支持与帮助，采取建构若干校级和院级的高水平学术研究平台，以为后续学科建构之铺垫。2001 年 10 月，"清华大学道德与宗教研究中心"经校务委员会批准正式成立。关于中心的工作宗旨，我们在公告中精心表述为：面向全球，面向社会各界，促进中外学术交流，推动中国文化的更新与转型，深化伦理学与宗教学研究，为解决新世纪人类面临的共同性道德问题和信仰问题提供思想资源。2015 年 12 月，中心改制为"清华大学道德与宗教研究院"。研究院以清华大学哲学系之伦理学、宗教学、中国哲学等专业的教师为主体，联合校内相关院系和相关专业学者，成立多个研究中心，注重理论联系实际，就世界各大文明的思想源流展开专题研究和比较研究。2020 年底，研究院与商务印书馆共同策划了"清华大学道德与宗教研究丛书"，现在，该丛书即将付梓，于是再次申言道德与宗教及其融合研究之于人类文明暨文

---

① 林志钧主编：《饮冰室合集》第 7 册专集 23，中华书局 1989 年版，第 35 页。

化的重要性，并借此略述清华人文学统，重提中西文明暨文化全方位际遇这一世界历史之大事因缘。

以为序，在望焉！

万俊人　唐文明　圣凯

公元 2021 年 6 月 30 日

于清华大学蒙民伟人文楼 B102 室

目　录

第一部分　伦理学与心理学

美德伦理学的源头在古代，但美德伦理学的价值在现代。正是在批评现代规则伦理学、改善现代伦理知识、更新现代伦理范式的进程中，美德伦理学融合古今资源而赢得人们的认同。这意味着，如果我们打算在现代知识语境中为美德伦理学提供论证和辩护，那么，我们不仅应该认真梳理美德伦理学的古代经典（特别是亚里士多德主义），而且需要严肃对待美德伦理学的现代议题及其面临的现代挑战。毫无疑问，现代学人的研究同时肩负着"阅古析今"的双重任务，因此不可避免地存在张力。然而，正是在顾盼古今的宏大视野之间，现代学人的研究才会基于丰富的文本和多维的视角而变得丰厚与开阔。

在现代伦理学的谱系中，美德伦理学亟待以一种完整而融贯的面貌呈现于世。在这个意义上，美德伦理学研究不能停留于与规则伦理学进行简单的比较或反驳，也不能局限于对美德伦理学的一般特征或方法的描述，而是应该深入美德伦理学内部，探究其赖以成立的心理基础和行为模式，从而构造美德伦理学的心灵理论和行动理论。相比而言，前一项任务更为紧迫。这不仅因为，美德伦理学提供的任何行动指南都必须建立在关于"美德"的道德心理说明之上；更因为，在最一般的意义上，"美德"本来就被理解为行为者的内在品质（character）。无论是被阐释为"秉性"（disposition）、"态度"（attitude），还是"倾向"（orientation）①，"品质"概念始终是对道德行为者的某种心理状态的描述。

_____

① 参见 Tom Beauchamp, *Philosophical Ethics*, New York: McGraw-Hill Book Company, 1982, p. 150; Joel Kupperman, "Character and Ethical Theory", in Peter French et al. eds., *Ethical Theory: Character and Virtue*, Notre Dame: University of Notre Dame Press, 1988, p. 116; Jonathan Webber, "Character, Attitude and Disposition", *European Journal of Philosophy*, Vol. 23, No. 4 (2013)。

与规则伦理学相比，美德伦理学对行为者心理结构及其反应机制有着更大的兴趣和关注。这也可以解释为什么从心理层面出发对规则伦理学展开批判，构成了美德伦理学研究的现代起点和主要论题。1958 年，英国哲学家伊丽莎白·安斯库姆（G. E. M. Anscombe）发表的论文《现代道德哲学》，不仅复兴了美德伦理学的整体讨论，也重启了美德伦理学的心理议题。在她看来，规则伦理学的两个重大失误皆体现在道德心理层面：第一，规则伦理学忽略了因文化背景变迁而导致的行为者心理结构改变的事实，仍然固守某些已然丧失心理基础从而缺乏实践有效性的规则伦理概念①；第二，规则伦理学压缩了某些依然活跃并实际发挥作用的心理机制，遮蔽了那些事实上存在且本应得到澄清和发扬的美德伦理概念②。概言之，规则伦理学日益表现出对人类经验尤其是心理经验的远离——"不管这种远离是因为功利主义者对于实现一种关于满足感的普遍计算的兴趣，还是因为康德主义者对于具有广泛一般性的普遍原则的关心。"③ 为此，安斯库姆感叹道："我们目前的道德哲学研究是不会有什么收获的；在我们拥有一种恰当的心理哲学之前，我们绝对应该先把道德哲学放在一旁。"④

出于这样的不满和忧虑，美德伦理学在批评规则伦理学的过程中，格外注重对行为者心理状态的把握，即澄清行为者的真实心理结构，揭示行为者的具体心理反应。既有文献表明，这方面的探讨已然成为

---

① G. E. M. Anscombe, "Modern Moral Philosophy", *Philosophy*, Vol. 33, No. 124 (1958), p. 1.

② G. E. M. Anscombe, "Modern Moral Philosophy", *Philosophy*, Vol. 33, No. 124 (1958), pp. 4 – 5.

③ Martha C. Nussbaum, "Non-Relative Virtues: An Aristotelian Approach", in Martha Nussbaum, Amartya Sen eds., *The Quality of Life*, Oxford: Clarendon Press, 1993, p. 242.

④ G. E. M. Anscombe, "Modern Moral Philosophy", *Philosophy*, Vol. 33, No. 124 (1958), p. 18.

当前美德伦理学的重心。比如，菲利帕·福特（Philippa Foot）在《美德与恶德，以及其他道德哲学论文》一书中延续安斯库姆的思路，着手讨论性格、欲望的伦理价值。① 罗莎琳德·赫斯特豪斯（Rosalind Hursthouse）通过其代表作《论美德伦理学》力图证明，理性与情感在实践推理中至少同等重要。② 迈克尔·斯洛特（Michael Slote）在《源自动机的道德》中，系统地发展了一种"基于行为者的美德伦理学"，试图将纯粹的内在性理解为美德的根本特征③；而在《关怀伦理学与移情》等近期作品中，他又借助近代道德情感主义及其移情理论来为美德的有效性提供辩护④。

　　美德伦理学对规则伦理学的批评，以及由此获得的吸引力与美誉度，在很大程度上，与它对行为者的心理状况的深入理解和阐释相关。或者说，正是对心理问题的强调与谋划，使得美德伦理学成为规则伦理学的有力竞争者，从而跻身现代伦理学主流。因此，阐释并建构一种充分有效的心理基础，已成为美德伦理学确立合法性、提升说服力的重要任务。⑤ 在此过程中，围绕亚里士多德主义美德伦理学展开探究，无疑是首要的。这不仅因为亚里士多德主义构成了美德伦理学最重要的典范，而且因为，在亚里士多德那里依然蕴藏着丰富但又复杂的道德心理论述，亟待美德伦理学的研究者加以整理和展开。为此，

---

　　① Philippa Foot, *Virtues and Vices and Other Essays in Moral Philosophy*, Berkeley: University of California Press, 1978, chs. 1, 10.

　　② Rosalind Hursthouse, *On Virtue Ethics*, New York: Oxford University Press, 1999, chs. 4, 6 - 7.

　　③ Michael Slote, *Morals From Motives*, New York: Oxford University Press, 1992, chs. 1 - 2, 7.

　　④ Michael Slote, *Morals From Motives*, New York: Oxford University Press, 1992, chs. 1, 4.

　　⑤ Robert B. Louden, "On Some Vices of Virtue Ethics", in Roger Crisp, Michael Slote eds., *Virtue Ethics*, New York: Oxford University Press, 1997, p. 202.

我们首先对伦理学与心理学的亲缘性进行历史的考察，然后对当前道德心理学的基本概念予以梳理，进而确定亚里士多德主义美德伦理学的主要心理议题所在。

第一章 伦理学与心理学的亲缘性

对心理问题予以道德哲学的关注和讨论，并非美德伦理学的专利。道德行为者的心理结构及其功能，从来都是伦理学研究的重要主题。不同类型伦理学之间的差别，并不在于它们是否在意或探讨这个问题，而在于它们如何以及在多大程度上在意并探讨这个问题。

伦理学对心理现象的考察，常常表现为关于"灵魂"或"心灵"的探究。虽然这些议题不能完全兼容于现代心理科学，围绕它们的伦理探究也远不如后者那么精确或实证，但这并不足以取消伦理学的讨论。因为，从思想史的角度讲，"灵魂"和"心灵"等概念正是伦理学在现代心理科学之外或之前用于探究心理现象的基本进路。① 在这个意义上，毋宁说，恰恰是伦理学的讨论（部分地）构成了现代心理科学的思想源流，而不是相反。即便心理科学在当前占据优势，它也无法替代伦理学对心理现象的观察与判断。因为，在一个宽泛但必要的意义上，"心理学"不应被局限于"心理科学"，而应被视为"心理知识"的总称。相应的，"道德心理学"也不应被局限为"关于道德的心理科学研究"，而应被理解为"关于道德心理现象的知

---

① 虽然古人"对心灵所做的生理学或形而上学研究，对我们今天理解精神性的经验几乎毫无帮助，但是他们发展并提炼的概念——理性、无理性、欲求、情感、动机、实践和理论思想——却用处甚广，超越了历史"。参见安东尼·朗：《心灵与自我的希腊模式》，何博超译，北京大学出版社 2015 年版，第 9 页。

识考察"。① 伦理学对灵魂或心灵概念的描述和解释，就是后者的典型表现。在哲学史上，伦理学从来就没有遗忘"人之心"与"心之理"，它与心理学之间具有深刻而持久的亲缘性。

一、灵魂的原初概念

从词源上讲，"心理学"（psychology）的本义就是关于灵魂（psychē）的学问（logos）。虽然这并不是说心理学必定围绕灵魂概念展开，但至少表明关于灵魂的讨论属于一种特定的心理知识，是心理学在其发展初始阶段的表现。必须承认，在世俗无神论与现代心理科学占据主流舞台之前，以"灵魂"来指称、描述或刻画人类精神世界或心理现象的做法，已有非常久远的历史。

在古希腊，"灵魂"概念最早出现于公元前 8 世纪的《荷马史诗》。在那时，灵魂并不具有精神或心理的含义，而是被描述为一种当生命物存活时寓于身体、当生命物死亡后便脱离身体的存在物。② 也就是说，灵魂并非一开始就是心灵或心理的代名词，它与身体之间更多地表现为一种整体的结构，而非后世所理解的对立的关系。③ 只不过，尽管如此，灵魂依然不能等同于身体，而只是身体的"一种不

---

① 有研究者指出："道德心理是道德诸现象中的一种，包括道德认知、道德直觉、道德推理、道德情感和道德情绪等等。但究竟如何界定道德心理现象，却没有一致意见。我赞同 Jesse Prinz 在论道德情绪时表达的观点，道德心理并不是本身与其他心理现象不同的单独的一个种类，一些心理现象之所以叫作道德心理，只是由于它们具有较为明显的道德意义。"参见贾新奇：《美国道德心理学发展状况管窥》，《伦理学研究》2011 年第 5 期；Jesse Prinz, "The Moral Emotions", in Peter Goldie ed., *The Oxford Handbook of Philosophy of Emotion*, New York: Oxford University Press, 2010, pp. 519－538。

② Jan Bremmer, *The Early Greek Concept of the Soul*, Princeton: Princeton University Press, 1983, p. 3.

③ 安东尼·朗：《心灵与自我的希腊模式》，何博超译，北京大学出版社 2015 年版，第 4—5 页。

实在的影像"①。虽然灵魂和身体一道构成了生命物，但灵魂并非那种使生命物获得生命的、充满生气或精力的积极的东西，而是与生命物相对立的甚至比生命物更低端的消极的东西。只有当生命物失去了生命，灵魂才会凸显并展开活动。也就是说，灵魂是生命物失去生命之后的残留物——它更多与"死"有关，而不是与"生"有关。② 在这个意义上，"灵魂"近似于"鬼魂"。因此，在《荷马史诗》中，无论是其形象还是其居所，人的灵魂常常比活着的人更低劣甚至更恐怖。③

　　而在公元前 6 世纪以前流行于古希腊社会的奥菲斯教（Orphic）那里，灵魂与生命之间的对立关系并没有多大改变，但两者之间的价值排序发生了变化。奥菲斯教的教义相信，灵魂具有神性，因而它在本质上要比生存于此世的生命或身体高贵得多。尽管灵魂确实是在生命物存活时居于身体，而在生命物死亡后离开身体，但这并不意味着灵魂就必定堕落为鬼魂，反而意味着灵魂终于能够突破身体的囚笼，得到解脱。如果一个人在灵魂居于身体的时候重视"净

① 基尔克等：《前苏格拉底哲学家：原文精选的批评史》，聂敏里译，华东师范大学出版社 2014 年版，第 10 页。

② 在《伊利亚特》中，萨耳裴冬在对阵特勒波勒摩斯时就说道："告诉你，从我的手中，你只能得到死亡和乌黑的毁灭；你将倒在我的枪下，你会给我送来光荣，而把自己的灵魂交付驾驭名驹的死神！"参见荷马：《伊利亚特；奥德赛》，陈中梅译，上海译文出版社 1998 年版，第 154 页。

③ 比如，在特洛伊战争期间，奈斯托耳对阿伽门农说："众多长发的阿开亚人已经死在这里，凶蛮的战神已使他们的黑血遍洒在水流清澈的斯卡曼得罗斯河岸，把他们的灵魂打入哈得斯的冥府。"参见荷马：《伊利亚特；奥德赛》，陈中梅译，上海译文出版社 1998 年版，第 198 页。在战争结束后，奥德修返乡途中遇见阿喀琉斯的灵魂，后者对奥德修哭诉："你怎敢斗胆跑到哀地斯的界域，失去知觉的死人的领地，面见死去的凡人，虚幻的踪影？……我宁愿做个帮仆，耕作在别人的农野，没有自己的份地，只有刚够糊口的收入，也不愿当一位死者，统管所有的死人。"参见荷马：《伊利亚特；奥德赛》，陈中梅译，上海译文出版社 1998 年版，第 910 页；S. Frost, *Basic Teachings of the Great Philosophers*, New York: Doubleday, 1989, p. 155。

化"与"崇拜",举行相应的仪式并且遵循相应的规矩,那么,当他的灵魂离开身体时,这个灵魂便不再投生为其他的生命物(动物、植物或人),而是彻底地摆脱"生的轮回"。由此,灵魂将重新占有自己的神性本质,重新回到神的行列,享受永恒的福祉。[①] 可见,在奥菲斯教这里,生命物的生存过程其实是灵魂被囚禁的压抑状态,而生命物的死亡过程才是灵魂被释放的新生状态。在这里,尽管灵魂不一定是什么堕落消极的东西,但它实质上仍与"死"有关,而不与"生"有关。灵魂的最高目的也不是寓于生命物的身体,为它提供规定或本质,而是要尽可能地摆脱生命物及其身体,以得到最终的"净化"。在这个意义上,灵魂是生命的对立面,或者,最多是生命的随附物,而绝非生命的依据。

奥菲斯教关于灵魂不朽、灵魂轮回以及灵魂净化的思想在古希腊社会影响深远。有学者指出,它至少"影响了毕达哥拉斯学派和恩培多克勒的学说,对赫拉克利特和爱利亚学派的思想也有所影响"[②]。但是,与这种宗教性的观念不同,哲学家虽然相信灵魂在某种程度上高于生命物,然而,他们的灵魂概念已不再是一种与后者背道而驰的东西——必须通过否定生命,才能肯定灵魂——相反,灵魂可以作为生命物的依据甚至本原而从正面来解释生命物。只不过,这时的解释尚属于存在论的解释,而不是伦理学的解释。因为,这些古代哲学家关心的主要问题是"灵魂在生命世界中的位置和功能",而不是"灵魂在人类生活中的位置和功能"。也就是说,关于灵魂的讨论此时依然处于生命或生存的自然层面,还没有上升为一个与生活有关的实践问题。

---

① 参见 W. Guthrie, *Orpheus and Greek Religion*, Princeton: Princeton University Press, 1993, pp. 156 - 170; 策勒尔:《古希腊哲学史纲》,翁绍军译,山东人民出版社 1992 年版,第 15 页;汪子嵩等:《希腊哲学史》(第 1 卷),人民出版社 1997 年版,第 82—83 页。

② 汪子嵩等:《希腊哲学史》(第 1 卷),人民出版社 1997 年版,第 71 页。

根据亚里士多德在《灵魂论》中的回顾，古希腊的第一位哲学家泰勒斯因为观察到磁石能够引起铁的运动，所以断定磁石有灵魂。这说明，在最初意义上，泰勒斯把灵魂理解为"一种引起运动的力量"①。又由于人们相信"凡是自己不能运动的，绝不能引起他者运动"②，所以，灵魂进一步被设想为一种自行运动的东西，它弥漫于整个宇宙，隐藏在所有能够运动的事物内部，并为它们的运动提供依据③。可是，这种理解仅仅表明灵魂在性质上与运动有关，却没有说明这种既能自行运动又能引起他者运动的东西在内容上究竟为何。也就是说，该看法虽对"灵魂的位置和功能"有所回答，却遗漏了"灵魂是什么"这个基本问题。相比之下，阿那克西米尼的表述更明确，他说："正如我们的灵魂，作为气，将我们结合起来那样，呼吸和气也包围着整个宇宙。"④ 在阿那克西米尼这里，"气"不但作为灵魂构成了生命物的根据，它也作为本原而构成了全体事物的根据。更精确地说，"气"是所有事物的本原，当然也是生命物的本原；只不过，对生命物来说，本原是以灵魂的方式存在的。因此，如果说作为"气"的本原是所有事物的规定性，那么，作为"气"的灵魂就（专门地）是其中那些有生命物的规定性。在这个意义上，灵魂概念不仅能够解释生命物的运动原因，还能解释生命物的生存根据。显然，这种理解要比前人推进了一大步，以至于无论是后来的毕达哥拉斯

① Aristotle, *On the Soul*, trans. by J. Smith, in Jonathan Barnes ed., *The Complete Works of Aristotle*, Vol. 1, Princeton: Princeton University Press, 1991, 405a19; 部分语句参考 Aristotle, *De Anima Books II and III*, trans. by D. Hamlyn, Oxford: Clarendon Press, 1993; 下同。

② Aristotle, *On the Soul*, trans. by J. Smith, in Jonathan Barnes ed., *The Complete Works of Aristotle*, Vol. 1, Princeton: Princeton University Press, 1991, 403b29 – 30.

③ 苗力田主编：《古希腊哲学》，中国人民大学出版社1989年版，第22页。

④ Kathleen Freeman ed., *Ancilla to the Pre-Socratic Philosophers: A Complete Translation of the Fragments in Diels*, Cambridge, MA.: Harvard University Press, 1948, p. 20.

学派将灵魂理解为"以太的碎片""空中的微尘"或"元素的和谐比例"，还是赫拉克利特将之定义为"火"，德谟克利特将之定义为"原子"，实质上都是这条思路的延续。概言之，他们之所以引入灵魂概念，就是为了给生命物的运动原因，从而给生命物的生存状态确立一种合理的存在论解释。

　　生命物的生存状态不仅体现为它能够运动，还表现为它能够感觉（乃至认知、推理）。亚里士多德指出，古代哲学家虽然对灵魂的内涵莫衷一是，但他们对有灵魂的生命物的两种基本功能——运动和感觉——却普遍表示认同。[①] 上述有关灵魂的定义，由于都是将灵魂设想为某种物质元素，因此尽管它们在解释生命物的运动方面显得比较方便，但在解释生命物的感觉（乃至认知、推理）方面却往往存在隔阂。[②] 所以，要想诉诸灵魂来解释生命物的感觉、认知或推理，就必须直接地在心理层面上，而不是在物质层面上理解灵魂。

_____

　　① Aristotle, *On the Soul*, trans. by J. Smith, in Jonathan Barnes ed., *The Complete Works of Aristotle*, Vol. 1, Princeton: Princeton University Press, 1991, 403b27. 值得注意的是，运动和感觉并不是灵魂的功能，而是灵魂的载体——具有灵魂的那个生命物——的功能。因为，实际经历着运动或体验到感觉的，只是这个或那个具体的生命物，而不是它们的灵魂。灵魂的功能不是运动和感觉本身，而是对运动和感觉的类型与内涵给予支配或规定，尽管它不得不通过生命物的运动和感觉表现出来。

　　② 毕达哥拉斯学派之所以认为灵魂是"空中的微尘"，是因为他们注意到微尘永远在运动，即使在完全没有风的时候它们也在运动，所以这些自行运动的微尘可以促成其他事物的运动。参见 Aristotle, *On the Soul*, trans. by J. Smith, in Jonathan Barnes ed., *The Complete Works of Aristotle*, Vol. 1, Princeton: Princeton University Press, 1991, 404a17-24。而赫拉克利特之所以认为灵魂是"火"，除了是保证灵魂与本原的一致性之外，还有一个重要的原因在于"火"是永恒运动的，因而可以用来解释事物的运动及其存在，因为"大多数人都同意，所有的东西都依赖于运动"。参见 Aristotle, *On the Soul*, trans. by J. Smith, in Jonathan Barnes ed., *The Complete Works of Aristotle*, Vol. 1, Princeton: Princeton University Press, 1991, 405a25-28。至于德谟克利特说灵魂就是球形的原子，也是"因为这种形状的原子最容易四处弥散，而且，最容易凭借它们的自动而使他物运动。这意味着灵魂就是那种导致生物运动起来的东西"。参见 Aristotle, *On the Soul*, trans. by J. Smith, in Jonathan Barnes ed., *The Complete Works of Aristotle*, Vol. 1, Princeton: Princeton University Press, 1991, 404a7-10。

　　新的进路是由阿那克萨戈拉开启的。在他那里，灵魂不再是物质性的东西，而是心灵性的东西，即"努斯"（noūs）。虽然在阿那克萨戈拉以前，就已经有人用这个概念来指称人的心灵，但是，将灵魂同努斯联系起来，从而将灵魂同心理层面联系起来的做法，却并不常见。① 这很可能是因为，从整体上讲，此前的哲学家更倾向于用物质来定义灵魂，把灵魂解释为一种虽然看不见摸不着但稀薄而单纯地存在的物质实体，它具有一定的形状，甚至占据一定空间。在这个意义上，阿那克萨戈拉的贡献倒不在于他发明了一个作为心灵的努斯概念，而在于他将这样一种概念用来定义灵魂。当然，很多人像黑格尔一样，认为阿那克萨戈拉所说的作为心灵的努斯，不应该被理解为生命物个体的主观心理，而是"完全客观的思想、普遍者、主动的心灵；有如我们说宇宙中以及自然中有心灵、理性"②。但是，在努斯被用来指称生命物的灵魂而不是世界本原的语境中，普遍的、客观的心灵总是要通过具体的、主观的心理表现出来。所以，在阿那克萨戈拉这里，一个生命物的灵魂，就意味着该生命物的主观的心理状态（尽管它确实以客观的心灵本原为依据）。与作为物质实体的灵魂概念相比，阿那克萨戈拉所提出的作为心理状态的灵魂概念，显然更容易解释生命物为何会对外界产生内心反应，以及为什么这些反应能够独立于物质的东西而单独地以精神或观念的形式存在。

　　只有当灵魂概念从描述客观存在转向描述主观心理时，灵魂与人的关系才密切起来。因为，人是典型具备主观心理的存在者。而且，相对于同样具备心理维度的其他存在者，人的灵魂无疑最为复杂和精致。因此，随着哲学研究的发展，人的灵魂凭其典型性和丰富性，逐

---

　　① 汪子嵩等：《希腊哲学史》（第1卷），人民出版社1997年版，第910—911页。

　　② 黑格尔：《哲学史讲演录》（第1卷），贺麟、王太庆译，商务印书馆1959年版，第343页。

渐成为哲学家讨论灵魂问题时所涉及的主要对象。也就是说，当他们谈论灵魂时，几乎就是在谈论作为心理结构和心理反应，即作为心理状态的人的灵魂。事实上，也只有当这个概念的最常见用法是用来指称人的心理状态时，人们才会意识到灵魂同人伦生活的必然联系，他们所关注的主要问题才会从"灵魂在生命世界中的位置和功能"转移到"灵魂在伦理生活中的位置和功能"上来。

二、灵魂的古典意义

灵魂与伦理生活之间联系的确立，还需要另一条件，即人们确实关注伦理生活并希望过上一种好的生活。因此，这就需要有专门研究人类生活的知识，即伦理学。一般认为，将哲学从"天国"拉回"人间"是经由苏格拉底而发生的改变。作为一门独立知识的伦理学，其开端要从苏格拉底有关正义与幸福的讨论算起。它的宗旨就在于，搞清楚"什么是好生活"以及"如何实现好生活"。

从根本上讲，伦理学的内容源于伦理习俗及日常观念，但两者并非始终一致。因为，在理解和回答上述问题时，普通人不一定会把好生活同好灵魂联系在一起。在他们眼里，身体的健康或财产的丰厚，似乎才是构成好生活的更有效的要素。而苏格拉底改变了这种观念。在他看来，身体只会给人带来诱惑，阻碍我们探求真实的存在。所以，"哲学家并不关心他的身体，而是尽可能把注意力从他的身体引开，指向他的灵魂"[①]；哲学家的事业甚至就"在于使灵魂

---

① 柏拉图:《斐多篇》，载《柏拉图全集》（第 1 卷），王晓朝译，人民出版社 2002年版，第 61 页。

从身体中解脱和分离出来"①。显然，在苏格拉底的心目中，灵魂是一种同物质性的身体相对立的精神之物，它"与神圣的、不朽的、理智的、统一的、不可分解的、永远保持自身一致的、单一的事物最相似"②。进一步地，苏格拉底认为，这样的灵魂与人的生活质量大有关系——真正的好生活不是受制于感官体验的经验生活，而是"摆脱了不确定性和愚蠢，摆脱了恐惧和无法控制的欲望，以及其他所有人间罪恶"③ 的灵性生活。只有当行为者的灵魂对快乐和悲伤保持节制，对财富和权力不以为意，对神圣和真实的东西抱以沉思时，他才能到达那个"不可见的、神圣的、智慧的"④ 幸福之地。概言之，苏格拉底对好生活的设想不是囿于外物，而是转向灵魂，即从行为者的内心状态出发来谋求好生活的基础及其实现途径。他的讨论之所以在伦理学史上具有开端性意义，关键就在于"他重视人的内在生活和心理健康"，把灵魂设定为"人的内在自我"与"核心的同一性和导向性"。⑤ 这样，他便把人的生活与人的灵魂结合起来——真正决定一种生活是否堪称好生活的，是行为者的灵魂，而不是其他。

　　类似的观念同样反映在柏拉图的思想中，尤其是反映在他的"灵魂-城邦"的类比关系中。后者鲜明地体现出柏拉图伦理学（政治学）

---

　　① 柏拉图：《斐多篇》，载《柏拉图全集》（第 1 卷），王晓朝译，人民出版社 2002 年版，第 65 页。

　　② 柏拉图：《斐多篇》，载《柏拉图全集》（第 1 卷），王晓朝译，人民出版社 2002 年版，第 84 页。

　　③ 柏拉图：《斐多篇》，载《柏拉图全集》（第 1 卷），王晓朝译，人民出版社 2002 年版，第 85 页。

　　④ 柏拉图：《斐多篇》，载《柏拉图全集》（第 1 卷），王晓朝译，人民出版社 2002 年版，第 85—87 页。

　　⑤ 安东尼·朗：《心灵与自我的希腊模式》，何博超译，北京大学出版社 2015 年版，第 138 页。

与作为心理状态的灵魂概念的相关性。①

不过，当柏拉图以这种方式来确立两者的联系时，他并不是仅仅为了证明，要建立正义的城邦，必先培育正义的灵魂，而是为了表明，正义的城邦如同正义的灵魂一样处于某种特定的秩序。因此，要建立正义的城邦，就得像培育正义的灵魂那样，能够理解并建构它所需要的秩序。所以，柏拉图设想的好生活，不仅在功能上依赖于好灵魂，而且在结构上类似于好灵魂。一种用以表述灵魂对于人类生活具有何种功效的整体性的灵魂概念，已经不能满足柏拉图的伦理学。因为，在他看来，灵魂不是一种单一体，而是一种具有不同甚至对立的心理功能的复合物。② 所以，对灵魂进行考察，就需要更加深入地列举它的部分，弄清它的构成，对其中各自的功能予以分析。③ 在《斐德罗篇》中，柏拉图通过比喻的方式刻画了人类灵魂的三重结构："我把每个灵魂划分为三部分，两个部分像两匹马，第三部分像一位驭手。现在仍依这种划分。我们说过，两匹马中一

---

① 柏拉图在《国家篇》第 4 卷中说："一个正义的人就其正义的表现形式来说与一个正义的城邦根本不会有任何区别，而只能是相同的。""这个城邦之所以被认为是正义的，乃是因为城邦里天然生成的三种人各自履行其功能，还有，城邦之所以拥有节制、勇敢和智慧，也是由于这三种人拥有这些情感和习惯。""我们期待个人也在他的灵魂中拥有同样的构成，各部分所起的作用与城邦中拥有相同名称的部分所起的作用是一样的。"参见柏拉图：《国家篇》，载《柏拉图全集》（第 2 卷），王晓朝译，人民出版社2002 年版，第 411—412 页。围绕柏拉图 "灵魂-城邦" 类比的讨论，参见（1）Bernard Williams, "The Analogy of City and Soul in Plato's *Republic*", in Richard Kraut ed., *Plato's Republic: Critical Essays*, Washington, DC.: Rowman & Littlefield Publishers Inc., 1997;（2）G. R. F. Ferrari, *City and Soul in Plato's Republic,* Chicago: The University of Chicago Press, 2005;（3）吴天岳：《重思〈理想国〉中的城邦-灵魂类比》，《江苏社会科学》2009 年第 3 期。

② 柏拉图：《国家篇》，载《柏拉图全集》（第 2 卷），王晓朝译，人民出版社 2002 年版，第 418 页。

③ 柏拉图：《斐德罗篇》，载《柏拉图全集》（第 2 卷），王晓朝译，人民出版社 2002 年版，第 192 页。

匹驯良、一匹顽劣。但我们还没说明那匹好马驯良在哪里，那匹坏马顽劣在哪里，而现在我们就要加以说明。处在地位比较尊贵一边的那匹马身材挺直，颈项高举，鼻子像鹰钩，白毛黑眼；它爱好荣誉，但又有着谦逊和节制；由于它很懂事，要驾驭它并不需要鞭策，只消一声吆喝就行了。另一匹马身躯庞大，颈项短而粗，狮子鼻，皮毛黝黑，灰眼睛，容易冲动，不守规矩而又骄横，耳朵长满了乱毛，听不到声音，鞭打脚踢都很难使它听使唤。"① 而在《国家篇》中，他更是直接刻画了三者——理性（logos）、激情（thumos）和肉欲（epithumia）——之间的关系。② 在他看来，只有摆正三种心理要素的位置，灵魂才会成为正义的灵魂。同样的，只有摆正与这三种心理要素分别对应的三类社会群体的位置，国家才能成为正义的国家。

如果说苏格拉底让伦理学开始关注灵魂，那么，柏拉图则是让伦理学开始剖析灵魂。在这方面，他们的思路得到亚里士多德的继承。对这位被视为美德伦理学源头的哲学家来说，灵魂概念在其伦理学体系中占据了一个更加基础的位置。他说：

> 显然，我们必须研究的美德是人的美德；因为，我们所寻求的善是人的善，所寻求的幸福是人的幸福。所谓人的美德，我们指的不是身体的美德而是灵魂的美德。所谓人的幸福，我们指的也是灵魂的一种活动。但是如果这样，那么政治学的研习者显然就必须对灵魂的事实有所了解，就如同打算治疗眼睛或整个身体

① 柏拉图:《斐德罗篇》，载《柏拉图全集》（第2卷），王晓朝译，人民出版社2002年版，第168页。

② 柏拉图:《国家篇》，载《柏拉图全集》（第2卷），王晓朝译，人民出版社2002年版，第418—424页。

的人必须了解眼睛或整个身体一样。①

伦理学（政治学）必须认识灵魂，就像医学必须认识身体一样，亚里士多德反复强调这点。② 作为探讨实践事务的知识，伦理学的目标在于刻画或建构最佳生活样式（幸福）。亚里士多德明确将这种生活规定为"灵魂的一种特殊的活动"，即"灵魂合乎完满的美德的实现活动"。③ 对亚里士多德来说，伦理学要搞清楚什么是人的幸福，就不仅必须搞清楚什么是人的灵魂，而且必须搞清楚什么是灵魂合乎完满美德的活动。因此，伦理学对灵魂的理解，就不能是概括性的或功能性的，不能停留于用"好灵魂"取代"好出身"或"好财富"的简单替换，而必须深入其内在结构与运行机制。换言之，伦理学既要引入灵魂概念，描述它在人类生活中的位置和功能，又要解析灵魂概念，描述它何以能够占据这个位置并发挥出这种功能。

亚里士多德不仅巩固了"灵魂"与"幸福"的联系，也深化了"灵魂"与"美德"的关联。④ 然而，他之所以需要强调伦理学讨论的"是灵魂的美德而不是身体的美德"，却是因为"美德"并非一开始就

---

① Aristotle, *Nicomachean Ethics*, trans. by W. D. Ross, in Richard McKeon ed., *The Basic Works of Aristotle*, New York: Random House Inc., 2001, 1102a13–19. 部分译文参考亚里士多德:《尼各马可伦理学》，廖申白译，商务印书馆 2003 年版。下同。

② 这一点几乎成为研究者的共识。约翰·华莱士（John R. Wallach）说:"亚里士多德相信，政治学具有一个可以跟医学这门技艺与科学的自然特征相比较的自然维度。系统地践行后者可以调节身体的健康;践行政治学同样可以调节灵魂的健康。医学和政治学这两门充满技巧性的科学不受演算规则的规定。但这两门学科又不仅仅是由一个不规则的判断集合所构成;它们展示的是自然整体的融贯性。" 参见 John R. Wallach, "Contemporary Aristotelianism", *Political Theory*, Vol. 20, No. 4(1992), p. 617.

③ Aristotle, *Nicomachean Ethics*, trans. by W. D. Ross, in Richard McKeon ed., *The Basic Works of Aristotle*, New York: Random House Inc., 2001, 1109b27, 1102a5.

④ 在亚里士多德之前，柏拉图已经注意到美德与灵魂，尤其是与正义的灵魂之间的联系，他说:"在灵魂中产生正义也就是在灵魂中建立它的原则，使各部分处在（转下页）

是用于描述人的内在品质的概念。[①]与惯常的理解不同，美德概念的内涵在古希腊最初偏向一种存在论的意义，即"存在者的功能卓越或优秀"。只要是具备一定功能的存在者，无论人或物，都可以在功能发挥卓越的情况下被称作"有美德的"。于是，不仅人有美德，物也可以有美德；不仅人的灵魂有美德，人的身体或其各个部分也可以有美德。亚里士多德自己也说："每种美德或优秀既使得具有它的那个事物处于好的处境，又使得那个事物运作得好。比如，眼睛的优秀就是既使眼睛好，又使它工作得好；因为，正是凭借眼睛的优秀，我们才能看得清楚。"[②]

　　然而，从他的全部论证来看，这只是亚里士多德对美德概念的一种用法。在大多数情况下，他的美德概念并不泛指"存在者的功能卓越或优秀"，而是特指"行为者（人）的心理功能的卓越或优秀"。也就是说，与伦理学所要讨论的那个美德概念相关联的灵魂概念，更为直接地指称行为者的心理因素和心理功能。在《尼各马可伦理学》中，当亚里士多德为了论述伦理美德而把灵魂的状态分为情感（pathos）、能力（dunameis）和品质（hexeis）的时候，以及当他为了论述理智美德而断言灵魂的理智部分具有五种理解和思考不同对象的不同方式的时候，这一点便再明显不过地表现出来。概言之，将美德同作为心理状态的灵魂相联结，使其内涵最终落脚于"人的心理功能

（接上页）一种支配与被支配的天然联系中，而不正义就是使这些部分处于一种违反天性的统治与被统治关系。……这样看起来，美德似乎是灵魂的一种健康、美好的状态，而邪恶则是灵魂的一种有病的、丑陋的、虚弱的状态。"参见柏拉图：《国家篇》，载《柏拉图全集》（第 2 卷），王晓朝译，人民出版社 2002 年版，第 426 页。

　　① 李义天：《美德伦理学与道德多样性》，中央编译出版社 2012 年版，第 111—114 页。

　　② Aristotle, *Nicomachean Ethics*, trans. by W. D. Ross, in Richard McKeon ed., *The Basic Works of Aristotle*, New York: Random House Inc., 2001, 1106a15‑19.

的卓越"，从而在伦理学中奠定并完善美德概念的心理学意义，无疑需要归功于亚里士多德。正如维尔纳·耶格尔（Werner Jaeger）所说，亚里士多德"发现了道德行为和性格评价的心理学根据，这项研究现状就占据了从此被称为伦理学思想的前沿"①。

随着古希腊城邦政治的衰落和亚历山大帝国的崛起，一个与古典时期截然有别的希腊化世界呈现在人们面前。同柏拉图和亚里士多德生活的古希腊城邦相比，希腊化世界的"社会、政治组织、教育、艺术、娱乐、物质繁荣都发生了极大的改变。人们在事业上有了新的选择，也出现了新的信仰和生活方式。城市规模迅速扩大，人口在种族成分上也变得复杂，政府也与大多数人的生活距离遥远"②——总而言之，在这个时代，"古老城邦的自足和安全感丧失殆尽"③，人们面对的是一个更庞大、更多元、更加充满外部性和不确定性的具有世界意义的生活格局。在这种格局中，不同的生活方式和价值观念之间的频繁碰撞，成为一种常态。对于任何一个个体来说，外部世界的宏大规模俨然已经超出了他能够在个体实践的层面上加以把握的程度。也就是说，世界已经或多或少成了一种异己的存在。个体对这样的世界虽然可以认识和理解，但却无法支配或操控。所以，知识精英一方面要在思想上力图构造与之匹配的新的世界图景，另一方面又要在实践上重新界定个人的能动性范围及其追求的最终目标。既然人不再可能支配世界，而只可能支配自身，那么，"幸福"也就不再是一种同时兼容内部善和外部善的综合概念，而是更为集中地指向行为者的内心

---

① 维尔纳·耶格尔:《亚里士多德：发展史纲要》，朱清华译，人民出版社 2013 年版，第 68 页。

② 安东尼·朗:《心灵与自我的希腊模式》，何博超译，北京大学出版社 2015 年版，第 137—138 页。

③ 范明生:《晚期希腊哲学和基督教神学》，上海人民出版社 1993 年版，第 19 页。

安宁。在这个意义上，伦理学的研究便进一步地"收缩到"行为者的心理层面。于是，关于灵魂的知识，也就比以往更加突出地成为伦理学的主要议题。

比如，对皮浪式的怀疑主义者来说，世界上的事物并没有稳定的本质：它既可以是这样也可以是那样，既可以是美的也可以是丑的，既可以是正当的也可以是不正当的；任何一个事物都不可能在观念中得到确定，任何一个命题都可以用相反的命题来加以推翻。所以，任何普遍主义的表述都是值得怀疑和批驳的独断论。它们不仅在理论上是错的，而且，更重要的是，它们的存在及其竞争关系会在实践上给人们带来烦恼和焦虑，使他们争论不休，无所适从。因此，怀疑主义者相信，必须重新理解世界的本来面目，放弃所有试图谋求普遍观念体系的知识诉求，从而避免自寻烦恼，回归心灵的平静。① 这意味着，怀疑主义者之所以会在知识论上展现出"怀疑一切"的立场，其根本目的仍然在于某种伦理学关切，即"心灵的平静状态是好的"而"心灵的烦躁状态是坏的"，以及行为者应当实现前者而避免后者。这类关切不仅与行为者的心理状况密切相关，而且，它毫无疑问地预设了怀疑主义者对于"平静"或"烦躁"等心理感觉之真实性的承认，以及对于行为者可以调控乃至改变这些心理感觉的能动性的接纳。试想，如果怀疑主义者并没有真实地感受到"烦躁"与"平静"，并没有真切地体验到"烦躁"带来的痛苦和"平静"带来的舒适，或者，即便有所感受也不认为这些感觉就是真实的东西而只是斥之为幻象的话，那么他们怎么会有理由将前者判定为好的而将后者判定为坏的？又怎么会有理由要求人们通过怀疑一切或无动于衷的方式来追求幸福呢？

---

① 克里斯托弗·希尔兹编：《古代哲学》，聂敏里译，中国人民大学出版社 2009 年版，第 334—336 页。

所以，就算怀疑主义者质疑人类灵魂中理性部分的权威，但是他们却必须至少保留感觉部分（包括情感）的有效性。这既是他们实施怀疑的心理起点，也是他们扬弃怀疑的心理归宿。

必须承认，感受到烦躁和焦虑，并试图克服烦躁和焦虑，同样是伊壁鸠鲁主义者的心理基础与心理诉求。但是，他们至少在如下两个方面与怀疑主义者有着明显不同：第一，伊壁鸠鲁主义者不仅要克服烦躁和焦虑，而且要获得一定程度的快乐。也就是说，在伊壁鸠鲁主义者这里，灵魂的感觉（情感）部分除了消极的"烦躁/焦虑"（痛苦）、既不消极也不积极的"平静"，还应当包括更积极的"快乐"。只有快乐才是真正的"免于痛苦"，才是心灵平静的实际内涵。第二，伊壁鸠鲁主义者所追求的快乐仅仅是有限的、必然的、合乎自然的快乐，因此，这就需要行为者具备某种能力，可以理解关于自然的基本事实，理解情感和欲望的限度，并且有能力区分必然与不必然的快乐，对它们进行计算和比较。[①] 这样一来，伊壁鸠鲁主义的伦理学必须要在灵魂结构中重新为理性预留出合法的位置。只有通过理性，行为者才可以获得"对灵魂和死亡本性、对诸神本性，以及天体现象的正确知识"[②]，获得关于善恶的确定信念，从而知道究竟怎样的快乐才是真正有助于实现幸福的快乐。对伊壁鸠鲁主义者来说，"精神和纯粹安宁需要认真对待确定的知识。如果没有关于何为对错的判断，灵魂肯定不得安宁"[③]。因此，不是拒绝理性的灵魂，而是一种服务于情感的理性的灵魂，促使行为者实现其最佳生存状态。

与之相比，斯多亚主义者则进一步将理性拔高到一个更显著的位

---

① 安东尼·朗：《心灵与自我的希腊模式》，何博超译，北京大学出版社2015年版，第143、149页。

② 诺尔曼·李莱佳德：《伊壁鸠鲁》，王利译，中华书局2005年版，第34页。

③ 诺尔曼·李莱佳德：《伊壁鸠鲁》，王利译，中华书局2005年版，第8页。

置。因为，"斯多亚哲学家并没有将心灵分为理性和非理性两个部分"①。在他们看来，理性就是人类灵魂或心灵的全部属性，而情感仅仅是行为者在关于价值问题的错误印象的基础上生成的一种本能反应，因此不足以构成人类心灵或灵魂的一部分。②斯多亚主义者相信，人类的心灵或灵魂之所以是完全理性的，根本原因就在于它是宇宙和神圣心灵的分支，是对宇宙理性或世界理性的分有。而我们所生存的这个宇宙或世界如此精妙、有序、和谐，以至于它不可能不是一种超出人与自然界之外的神灵的创造物。因此，在斯多亚主义者这里，人类心灵或灵魂不仅是"理性的"，而且凭借源自宇宙本体的"理性"成了一种"神性的精灵"（daimōn）；它典型地呈现为行为者的语言能力、逻辑能力、反思能力及自主性。由此，几乎所有研究者都承认，斯多亚主义的学说使得人在宇宙中获得了与神更加接近的特殊位置；并且，这种位置不限于个别人群或阶层，而是所有人都同等地居于该地位。③从这样的灵魂学说出发，斯多亚主义不仅可以给行为者个体设定一种充分基于内心平静的理性主义的"幸福"概念——"幸福完全是一个人获得内在和外在和谐，努力让自己的理性活动与所有理性存在者的利益一致，把自己理解为神性的世界有机体的微观反映，让自己适应共同体和相互依存关系的价值"④——而且它还有充分的理由将上述命题普遍地适用于同样分享这种理性主义灵魂的全体人类。由此，一种基于灵魂平等的心理基础而生长出来的普遍主义伦理范式

---

①　安东尼·朗:《心灵与自我的希腊模式》，何博超译，北京大学出版社 2015 年版，第 122 页。

②　Brad Inwood ed. , *The Cambridge Companion to the Stoics*, Cambridge: Cambridge University Press, 2003, pp. 260‒265.

③　杨适:《古希腊哲学探本》，商务印书馆 2003 年版，第 620—621 页。

④　安东尼·朗:《心灵与自我的希腊模式》，何博超译，北京大学出版社 2015 年版，第 146 页。

开始登上历史舞台。事实证明，它将深刻地影响到后世的基督教伦理学，直至在启蒙时代的道德筹划中达到顶峰。

三、从灵魂到心灵

基督教伦理学常常被视为一种关于行动的律法主义伦理学，但实际上，作为一个庞大而复杂的理论体系，它不仅不缺少相应的道德心理说明，更不缺少对信徒们心灵状况的重视。比如，《约翰福音》就说："上帝是灵，要用心灵和真理来敬拜他。"[①] 至于灵魂概念，在基督教作品中更不鲜见。比如，奥古斯丁的《论灵魂及其起源》，德尔图良的《论灵魂和身体的复活》，阿奎那在注释亚里士多德学说过程中形成的《对亚里士多德〈论灵魂〉的评注》以及他在《神学大全》中对人类本质的更加详尽的论述，等等。[②] 这些著作的流传表明，几乎所有重要的基督教理论家都曾花费精力专门处理这方面的问题。只不过，受整个神学框架的约束，基督教伦理学所描述的灵魂结构及其功能，与古希腊人尤其是古典时代的希腊哲学家有着不一样的侧重和理解。比如，在基督教的论述中，个人的欲望和情感几乎全部是堕落或邪恶的代名词。通过把人描述为一种因欲望而堕落的存在者、一种随时随地可能因欲望而继续堕落的存在者，基督教伦理学为上帝和教会的训诫以及这种训诫所需要的义务感和服从感提供了有效的心理抑制作用。

不仅如此，在基督教伦理学中用于制约情感或引导欲望的心理因

---

① 《新约·约翰福音》4：24。

② 参见（1）奥古斯丁：《论灵魂及其起源》，石敏敏译，中国社会科学出版社 2004 年版；（2）德尔图良：《论灵魂和身体的复活》，王晓朝译，道风书社 2001 年版；（3）St. Thomas Aquina, *Questions On the Soul*, edited by James Robb, Milwaukee: Marquette University Press, 1984;（4）阿奎那：《论人》，载《神学大全》（第 1 集第 6 卷），段德智译，商务印书馆 2013 年版。

素，也不等于古典时代的"理性"概念。因为，基督教伦理学无法赋予这种理性概念一个独立自主的高级地位。用来替代理性但又能发挥相应作用的那种心理因素，在很多表述中，被称为"灵性"（spirit）。它是"圣灵"（Holy Spirit）在个体身上的具体表现，是行为者的灵魂或心灵中能够辨识善恶并做出正确选择的最佳部分。因此，基督教作家不像柏拉图或亚里士多德那样，认为在行为者内心深处存在着理性与情欲之争，而是认为，存在着"情欲与圣灵相争，圣灵与情欲相争，这两个是彼此相敌"①。就基督教伦理学的一般观念而言：在存在论上，作为人类心理因素的灵性是对神性的分有，因此，它终究能够理解和符合神的指令；在知识论上，行为者通过自身灵性的反思或思考所获得的东西，包括这种反思或思考能力在内，都是神的预置；在行动论上，行为者的行为乃是他的自由意志与上帝神启共同作用于他的灵性而得到的实践结果，即遵循和服从神的律令，将其作为自我的义务。由于每个人都（潜在地）拥有灵性，因此，对基督教伦理学来说，关键便在于如何激活人们的灵性并由此引导人们的意志，让他们能够以一种类似于神的视野和方式来理解、相信、判断与抉择，而不至于受到欲望的牵制或情感的拉扯，也不至于因无知或血气而陷入意志软弱的困境。② 概言之，即便基督教伦理学充满了律法主义的色彩，它也必须设定相应的道德心理结构及其运行机制。如果缺乏这一点，基督教的律法主义亦将无法得到证明。

―――――――――

　　①　《新约·加拉太书》5：17。
　　②　"我们因无知而缺少去选择行正当的自由意志，或者，即当我们看到什么是正当且意愿行，但因属血气的习惯之抵制，我们不能实行。……既然我们只要意愿便能毫无困难地善用它（指自由意志——引者注），我们便因不愿善而失掉它；我们因知道什么是正当而不作，从而失掉了对什么是正当的知识，且因有权力行正当，但不愿行而在有此意愿时也失掉了力量。"参见奥古斯丁:《独语录》，成官泯译，上海社会科学院出版社1997年版，第195页。

　　然而，无论是基督教还是古希腊的灵魂概念，都有一个共同的特点，即它们并不完全等同于现代人所使用的心灵概念。尽管指称行为者的心理状态和心理反应可能是灵魂概念最核心的部分，但古代哲学的"灵魂"却是一种包括但不限于"心灵"的术语。就其外延而言，"灵魂"不仅涉及通常所说的思维和精神方面，而且涉及营养、生殖、运动等生理和物质方面。因此，与其说"灵魂"是在描述有生命物的某种构成要素，不如说它是在描述有生命物的整体形式，即一种使得有生命物获得并运用全部构成要素及其功能的规定性。真正将古代哲学的灵魂概念改造为"思维着的自我"，从而转变成现代哲学的心灵、精神或思维等含义的，乃是笛卡尔。虽然他也使用"灵魂"一词，但该术语在他那里已成为"心灵""精神"或"思维"的代名词。他的身心二元论为一种在逻辑上独立的、作为实体的心灵概念奠定了基础。由此，现代哲学家可以理直气壮地围绕人类精神领域展开专门研究，名正言顺地探讨其中所涉及的心理现象、心理能力及其运用过程。在这个意义上，"由笛卡尔完成的哲学革命，其中的一部分就在于对灵魂这个概念的变革"[1]。甚至有研究者表示，相比之下，"亚里士多德对现代的心灵概念是一无所知的，它更多地来自笛卡尔的哲学。关于心灵和心智的现代论述，即便它们是反笛卡尔的，也都是在笛卡尔的背景下塑造自己的"[2]。

　　与笛卡尔为人类知识论做出的巨大贡献相比，他的伦理思想不算突出。尽管在认识论上是一个理性主义者，但他的伦理学却主要围绕与身体有关的激情展开。在他生前出版的唯一一部伦理学作品《论灵

---

　　[1]　参见 F. de Buzon, D. Kambouchner, *Le Vocabulaire de Descartes*, Paris: Ellipses, 1984, p. 4, 转引自贾江鸿:《笛卡尔对灵魂概念的变革》,《求是学刊》2013 年第 3 期。

　　[2]　Gareth Matthews, "Aristotle: Psychology", in Christopher Shields ed., *The Blackwell Guide to Ancient Philosophy*, Malden: Blackwell Publishing Ltd., 2003, p. 211.

魂的激情》中，笛卡尔的立场是：伦理学既不探讨纯粹的灵魂/精神，也不探讨单纯的身体/物质，而是探讨作为身体和灵魂之统一体的人的本性，即激情。它们是"一些知觉，或一些感觉，或一些灵魂的情感，它们特别地相关于我们的灵魂，而且是被一些动物精气所引发、维持和增强的"①。在笛卡尔看来，"激情"充分体现了人作为一种不可还原的物质与精神二元综合体的根本特征——它们一方面建立在一定的生理反应的基础上，另一方面又作为主观的东西而表现出来。正是由于同身体相联系，因此，激情并不基于清晰明白的天赋观念，而是依靠由感觉和知觉提供的模糊混杂的经验表象。后者虽然在某些情况下能够告知行为者采取有助于自我保存及生命完善的行动，促进行为者接近有益的东西而远离有害的东西②，但是，它们并不能确保这一点，也不能确保它们所告知和判断的内容必定正确。因此，这需要那些仅仅由灵魂（而不是由身体）引发的知觉——作为内在情感的美德——加以补救。在这个意义上，笛卡尔的伦理学可被视为一种关于激情及其矫正的道德情感理论。③

　　无独有偶，同样作为理性主义者的斯宾诺莎，其伦理学虽然在形式上采用了更精致的演绎推理模型，但在内容上大量涉及的却是关于情感（主动情感和被动情感）、欲望（自我保全）与道德动机之间的关系。④ 可见，我们通常所说的这些理性主义者，仅仅是认识论或本体论意义上的理性主义者。一旦介入实践领域和道德问题，他们反而更多关注情感等非理性要素。这很可能跟他们对理论哲学与实践哲学的

---

①　笛卡尔：《论灵魂的激情》，贾江鸿译，商务印书馆2013年版，第23页。

②　笛卡尔：《论灵魂的激情》，贾江鸿译，商务印书馆2013年版，第105—107页。

③　斯宾诺莎说，笛卡尔"设法从人的情感的第一原因去解释人的情感，并且同时指出人心能够获得绝对力量来控制情感的途径"。参见斯宾诺莎：《伦理学》，贺麟译，商务印书馆1983年版，第96页。

④　斯宾诺莎：《伦理学》，贺麟译，商务印书馆1983年版，第3、4部分。

区分有关，也跟他们对灵魂结构及其不同要素的位置和功能的界定有关。在他们看来，先验的东西必须也只能依靠纯粹的理性来确认，而经验的东西必须也只能在情感或欲望的维度上来考虑。激情或情感对于伦理学来说固然真实而且重要，但它们毕竟不是人类心灵/精神中最高贵、最清晰、最可靠的因素。因此，理性主义者的伦理学一方面注定要以这些因素受到理性的约束和矫正作为落脚点；另一方面，相比于被视作"根本"的形而上学，他们的伦理学说也不过是"枝叶"而已。①

　　如果说 17 世纪欧洲大陆的理性主义虽然承认情感在伦理研究中的位置，但没有承认情感在伦理活动中的位置，那么，苏格兰启蒙运动中的道德情感主义（moral sentimentalism）则同时承认了二者。他们不仅认为伦理学需要处理的就是情感，而且认为情感是一种奠定伦理知识之合法性与有效性的积极心理因素。比如，沙夫茨伯里（Shaftesbury）认为，只有在情感支配下的活动才是与道德相关的行动，只有情感才蕴含着行为者对善恶的认知与判断。之所以如此，原因在于人类具有一种能够体验道德善恶的内在感官，即道德感（moral sense）。就像人们通过眼睛辨别美丑，通过舌头辨别苦甜一样，他们也通过道德感辨别善恶——一个拥有正常道德感的行为者在面对善的事物时，会感受到并表现出积极的情感；反之，则感受到并表现出消极的情感。② 概言之，情感是行为者用以辨析善恶的唯一通道：行为者是通过感性的体验而不是理性的判断来形成和确立善恶观念；而这些观念以及由其定义的社会规则同行为者的情感反应之间存在着一致的

---

　　① 笛卡尔：《哲学原理》，关文运译，商务印书馆 1958 年版，第 xvii 页。
　　② 沙夫茨伯里：《人、风俗、意见与时代之特征》，李斯译，武汉大学出版社 2010 年版，第 154—160 页。

关联。①

　　进一步地，哈奇森细化了沙夫茨伯里的论述。他不仅认同后者所说的道德感是人类特有的一种内在感官，而且强调它是一种天生的感受能力。这种能力通过感知善恶所生发出的赞美、爱戴、谴责或痛恨等情感而构成行为者采取行动的激发性理由。② 但是，与沙夫茨伯里不同，哈奇森的善恶标准不包括自爱，而主要是仁爱（universal benevolence）。也就是说，刺激行为者的道德感从而引发其积极或消极情感的原因，不是道德事务是否满足个人的利益，而是这些事务本身是否合乎高尚的情感："不管何种行为，只要它是出于爱、人道、同情的行为，不论它们发生在何时何地，也不管这些行为者离我们多么遥远，我们都会在内心中产生愉悦并钦佩他们；相反，任何出于怨恨、幸灾乐祸、以怨报德、忘恩负义等动因的行为，不论它们与我们有无关联，都会引起我们的怨恨和反感。"③ 可见，在哈奇森这里，当我们需要对他人进行道德评价时，我们需要施以评判的不是他的行为过程或结果，而是他的行为动机，尤其是构成这种动机的情感成分。同样的，对于我们自己，需要约束的也恰恰是我们用于构成动机的情感成分。④

　　这一点在延续并升华道德情感主义传统的休谟那里体现得更加明

---

　　① 西季威克指出："通过阐明人类的社会情感的自然性，来证明在这些情感与人类的反思性的自我关注之间存在着某种通常的一致，而不是将社会义务的原则描述为是往往与自然的自爱在不等程度上相冲突的抽象理性。这条思想路线可以说是由沙夫茨伯里开创的。"参见西季威克:《伦理学史纲》，熊敏译，江苏人民出版社 2008 年版，第 161 页。

　　② 哈奇森说："没有哪种目的能先于感情全体，因此不存在先于感情的推动性理由。"参见哈奇森:《论激情和感情的本性与表现》，戴茂堂等译，浙江大学出版社 2009 年版，第 156 页。

　　③ 王淑芹:《近代情感主义伦理学的道德追寻》，《中国人民大学学报》2004 年第 4 期。

　　④ Michael Slote, "Moral Sentimentalism and Moral Psychology", in David Copp ed., *The Oxford Handbook of Ethical Theory*, Oxford: Oxford University Press, 2006, p. 221.

显。他说:"当我们赞美任何行为时,我们只考虑发生行为的那些动机,并把那些行为只认为是心灵和性情中某些原则的标志或表现。外在的行为并没有功。我们必须向内心观察,以便发现那种道德性质。""我们的一切德行看来只是由于善良的动机才是有功的,并且只被认为是那些动机的标志。"①　在休谟看来,道德行为的价值判定在于动机,而动机只是源于情感的构造。因此,行为者应当也能够去谋求那些通过"合宜性"而蕴含着正确观念的情感反应,并形成自己的动机。在此过程中,理性仅仅是用来谋划那些促进情感动机得以实现的途径或手段。正是在这个意义上,我们才可以理解,为什么休谟竟会提出"是"不可推出"应当"的命题。这既不是为了表明事实判断对伦理学无关紧要,也不是为了表明道德知识本身缺乏根基,而仅仅意味着,"是"有自己特定的适用范围,而"应当"的可靠来源则在"是"之外——在基于理性的事实判断之外,还有更重要的东西构成了"应当"的心理基础与存在根源。在休谟这里,这种东西就是人类的情感。所以,所谓的"休谟难题"并不是为了取消道德的心理基础,而恰恰是为了给道德找到更真实的心理基础,让它得到更融贯的解释并在实践中得到更有效的培养。

然而,同样强调动机的道德意义,康德却采取了一条完全对立于道德情感主义者的路径。根本原因在于,他为动机所填充的心理要素以及由此奠定的心理基础是完全不同的。作为一个更加执着的理性主义者,康德的抱负不仅是要在理论哲学中贯彻理性原则,而且要在实践哲学中同样贯彻理性原则。由于他没有给情感在伦理学中留下太多的位置,因此,他既不像笛卡尔或斯宾诺莎那样提出一种连自己也觉得地位不高的道德情感理论,也不像哈奇森或休谟那样提出一种自我

---

①　休谟:《人性论》(下册),关文运译,商务印书馆 1980 年版,第 517、518 页。

感觉良好的情感主义伦理学。对康德来说，意志在理性的支配下自我立法从而得到一种真正的道德法则，这才是行为者所具备的心理过程。

在康德看来，行动的直接原因是意志，而正确的行为必须是善良意志支配的行为。意志之所以善良，只能从意志本身寻找原因。也就是说，意志首先需要具有自己给自己下命令的能力，即自由。只有自由的意志，才能在"命令自身"和"不命令自身"之间选择前者，才有可能在"命令自身这样"和"命令自身那样"之间为自己选择一种合乎法则的呈现方式。然而，人类行为者始终是跨越在感觉世界和超验世界之间的"有限的"理性存在物。他们既"使自己作为自由的主体成为本体，同时却又在自然方面使自己成为自己独特的经验性意识中的现象"①。因此，意志往往不能摆脱感性因素的影响，不能成为纯粹的善良意志。显然，这种状况与那种完全受到理性支配的心理状态存在差距。因此，当意志在理性指导下真的提出一种可普遍化的实践要求时，这种要求就不是一个让人轻易就能接纳的描述，而是一个让人感到某种紧张和冲击力的命令。② 也就是说，在心理层面上，出于理性的道德要求会携带着某种压力，"迫使"行为者形成敬重感和义务感。③ 无论如何，要让一个行为具有道德性质，在康德这里，就必须且只能以理性的命令作为意志的依据。换言之，行为者应当按照"当且仅当是可普遍的"的理性法则，而不应当按照"为了某个经验对象"的经验准则来塑造自己的意志、构成恰当的道德动机。

康德伦理学虽然以论证意志的理性纯粹性为任务，但是，如果仅仅强调对普遍法则的遵守，而不顾及"实现意志的意图的（实践能力

---

① 康德:《实践理性批判》，邓晓芒译，人民出版社 2003 年版，第 6 页。
② 康德:《道德形而上学原理》，苗力田译，上海人民出版社 2002 年版，第 78 页。
③ 康德:《实践理性批判》，邓晓芒译，人民出版社 2003 年版，第 104—110 页。

的）自然条件"①，那么，在实际情况中，又有多少人会仅凭上述敬重感和义务感而行动呢？情况并不乐观。于是，康德仍然为行为者引入了"幸福"概念。虽然他再三强调，幸福不是作为意志的决定根据，而是作为其对象而引入的，然而，与他之前的耿耿言辞相比，这里的引入总给人留下一种无奈之感。康德似乎无法否认人在心理上对于幸福的最终依赖。康德自己也意识到，至善"还要求有幸福，而且这不仅是就使自己成为目的的个人的那些偏颇之见而言，甚至也是就把世上一般个人视为目的本身的某种无偏见的理性的判断而言的。因为需要幸福，也配得上幸福，但却没有分享幸福，这是与一个有理性的同时拥有一切强制力的存在者……的完善意愿根本不能共存的"②。

值得注意的是，康德的幸福概念在很多情况下不同于古代哲学家（尤其是亚里士多德）的用法。后者指的是一种（灵魂）合乎美德的完善的存在状态，而前者常常与他所批评的对象一样，指的是一种感性的快意或满足。在这方面，18 世纪末开始流行的功利主义显然更加直白。因为，这种伦理学立场所谋求的心理基础更为质朴甚至原始——它不仅诉诸"快乐"与"痛苦"这两种基本感觉，而且诉诸人类"趋向快乐"与"躲避痛苦"这两种更基本的欲望。与康德主义和休谟主义相比，虽然同属从人性而非神性中奠定基础的启蒙道德筹划，但功利主义的世俗化程度似乎更彻底，它为道德知识和道德要求提供的心理基础似乎也更简单。功利主义确实以一种更切身的、更合乎感性和经验的方式去解释普通人在一般道德问题上的思维和感受。③ 正如研究者指出的那样，"功利主义之所以显得有些道理，其部分原因是

---

① 康德:《实践理性批判》，邓晓芒译，人民出版社 2003 年版，第 90 页。

② 康德:《实践理性批判》，邓晓芒译，人民出版社 2003 年版，第 151—152 页。

③ Frederick Rosen, *Classical Utilitarianism from Hume to Mill*, New York: Routledge, 2003, pp. 48－57.

被它确认为道德基础的那些事实——关于个人福利的事实——具有明显的驱动力"①。

关于伦理学与心理学之间关系的梳理，还可以继续下去。但是，至此已足以表明，对心理问题的讨论在伦理学的历史进程中一直同其主流相伴随，并构成重要甚至关键的部分。只不过，在不同时期，基于不同社会状况与知识状况，它们或是表现为关于"灵魂"的讨论，或是表现为关于"心灵"的讨论；而随着现代心理科学的实证方法和实验技术的引入和升级，伦理学也越来越多地将"心理"视为一种经验的精神现象。至此，psychē 才从"灵魂"或"心灵"转为"心理"，psychology 才从"灵魂之学""心灵之学"转为"心理之学"。但是，无论研究的视角与方法如何变迁，无论使用的术语和表达如何改变，伦理学对人类内心世界的关注却从未消弭。伦理学始终需要容纳心理概念，始终需要诉诸心理知识。道德心理问题始终是伦理学研究的应有之义。

---

① 斯坎伦：《一种契约论理论》，载约瑟夫·德马科、理查德·福克斯编：《现代世界伦理学新趋向》，石毓彬等译，中国青年出版社1990年版，第58页。

第二章　道德心理学的基本概念

　　对伦理学与心理学之间亲缘性的历史梳理，有助于我们理解伦理学对心理问题的重视程度。之所以对此如此关注，不仅因为，行为者的内心状态在很大程度上决定着他的行为是否堪称道德的行为，而且因为，只有通过探究道德现象的心理依据，我们才能对道德要求有深切认同并对道德行为给出合理解释。因此，越来越多的人意识到，"对道德理想和原则的澄清，将受到关于心灵的基本构造、主要情感、成长模式、社会心理以及我们的理性思考能力的限度等"[1] 道德心理学方面的知识约束。而在当前的相关研究中，"理由"（reason）、"原因"（cause）、"动机"（motive）或"意图"（intention）等概念已成为曝光率最高的关键术语。因此，经过上一章的纵向历史回顾之后，我们还需从现代学术横断面出发，对道德心理学的基本概念予以梳理和澄清。

一、道德要求与道德理由

　　作为一种思想类型或理论学说，伦理学是人们反映、思考伦理生活的观念产物，但不等于伦理生活本身。亚里士多德清楚地阐述过作

---

　　① Owen Flanagan, Amelie Rorty eds., *Identity, Character and Morality: Essays in Moral Psychology*, Cambridge, MA.: The MIT Press, 1990, p. 1.

为伦理生活的 ethos 和作为伦理思想的 ethics 之间的区分：伦理生活（ethos）是人们在生活中的风俗习惯及其在个人身上形成的气质和品质，而伦理学（ethics）则是针对这种风俗和品质的一项研究。①

但是，包括不少伦理学家在内的许多人却认为，伦理学的使命在于告诉人们应该做什么或不应该做什么（即如何行动），以及应该怎样生活或不应该怎样生活（即如何生活），亦即，为伦理生活提供道德要求（moral claims）。尽管这是伦理学最为人期待的一项任务，然而它却是伦理学最不胜任的一项任务。因为：（1）在伦理学作为一种正规的知识系统被提出之前，人们已经开始了自己的伦理生活，特定的价值观念和价值判断已经出现在生活之中。尽管这些观念及判断此时仍是一种粗糙的、原始的或不成体系的道德知识，但它们的存在足以使人的生活具备特定的道德要求，从而成为一种伦理的生活。况且，（2）人类的道德状况并没有因为伦理学的出现或道德知识的精细而变得更好，伦理学提出的道德要求——应当如何行动或如何生活——并未如其所愿地说服所有人。面对这种尴尬，伦理学不得不承认，伦理原则不过是一种"软约束"，它只对愿意遵守它的人才有效。与之相比，倒是那些由法学、政治学提出并通过诉诸社会权威力量予以确定和推进的行为规范才更具实效。（3）即便那些行为合乎道德要求的人，也未必就等于伦理学的自觉思考者和遵守者。很多时候，人们的道德意识来自伦理生活的潜移默化，而不是伦理学的正规传授。在实际中，哪些行为得到提倡而哪些行为又被人拒斥，这是由伦理生活自身的状况和逻辑决定的，而不是要等到伦理学家和伦理学出现后才大白于天下。更何况（4）要求伦理学提供具体的道德要求，这会带来

① Aristotle, *Nicomachean Ethics*, trans. by W. D. Ross, in Richard McKeon ed., *The Basic Works of Aristotle*, New York: Random House Inc., 2001, 1103a17 – 20.

（实际上已经带来）一个严重的问题，即伦理学内部不同思想的相互交锋甚至冲突，使人们在进行伦理决定时无所适从。这不但为伦理学招致学理上的难题，而且严重败坏了伦理学的声誉，人们会因为伦理学并未成功地改善伦理生活，而对这种类型的学说产生普遍的质疑。

其实，一个社会接纳和提倡怎样的道德要求，根本上不是由 ethics 而是由 ethos 决定的。伦理学作为一项理论研究，关键不在于制定道德要求，而在于对 ethos 所提出的各项道德要求进行理性的批判、论证和反思。也就是说，面对社会风俗所形成或提出的道德要求，伦理学的使命在于论证"为什么应该这样"以及"何以可能这样"。前者意味着采纳道德要求的依据和理由，而后者则涉及采纳这项道德要求的基础和条件。对一项道德要求来说，如果它经得起深层次的反思和追问，就可以被继续接纳并得到强化；如果它经不起深层次的反思和追问，伦理学就需要提醒人们修改甚至放弃它。所以，人们学习和了解伦理学，并不完全因为他们对自己的社会倡导哪些价值以及他们自己拥有哪些价值茫然无知，而是希望通过伦理学搞清楚"为什么他的价值是对的。……伦理学是要解释和说明这些道理，告诉人们为什么他们坚持的道德信念和道德信仰以及他们的道德习惯是好的"[1]。

因此，伦理学的根本使命不是充当直接的发号施令者，不是考虑怎样精巧地提出道德要求，而是考虑如何论证道德要求背后的道德理由（moral reasons）。伦理学的任务，就是要把道德理由经过反思而建立在一个合理的基础上，构成具有说服力的理论立场。在这个意义上，无论是作为义务论的康德主义、作为后果论的功利主义，还是作为美德论的亚里士多德主义，关键都在于为伦理生活提出道德要求并赋予其恰当的道德理由。对它们来说，道德要求或有重叠之处，但道德理

---

[1]　余纪元:《亚里士多德伦理学》，中国人民大学出版社 2011 年版，第 4 页。

由却各自不同。正是道德理由的差异而不是道德要求的差异导致三者彼此区别：

> **康德主义**：你应当采取行动 A，因为行动 A 可以成为可普遍化的行动。
>
> **功利主义**：你应当采取行动 A，因为行动 A 可以实现最大多数人的最大快乐。
>
> **亚里士多德主义**：你应当采取行动 A，因为行动 A 可以有助于你获得幸福。

任何形式的理由都呈现为行为者内心的一种判断。虽然人们常常认为事实可以构成理由，但是，如果只有客观的事实而缺乏行为者对它的主观认知、理解和认同，那么事实就不会构成理由。比如，我们常说"足球场上裁判的哨声响起"是"球员停止比赛"的理由，但是，"哨声响起"这一事实不足以成为"停止比赛"的理由——只有当行为者认知到该事实（即球员听到了哨声），理解了该事实（即球员明白裁判的哨声响起意味着停止比赛），并且承认了该事实（即球员认同"裁判哨声响起，比赛即刻暂停或终止"的比赛规则）的合理性之后，他才能将这项事实"接纳"为理由。所以，理由固然包含事实，但是，当事实构成理由的一部分时，它们就已成为观念中的事实，而不是纯粹客观的事实。正如杨国荣教授提示的那样："理由包括事实、认识、意欲或意向等多重因素，这些因素相互联系，呈现为统一的结构。"① 只不过，这种结构并非一个事实结构，而是行为者内心包含一定事实内容的心灵结构。

————————

① 杨国荣：《理由、原因与行动》，《哲学研究》2011 年第 9 期。

因此，比如说，当一个功利主义者将"行动 A 可以实现最大多数人的最大快乐"列为"应当采取行动 A"的道德理由时，他并不是在单纯描述一个客观的事实，而是在描述他对于这个事实的理解和承认。除非他预先认为"一个行动是否应当"恰好取决于"它是否实现最大多数人的最大快乐"，并且承认这种关联的合理性，否则，即使"行动 A 可以实现最大多数人的最大功利"是事实，那也无法从一个物理事件转化为一个得到行为者重视的心理事件。更何况，行动 A 是否真的可以实现最大多数人的最大快乐，在相当大程度上，仍不是一个可被完全证明的事实。类似的问题在康德主义和亚里士多德主义所提供的理由那里同样存在，因为它们同样是经由行为者心理建构而成的主观判断。

理由是一种判断，但并非所有的判断都是理由。理由是用于解释行动并赋予其合理性的判断。唐纳德·戴维森（Donald Davidson）指出，理由"是行动者想要的、渴望的、赞赏的、珍视的，认为是有义务的、有帮助的、有责任的或能够接受的行为某特征、后果或方面"[①]，"当我们问某人为何这么做时，我们想要他提供一种解释。……当我们知道他的理由时，我们就有了一种解释，一种关于他所作所为的新的描述"[②]。相应的，从旁观者或评价者的角度出发，当我们为行为者的行动提供理由时，我们也是在"重新描述那个行动；而重新描述该行动就是将该行动置于一种模式之中，并且通过这种方式来解释该行动"[③]。所以，无论行为者还是旁观者，当我们有理由来解释一个

---

① Donald Davidson, "Actions, Reasons and Causes", in *Essays on Action, Reason and Cause*, Oxford: Clarendon Press, 2001, p. 3.

② Donald Davidson, "Actions, Reasons and Causes", in *Essays on Action, Reason and Cause*, Oxford: Clarendon Press, 2001, pp. 9 – 10.

③ Donald Davidson, "Actions, Reasons and Causes", in *Essays on Action, Reason and Cause*, Oxford: Clarendon Press, 2001, p. 10.

行动时，就是要将它解释为合理的行动，亦即通过某种合理化解释，把该行动表述为一个可以理解的而不是不可理解的行动。

与一般的理由不同，道德理由不仅需要将道德要求所包含的那个应该采取的行动"解释为"（be interpreted as）合理的行动，而且需要将这个行动"论证为"（be justified as）正当的行动。除了从逻辑上揭示行动的可理解性，道德理由更需要证明其应然性和规范性。换言之，道德理由正是通过将一个行动证明为正当而解释该行动的。在这里，"论证一个行动和解释一个行动常常如影随形"①。不仅如此，既然这个行动被证明为应该做的事情，那么，道德理由就不可能停留于"解释"与"证明"的层面，而是会更进一步，体现出一种"激发"行为者去履行道德要求的实践诉求。因此，任何一种伦理学立场，当它们提出理由时，总是会对这些理由的实践性与推动力充满信心和期待。

诚然，道德理由要实现自身的实践性与推动力，就必须现实地激发行为者，使之形成动机。但是，并非所有的理由在被提出来之后都会自动地转化为行为者的动机。如果行为者没有认可和采纳这些理由，他们就不会形成包含这些理由的动机。不过，即便如此，人们也仍不会否认这些理由的存在意义。因为，无论行为者是否被激发起来而形成动机，它们都是摆在行为者面前可供选择，并且始终对他施加着某种（潜在的）约束和引导作用的依据，它们"并不会因为缺乏一个合适的动机而被证伪"②。伯纳德·威廉姆斯（Bernard Williams）将这样的理由称作"外在理由"（external reasons）。它们并不参与行为者实际动机的形成过程，即便行为者实施的行动与它们所包含的诉求在内

---

① Donald Davidson, "Actions, Reasons and Causes", in *Essays on Action, Reason and Cause*, Oxford: Clarendon Press, 2001, p. 8.

② Bernard Williams, *Moral Luck*, Cambridge: Cambridge University Press, 1981, p. 101.

容上一致，该行动也不能通过这些理由而获得说明。①

　　与外在理由相对的是"内在理由"（internal reasons）。在威廉姆斯看来，一个理由是内在的，意味着它所包含的内容与行为者的主观动机集合（subjective motivational set）有所匹配并实际地构成了行为者的动机。内在理由必定激发行为者采取相应的行动；一个理由如果没有构成行为者的动机，就不是一个内在理由（甚或根本不是理由）。因此，按照威廉姆斯的观点，如果我们以"内在的解释"方式来理解"行为者有理由做某事"这一命题，那么，只有当该行为者确实具备了"去做此事"的动机，我们才能判定它为真。② 所以，一个理由是否堪称"内在理由"，取决于行为者是否根据该理由形成了合适的动机，或者说，取决于该理由所表述的内容是否属于行为者的主观动机集合。而所谓"主观动机集合"，最简单的理解是指行为者所希望实现的各种欲求，但除此之外，它还"可以包含诸如评价的倾向、情感反应的模式、个人的忠诚，以及各式各样尽管可能被抽象地表达，但却体现着行为者诸多承诺的计划等东西"③。

　　虽然内在理由更多地与行为者的秉性、偏好、生活计划等个体要素相关，但它不一定局限于或发端于行为者的欲望。威廉姆斯也承认，对一个理由做出"内在的"解释，并不等于那种"肯定过于简单"的"欲望+信念"的"准休谟式模型"（sub-Humean model）。④ 因为，内

――――――――――

　　① Bernard Williams, *Moral Luck*, Cambridge: Cambridge University Press, 1981, p. 107.

　　② Bernard Williams, *Moral Luck*, Cambridge: Cambridge University Press, 1981, p. 101.

　　③ Bernard Williams, *Moral Luck*, Cambridge: Cambridge University Press, 1981, p. 105.

　　④ Bernard Williams, *Moral Luck*, Cambridge: Cambridge University Press, 1981, p. 101.

在理由的根本特征在于它在心理上的实践功能（即是否实际地构成动机），而不在于它在心理上的表现形态（即究竟是欲望还是理性）。任何实际地激发行为者从而使其形成动机的理由，都是内在理由。对于亚里士多德主义，它们表现为具有个性特征的幸福目的论。对于功利主义，它们表现为每个人基于自然感受的功利诉求及其计算。对于康德主义，理性的普遍法则同样是内在的理由。因为，在康德主义这里，理性的普遍法则不仅不是外在于行为者主观动机集合的东西，相反，它们恰恰是行为者内部必然产生且构成真实动机的东西。康德主义相信，"道德原则（或者立足于那些原则的道德判断）必然向一切理性行动者提供了道德行动的内在理由"，因此"一旦行动者意识到某个行动是道德上要求的，他就有一个动机来履行这个行动"。[①]

所以，外在理由与内在理由的区别不在于一般理性原则与个别感性欲望之间的区别。只要行为者坚定地相信和认同前者，那么，任何一般的理性原则也会出现于主观动机集合之中，并构成行为者动机。同样的，外在理由与内在理由之间的区别也不在于前者是行为者身外的客观事实，而后者只是行为者心中的主观依据。因为，其一，如前所述，任何理由都是行为者的内心判断；当事实成为理由时，它已是行为者观念的一部分，而且是经过行为者认知、理解、承认等一系列心理过程塑造而成的观念的一部分。其二，只要行为者相信这些事实及其观念的规范性，那么他就会生成相应的动机；作为动机内容而呈现出来的事实（观念的事实）当然成为行为者的一项内在理由。

概言之，内在理由与外在理由的区分，不是"内在于个性化欲望还是外在于个性化欲望"的区分，也不是"内在于心灵还是外在于心

---

① 徐向东：《道德知识与伦理客观性》，《云南大学学报（社会科学版）》2013年第1期。

灵"的区分，而是"内在于动机还是外在于动机"的区分。内在理由必须是行为者承认和接纳的理由，必须是具有驱动性和推动力的理由，必须是内在于行为者动机并构成其动机的理由，必须是基于第一人称视角的"激发性理由"（motivating reasons）。而外在理由则不一定被行为者接受或接纳，不一定构成其动机，尽管它们在旁观者看来仍具有相当强烈的规范性和指导意义，但它们只是一种基于第三人称视角（有时候也可以基于第一人称视角）的"规范性理由"（normative reasons）。① 威廉姆斯指出，外在理由转化为内在理由需要借助某种特定的心理联系；对一个外在理由而言，如果行为者相信其合理性和规范性，那么，该理由就将匹配其主观动机集合而转化为实施行动的内在理由。②

二、理由与原因

康德主义、功利主义和亚里士多德主义的理由都可以成为内在理由，只要它们被行为者相信和采纳；它们也都可能只是外在理由，只要行为者对它们不以为然。因此，仓促断言"康德主义或功利主义的理由是外在理由，而亚里士多德主义的理由是内在理由"，这是不准确的。一种更恰当的看法是，虽然任何类型的道德理由都可以成为内在理由，但并非每种类型的道德理由都可以同等容易或频繁地成为内在理由，因为，它们为人所接受的便利程度和广泛程度是不一样的。

康德主义的理性原则当然可以构成行为者的实际动机，但这要求行为者必须首先是康德主义者，或者说，这要求行为者必须首先要

---

① 亓学太：《行动的理由与道德的基础》，《学术月刊》2010 年第 5 期。

② Bernard Williams, *Moral Luck*, Cambridge: Cambridge University Press, 1981, pp. 107 - 108.

"相信"通过纯粹理性的自我立法而以普遍原则的形式表达出来的理由足够充分，"相信"这些理由能够直接激发行为者的动机。在这个意义上，康德主义的理由只对康德主义者来说才是内在的，而对非康德主义者来说，这样的理由——"使你的行为准则同时成为一条可以普遍的法则"——则难以构成动机。

类似的情况，在功利主义那里同样存在。尽管功利主义的出发点是行为者的经验感受（趋乐避苦），但它作为理由而提出来的功利原则却是一条需要对这些感受进行计算的理性原则。因此，严格说来，功利主义的理由不是关于痛苦或快乐的直接体验，而是对于痛苦与快乐之间孰大孰小、孰多孰少的判断。所谓"最大多数人的最大快乐"，恰恰是通过对苦乐的计算而不是对苦乐的感受才得出的结论。因此，功利主义必定要求行为者首先能认同"最大多数人的最大快乐"的原则，其次能计算该原则在特定情境中的具体结论。但是，对于前者，并非每个人都会赞同从而将其承认为必然的理性原则（康德主义就是最典型、最激烈的反对者）；对于后者，即便是在功利主义者内部也不可能时时一致。所以，功利主义的道德理由，虽然因为奠基于行为者的自然属性而显得比康德主义的"门槛更低"，但它们滞留于外在理由层面的风险性以及由外在理由转化为内在理由的困难程度，却不见得比康德主义强多少。

作为现代规则伦理学的两种主流，康德主义与功利主义的根本问题不在于它们将行为者对纯粹理性或功利原则的承诺纳入了主观动机集合，而在于，它们这么做的同时却排斥了（包括彼此排斥）行为者可能肩负的其他承诺。如此苛刻的集合标准，势必约束集合所囊括的要素范围，使得大部分理由都无法置身其中，而只能停留于外在理由。相比之下，亚里士多德主义的主观动机集合显得更宽松、更包容；它允许更多的心理因素（情感、欲望甚至冲动）被纳入其中，允许更多的日常诉求成为内在理由，从而更容易催生行为者的主观动机。这一方面当然是因为，亚里士多德主义所提供的道德理由——"行动 A 可以有助于你获得幸福"——中的"幸福"概念本身就是一个包容性概念。① 另一方面还因为，对"幸福"的向往和追求，本身就是一种特定的欲望表现。正如后面还要谈到的那样，对于亚里士多德主义而言，行动的心理过程总是从行为者的某种欲望开始的。这里面既包括经验或自然的欲望，也包括行为者的合理目的或理性诉求。在语言上，它们表现为如下说法："我想要（I want to）做某事""我打算（I intend to）做某事"或"我将会（I will）做某事"等。当行为者经过慎思而确信某个行动 A 将是一个实现该欲望的行为时，他便会得出"我要采取行动 A"的结论。②在这里，作为"欲望"的大前提和作为"信念"的小前提共同形成了采取行动 A 的理由。而欲望意味着行为者处于一种试图实施某种行动的被激发状态③，那么，这种理由必定是内在的，它构成动机，成为"行动所以发生的根源"④。

当理由作为内在理由而构成动机时，它确实充当了行动的原因。⑤但是，行动的原因却不限于行动的理由。作为行为者的心理因素，行动的理由所构成的动机仅仅是引发行动的主体原因或行为者原因；这

① 李义天:《美德伦理学与道德多样性》，中央编译出版社 2012 年版，第 144—149 页。

② 戴维森将这样的理由形态称作"基本理由"，它包括支持性态度（pro-attitude）以及相关的信念（belief）。前者意味着行为者对某种类型的行动持有支持或赞同的心理倾向（包括愿望、要求、目标等），想要或愿意去实现它；后者则意味着行为者相信某个具体行动具备上述行动类型的特征，构成了实现它的一个具体方案。Donald Davidson, "Actions, Reasons and Causes", in *Essays on Action, Reason and Cause*, Oxford: Clarendon Press, 2001, p. 3.

③ Donald Davidson, "Intending", in *Essays on Action, Reason and Cause*, Oxford: Clarendon Press, 2001, p. 86.

④ 杨国荣:《理由、原因与行动》，《哲学研究》2011 年第 9 期。

⑤ Donald Davidson, "Actions, Reasons and Causes", in *Essays on Action, Reason and Cause*, Oxford: Clarendon Press, 2001, p. 4.

种原因与行动之间的关系只是"行为者的因果关系"（agent-causation）。除此之外，引起行动的还会有另一些主体之外的事件，甚至有的情况下（比如，车晃踩脚），行动完全就是由这些事件原因引发的，它们与行动之间构成的是"事件的因果关系"（event-causation）。如果不考虑任何行动实质上既包括行为者原因又包括事件原因，而是根据行动的基本方面给予大致区分的话，那么我们可以说：在行为者的因果关系中，促成行动的是行为者的某个动机，是一个心理事件；而在事件的因果关系中，促成行动的则不是行为者的动机，而是行为者之外的某个动力，是一个物理事件。心理事件与物理事件都可以成为行动的原因。①

　　由此，我们至少可以得出两点结论：（1）当理由以内在理由的形式构成动机时，作为心理事件，它确实是行动的原因，但不是行动原因的全部。因此，不加限定地说"行动的理由就是行动的原因"，是不妥当的。这尚未囊括所有的行动类型，尤其是那些纯粹因外力而引发行动的情形。（2）即便在行为者因果关系的前提下认为"行动的理由就是行动的原因"，也只是一种为了简便起见的省略说法。因为，理由并不能直接成为引发行动的原因；只有当理由成为内在理由、参与构成动机时，它才引发行动（如果理由停留于外在理由层面，则根本不会构成动机，更不会引发行动）。所以，更准确的说法应该是，"行动的理由是行动的间接原因，而行动的动机是行动的直接原因"。

---

　　① 无论是心理事件还是物理事件，原因必定是在行为之前发生从而引发行为的东西。然而，在一种狭义的理解中，"原因"被局限于物理事件层面，而"理由"被等同于心理事件。比如，安斯库姆就说："行动越是被描述为一种简单的回应，人们就越是会倾向于使用'原因'这个词；而它越是被描述为一种针对某个在行为者的表述中被认定具有重大意义的事情的回应，或是一种伴随着想法和问题的回应，那么人们就越是倾向于使用'理由'这个词。"参见 G. E. M. Anscombe, *Intention*, Cambridge, MA.: Harvard University Press, 1957, pp. 23–24. 但下文将表明，这两点认识都是不准确的。

在康德主义和功利主义的模式中，理性当然属于构成理由的主要元素，甚至是唯一元素。但是，如果亚里士多德主义的模式可被接受，那么，除了理性，行为者的欲望、情感等非理性元素显然也构成理由。这些理由也许并非出于纯粹理性，然而，它仍然在一种合情合理的意义上是可以被认知、表述、澄清甚至辩难的。至少，它是一种可以借助语言并以命题的形式而被表述出来的倾向性。①

相比之下，诸如直觉（intuition）、冲动（impulse）等心理过程更加"混沌"，更加"难以言表"。尽管我们能通过事后分析而将这些心理过程"还原"为某种推理，但在它们实际发生的那一瞬间却并无理由可言。有过类似体验的行为者即便事后也往往说不清楚自己当时到底是一种什么样的心理状态，更遑论能够识别出自己的详尽理由了。所以，这类心理事件不属于"理由"。然而，如果因此断言出于直觉或冲动的行为者"缺乏动机"，却又矫枉过正了。因为，直觉或冲动依然属于行为者在实施行动时真实的心理过程，它们确实构成了行为者的动机——只不过是一种迅捷到难以识别或理解的动机。出于直觉或冲动，而不是出于理性、欲望或情感，这顶多只能表明行为者是"无理由"的，却不能认为他们是"无动机"的。

因此，一方面是由理性、欲望或情感构造的有理由的心理状态（Ⅰ），一方面是由直觉或冲动构造的无理由的心理状态（Ⅱ），两者同属行为者的动机部分，同属促成行动的心理事件，因而同属引发行动的行为者原因。真正与之对立的，是行为者之外的物理事件或事件原因（Ⅲ）。在这种情形中，对于实际发生的行动，行为者并无任何试图引发它的心理过程，因此，既谈不上有理由，也谈不上有动机；该

---

① Thomas Scanlon, *What We Owe Each Other*, Cambridge, MA.: Harvard University Press, 1998, p. 38.

行动完全是由那些物理层面的事件原因引发的。我们不妨用一个结构表来概括上述分析：

表 2 - 1

心理状态类型	心理过程	理由类型		有无动机	原因类型	
I	理性	有理由	有外在理由	有动机	行为者原因（心理事件）	原因
	欲望		有内在理由			
	情感					
II	直觉	无理由				
	冲动					
III	无	无理由		无动机	事件原因（物理事件）	

三、理由与意图

　　理由、动机和原因，是道德心理学研究的重要概念。上述分析框架虽然在一定程度上明确了这几个概念的内涵和关系，但它仍然遗漏了另一个与之重叠但又似乎存在区别的概念，即意图。什么是意图？它与理由、动机、原因等概念是什么关系？对于这些问题，必须展开研究。

　　安斯库姆在《意图》一书中曾对这个概念给出一种极具代表性和影响力的解释。她认为，"意图"就是理由，有意图的行动就是有理由的行动。说一个行为者行动时具备某种意图，这意味着，当别人对其行为提出"为什么"的问题时，他能够做出恰当回答，即他能够为自己的行动给出理由，从而表明该行动不是无中生有或不可理解的。安斯库姆说："是什么把有意图的行动与没有意图的行动区别开来？我给出的答案是，它们是那些我们可以对它们提出一种特定意义的'为什么'问题的行动；这种意义当然在于，如果回答是肯定的，那么便为行动提供了一种理由。"① 所以，当一个有意图的行为者回答"你为什么这么做"的问题时，他必定会给出仔细的解释和论证。尽管这些解释与论证既可能是康德主义或功利主义的，也可能是亚里士多德主义的；既可能是基于理性，也可能是出于欲望或情感的：但无论如何，行为者总能提供一定的依据或说法，而不是简单、武断地声称"我就是要这么做"。安斯库姆指出，"特殊意义的'为什么'问题"就是要规避后面这类情形。如果"对于'为什么'这个问题的唯一回答是'我就是要'……那就不存在那个特殊意义的'为什么'问题，也就根本不存在专门的'有意图的行动'概念"②。"因此，对于那个'为什么'的问题，除了'我就是这么做了'这样的回答之外还有其他回答出现，这对意图概念或意愿行动的概念来说是不可或缺的。"③ 这里所谓"其他回答"，正是关于理由的回答。

但是，在日常情形中，当针对行为者的意图进行发问时，我们首先问的是"你这么做有没有意图"，其次才会问"你这么做的意图是什么"。对第一个问题的肯定回答是："是的，我有意图，我是想要这么做。"对第二个问题的回答是："我之所以想要这么做，是因为/为了……"可见，将有意图行为同无意图行为区分开来的是第一个问题，而第二个问题则是对有意图行为的意图内容进行具体的揭示。当安斯库姆将意图等同于理由时，她实际上考虑的是第二个问题。在她看来，只

① G. E. M. Anscombe, *Intention*, Cambridge, MA.: Harvard University Press, 1957, p. 9.

② G. E. M. Anscombe, *Intention*, Cambridge, MA.: Harvard University Press, 1957, p. 32.

③ G. E. M. Anscombe, *Intention*, Cambridge, MA.: Harvard University Press, 1957, p. 33.

有当行为者说出具体的理由而不是仅仅说"我就是想要这么做"时，他才算作是"有意图的"。显然，这是一种关于意图的强定义，它要求我们必须在"有理由"的意义上来理解"有意图"，而"无理由"的行动（即无法回答"为什么"问题的行动）只能是"无意图"的行动。

　　然而，这种定义却忽视了三个方面的问题。第一，并非所有有意图的行动都是有理由的。如上所述，区别有意图行动与无意图行动的关键问题是"你这么做有没有意图"。一个行为者，只要他在行动时内心具有特定的实践指向和实践目标，即指向某个对象、事件或某种状态（有所指）并试图通过行动来改造这个对象、操作这个事件或实现这种状态（有所图），那么他就是"有意图的"。用罗伯特·布莱顿（Robert Brandom）的话来说，"意图"意味着内心之中的一种"实践承诺"（practical commitment）。这种心理过程既可以表现为能够分析和表述的出于理性、情感或欲望的"有理由"状态，也可以表现为不可分析、难以言状的出于直觉或冲动的"无理由"状态。在直觉或冲动状态下，行为者虽然无法条分缕析地回答"为什么"这个问题，但他并未因此变得无所指或无所图。[①] 也就是说，行为者只需要对第一个问题做出肯定的回答而不需要对第二个问题做出具体的回答，便能够将自己归于"有意图"之列，即便他可能是"无理由"的。

　　第二，并非所有有理由的行动都是有意图的。如前所述，理由可以被分为内在理由和外在理由。任何一个理由都有可能成为内在的理由，也有可能成为外在的理由，而区分的尺度就在于它是否合乎行为

---

① 布莱顿意识到，"一个人可以持有一些无理由的意图，亦即，持有一些行动者并不能通过诉诸与实践推理的前提具有恰当关联的信念承诺便足以持有的实践承诺。在这种情况下，虽然仍可以有行动，但它并非由理由所致"。参见 Robert Brandom, *Making It Explicit: Reasoning, Representing and Discursive Commitment*, Cambridge, MA.: Harvard University Press, 1994, pp. 261-262。

者的主观动机集合而实际地构成动机。当理由停留于外在理由的层面时，它尚未影响到行为者内心的实践指向以及实践目标，尚未影响到行为者的意图。在这种条件下，有理由不等于有意图。或者，更确切地说，有外在理由不等于有意图。只有在有内在理由的条件下，理由实际地作用于行为者的慎思或考虑，才会使之形成"想要这么做"的意图并表现为现实的动机。因此，当且仅当在内在的意义上，我们才能说"有理由"就是"有意图"，或者，"有意图"就意味着"有理由"。

第三，既然有些有意图的行动是"无理由"的，那么，我们就不能再像安斯库姆那样不加区分地认为"无理由的行动就是无意图的行动"。毋宁说，"无理由的行动就是无意图的行动"这种说法，只有在限定的意义上才能成立，即完全是由于物理事件所导致的那种无理由的行动才是无意图的。因为，当行为者受到来自某个物理事件的外力作用而行动时，他事先对于该行动的发生并无任何考虑或打算，也没有任何指向或企图，因此从他的角度来讲，这里既没有什么理由存在，也没有什么意图可言。

综言之，我们可以用另一个表格来描述意图与理由之间的复杂关系：

表 2 - 2

心理状态类型	心理过程	理由类型		有无意图
I	理性	有理由	有外在理由	无意图
	欲望		有内在理由	有意图
	情感			
II	直觉	无理由		
	冲动			
III	无	无理由		无意图

对比表2-1和表2-2，我们不难发现，"意图"恰好替代了"动机"的位置。但凡表2-1中的"有动机"皆被表2-2中的"有意图"代替；同样的，但凡表2-1中的"无动机"在这里也呈现为"无意图"。虽然表2-2进一步划分了"有理由"的两种情况而把"外在理由"单独标记出来，但是，毫无疑问，假如我们在表2-1中也做如此划分和标识的话，我们同样也需以"无动机"来与之对应，就像这里用"无意图"来与之对应一样。

这种情形绝非偶然。因为，"意图"在相当大的程度上就等于"动机"。首先，当我们去考察一个行为的动机时，我们同样会问"你这么做有没有动机"以及"你这么做的动机是什么"等问题；而对它们做出的肯定回答同样也是"是的，我有动机，我是想要这么做"以及"我之所以这么做，是因为/为了……"这表明，动机与意图在概念的逻辑结构上是一致的。其次，就概念的逻辑地位而言，严格意义上的"意图"（我想要采取行动A）应该仅限于实践推理的结论部分，而由"欲望（我想要做某事）+信念（行动A是做某事的一个方案）"所组成的前提部分则属于"理由"。这样，理由与意图就被完全区分开来。此时被称作"意图"的东西，作为实践推理的结论部分，恰好就是原先被称作行为者"动机"的东西。① 最后，在概念的

---

① 戴维森的理解有所不同。他认为行动（行动A）的理由是欲望（大前提：我想要做某事）及信念（小前提：采取行动A是做某事的一个方案）的组合，而行动的意图则是其大前提的内容本身（做某事）。用他的话来说，"某人带着做某事的意图来采取行动A"。可见，他所理解的"意图"不是实践三段论的结论（我想要采取行动A），而是实践三段论的大前提（我想要做某事），或者更精确地说，是大前提的一部分（做某事）。但即便如此，也不能认为意图不等于动机。因为，戴维森同时也把"动机"从结论层面提升到大前提层面。这样，行为者的动机就不会被表达为"我想要采取行动A"，而是发生在"我想要做某事"的欲望或支持性态度的涌现之际。作为大前提的欲望的出现，已经意味着行为者处于一种被激发、被驱动的心理状态。在此意义上，意图仍然等于动机——只不过是在大前提层面上而不是在结论层面上等同于动机。参见 Donald Davidson, "Intending", in *Essays on Action, Reason and Cause*, Oxford: Clarendon Press, 2001, pp. 84-86。

逻辑功能上，"动机"意味着行为者已经在内心被激发起来，指向某个对象或事情并试图对它施加作用或改造。布莱顿用"实践承诺"来解释"意图"，恰好也表明了这一点，即意图必须使行为者切实地产生指向实践、改造实践的坚定念头。这种"要真正行动起来，去这么做"的实践承诺显然就是"动机"。①

因此，可以说，意图是动机的另一种表述；它们都是对作为行为者原因的同一种心理事件的刻画。两者的差异在于，"意图"侧重于揭示上述心理过程的指向性及其所指向的内容，而"动机"则更强调这种心理过程所表现的一种被激发的动态状况及其作用于相关对象的实践功能。如果这样，那么，我们就有必要将表 2-1 和表 2-2 结合起来，借用表 2-2 的分析来进一步完善表 2-1 的内容，从而得到如下框架：

表 2-3

心理状态类型	心理过程	理由类型		有无动机/意图	原因类型	
I	理性	有理由	有外在理由	有动机/有意图	行为者原因（心理事件）	原因
	欲望		有内在理由			
	情感					
II	直觉	无理由				
	冲动					
III	无	无理由		无动机/无意图	事件原因（物理事件）	

---

① Donald Davidson, "Intending", in *Essays on Action, Reason and Cause*, Oxford: Clarendon Press, 2001, pp. 90 - 91.

第三章　亚里士多德主义的进路

　　理由、原因、动机或意图，是当前道德心理学研究中的基础概念，它们的彼此关系构成了道德心理问题的基本分析框架。对它们做出不同理解和定义，也会形成不同框架。但无论如何，在同一个框架内部，对这些概念的界定不能模糊或摇摆，关于其内涵、外延以及相互关系的设定必须明确。如果说，我们从思想史的纵向过程中能够发现伦理学与心理学之亲缘关系的整体性与多样性，从当代学术的横断面中能够发现道德心理学的基本支点，那么，以此为坐标，我们可以初步确定亚里士多德主义美德伦理学的大致位置及其蕴含的心理议题。

一、道德理由的激发性与规范性

　　如前所述，内在理由与外在理由的区分，不是根据理由的内容而是根据理由的效应所做的区分。无论康德主义、功利主义或亚里士多德主义，其理由只要能切实激发行为者，引起行为者动机，它们就是内在理由。同样的，如果它们没有激发行为者，或者说，它们是否为"真"与行为者是否形成相应的动机无关，那么它们就只是外在理由。正是在此意义上，我们不能断定，康德主义、功利主义或亚里士多德主义的道德理由，究竟哪种是内在理由而哪种又必定是外在理由。但我们可以说，无论哪种类型的理由，只要它合乎行为者主观动机集合从而成为行为者的内在理由，它就一定是激发性的理由。所以，一个坚信理性自主性的行为者（康德主义者），当他发现并且确信行动 A 是所有理性行为者都将采取的行动时，他会仅仅因为该行动具备这种"可普遍化"的形式而将其作为一项义务接受下来，同时形成"要这样去行动"的动机；一个坚信趋乐避苦的人性理论的行为者（功利主义者），当他发现并且确信行动 A 能为最大多数人带来最大快乐和最小痛苦时，他也会十分自然地在内心产生相应行为的动机。

不仅如此，作为现代规则伦理的基本范式，两者更主要的理论抱负还在于，要通过诉诸理性而为道德行动确定普遍有效的理由，并通过这样的理由来激发行为者的道德行动。因而，康德主义和功利主义对于自己提供的理由不仅成为"激发性理由"，而且能够成为"规范性理由"，亦即，成为那种集激发性与规范性于一身的内在理由，是信心满满、深信不疑的。毕竟，在功利主义看来，功利原则建立在人类的自然本性基础上，后者的规约性和范导性使得该原则不可能不自然而然地激发行为者的动机。而对康德主义来说，行动理由及其规范性本来就源于行为者意志的特定表达，当行为者通过理性自律而决意"要让自己的行为准则同时成为一条法则"时，他在一念之间便也同时赋予了该行为以规范的行为动机。这意味着，行为的动机与行为的理由是同时出现的，理由的激发性与理由的规范性是同时发生的。

在这个意义上，即便是迈克尔·斯托克尔（Michael Stocker）在《现代道德理论的精神分裂症》一文中所设计的那个常被用来说明规则伦理学的道德理由虽然具有规范性但却缺乏激发性的典型案例，也不足以否认这一点。① 因为在这个例子中，行为者史密斯恰恰是受到康德主义的理由的激发而前去探望生病朋友的。对史密斯这位康德主义者来说，出于责任或义务来做此事，既不费劲，也不奇怪，反倒顺理成章、自然而然。尽管被他探望的那位朋友会对史密斯的理由感到尴尬甚至难以理解，但是，"史密斯来探望他"这件事本身已说明，在史密斯的身上（从史密斯自己的视角看），康德主义理由在保有规范性的同时已经实现了自身的激发性。因此，我们似乎并不能通过这个例子来断言康德主义缺乏激发性。相反，这个例子恰好证明了，尽管有些死板，但康德主义的理由在这里确实是一种既具有规范性也具有激发性的内在理由，而不是只有规范性却缺少激发性的外在理由。

不过，在这里，问题的关键不在于康德主义（以及功利主义）"有没有保留激发性"，而在于它们"保留了多少激发性"。康德主义的理由当然会在某些情境中产生强大的激发性，但它是否在诸如"探望生病朋友"这样的情境中依然具有同等的激发性？康德主义的理由当然可以在一个康德主义者（比如，史密斯）身上实现规范性与激发性的统一，但它又是否以及如何适用于非康德主义者（比如，那位被史密斯探望的朋友）？若不是因为非康德主义者实际上构成了日常人群的大多数，那位被探望的朋友以及我们这些旁观者又怎么会对史密斯

---

① "假设你在医院里，正从长时间的疾病中逐渐恢复。当史密斯再次来看望你的时候，你正处于十分郁闷、烦躁、无所适从的状态中。此时，你会比以往更加确信地认为，他是个好伙伴，是个真朋友——他穿过整个城镇，花了这么多时间来鼓舞你，等等。你情不能已地表达你的赞扬和感谢，可是他却抗议到，他一直是在尽力去做他所认为是自己责任的事情、他所认为是最好的事情罢了。一开始，你还以为他是在通过自谦、减轻道德上的负担的方式而讲客气。可是你们俩谈得越多，你就越清楚地发现，他是在讲真话，没有夸张：他来看你，实质上并不是因为你，并不是因为你是他的朋友，而是因为他认为这是他——也许是作为一个基督徒或者一个共同体成员或是别的什么——的责任，或者只是因为他知道没有人比你更需要鼓舞，而且更容易被鼓舞了。"参见 Michael Stocker, "The Schizophrenia of Modern Ethical Theories", *The Journal of Philosophy*, Vol. 73, No. 14(1976), p. 462。

的回答表现出错愕和不解呢？若不是因为我们已经在直觉上把"探望生病朋友"的日常行为划归为一种无须诉诸康德主义理由的情境，我们又怎么会打算通过这个例子来揭示康德主义在激发性方面的突兀或缺失呢？概言之，强调规范性的康德主义并不是不能产生激发性，而是不足以在所有情境中产生与之相适应的激发性。就整个生活领域来说，能够适用康德主义的情境可能只是其中一部分，始终坚持康德主义并把康德主义理由转化为动机的行为者也可能仅限于其中的少数人。"人类的动机心理学还没有表明，我们被激发起来按照道德原则行动方式，不管是在类型上还是根本上都不同于我们被激发起来追求'日常的'目的或目标的方式。这就是说，我们没有理由相信道德动机在结构上不同于日常的动机。"①

　　不难发现，无论康德主义还是功利主义，尽管在规范性与激发性的具体方案上各有偏爱，但是，谋求或建构一种规范性与激发性兼而有之的道德理由并证明自己确实能够胜任这项任务，却是它们共同的心愿。康德主义与功利主义因其奠基于纯粹理性或自然人性并明确表达了一种普遍主义诉求而体现出明显的规范性，但是，由于这种普遍主义的诉求同时还要求排他的唯一性，使得康德主义与功利主义不得不让它们的理由"一以贯之"地出现在任何情境之中，而不论这些情境是不是它们的适用对象。于是，在那些并不适合或不太适合的情境中，康德主义的理由（比如，在上述探望朋友的情境中）或功利主义的理由（比如，在提供教育医疗等公共必需品的决策讨论的情境中）就会因为对自身的规范性的坚持而显得别扭、荒诞、缺乏弹性，使得人们接受起来也更困难，因而鲜能在更大范围内产生激发性作用。也就是说，它们不能与大多数行为者的主观动机集合匹配而只能停留于

---

　　① 徐向东：《道德哲学与实践理性》，商务印书馆 2006 年版，第 46 页。

外在理由的层面，尽管这并不有损其规范性本身。

　　提升上述道德理由的激发性绝非易事。因为，这要么需要改造行为者的主观动机集合，使之成为坚定的康德主义者或功利主义者，要么需要放弃康德主义者或功利主义者严苛的普遍主义诉求。与之相比，在激发性得到一定程度保证的前提下考虑如何提升道德理由的规范性，或许更可行。这样，我们无须考虑如何让一个规范的理由构成动机，而只需考虑如何改造一个足以构成动机的理由的规范程度。在这个问题上，亚里士多德主义提供了更具启发性的选项。

　　亚里士多德主义之所以被视作美德伦理学的典范，不是因为它不注重行为而只关注行为者，而是因为它能够在道德行为与行为者的品质之间建立合理且紧密的因果联系。亚里士多德表示，像公正、节制这样的美德行为之所以正确，根本上是因为它是由美德行为者做出的。只有行为者确实出于公正、节制等优良品质而行动，其行为才能被称为公正或节制的行为；否则，它们只不过"看上去是"公正或节制而已。[①] 然而，这些品质又因为什么而变得优良？亚里士多德更进一步，通过引入特定的实践推理模式来回答这个问题。对亚里士多德来说，成功的实践推理的最重要特征在于，它是以"幸福"为大前提的。前文所述的亚里士多德主义的道德理由——"你应当采取行动 A，因为行动 A 可以有助于你获得幸福"——正是对这种实践推理的缩写：

　　大前提：我要获得幸福。

　　小前提：行动 A 有助于我获得幸福。

　　结　论：我要采取行动 A。

---

　　① Aristotle, *Nicomachean Ethics*, trans. by W. D. Ross, in Richard McKeon ed., *The Basic Works of Aristotle*, New York: Random House Inc., 2001, 1105a31 – b9.

毫无疑问，这种实践推理反映了"目的-手段"的逻辑结构，体现出行为者的工具理性，甚至承认了"幸福"也不过是一种特殊的欲望。然而，对亚里士多德主义来讲，这种欲望不仅同行为者的生存结构和心理结构具有本质关联而无须担心其激发性，而且，它在内容和地位上亦有更明确甚至最高阶的规范性。正是这种规范性，使得行为者在表达某个具体欲望时，其对象或内容要严格得多：它不能是随意的"某件事"，甚至不能是随意的"某种善"，而必须是所有"善"中最完善者，至少，必须要在最终的意义上指向"幸福"这个"最高善"。因此，"幸福"不仅没有为"坏欲望"留空间，就连一般的"好欲望"也必须受它约束。亚里士多德主义强调行为者的优良品质，也正是为了培养和塑造行为者的具体欲望，使之在实践推理中自觉指向这个最高善。因此，"幸福"既是行为者必然追求的对象，也是行为者应当追求的对象。亚里士多德主义可以随时将上述结构中的"想要"替换为"应当"——（1）大前提：我应当获得幸福；（2）小前提：行动 A 有助于我获得幸福；（3）结论：我应当采取行动 A——从而实现激发性与规范性的统一。

二、亚里士多德主义的两重基础

亚里士多德主义把"幸福"列为根本的道德理由，并自信于其规范性与激发性的优势，这跟它关于行为者的生存结构和心理结构的设想是分不开的。正因亚里士多德主义对行为者的生存结构和心理结构持有一种特殊想象，所以它才相信，行为者必定认同"幸福"的规范意义，而且，在通常情况下，"幸福"也足以激发他们的道德行动。在亚里士多德那里，这种设想一方面体现为他对人类本性/自然的断言，另一方面体现为他的灵魂学说。它们分别构成亚里士多德主义的存在论基础与心理学基础。

亚里士多德认为，"本性/自然"（physis）是指存在者自然形成的原初构造、性状或特质。① 因此，本性/自然的首要特点在于，它不会因为后天经验而改变。本性/自然所呈现出来的自然现象、特征或功能，与通过人的技艺或实践而产生的人工现象、特征或功能之间构成了一种鲜明的对比关系。在伦理学意义上，它尤其区别于习俗、法律、规则等人力塑造或改造的社会产物，以及这些社会产物施加于人而形成的各种随时而变、因人而异的存在方式或属性。② 其次，本性/自然的不变性不但贯穿于某个具体存在者，也体现在同类存在者的所有个体身上，不会因个体间的处境差异而改变。在此意义上，本性/自然是同类存在者共同持有的普遍特征。再次，本性/自然与人为因素之间的对比关系既意味着它的形成未经人力介入，也意味着它的运行超出人力干涉的范围。被本性/自然所规定的那些特质或性状，只要条件允许，就必定会发展出来。就此而言，本性/自然的不变性不是指存在者不发生变化，而是指存在者不会因为自然因素以外的人为因素而发生变化。③ 最后，本性/自然不是单一或统一的，而是在不同存在者之间表现为不同的规定形式与变化形式；本性/自然代表着一种必然的规定性，它揭示出存在者的独特之处，使之同其他存在者相区别。概言之，在最一般意义上，本性/自然意味着不变性、普遍性、必然性与规定性。

---

① Nicholas Bunning, Jiyuan Yu eds., *The Blackwell Dictionary of Western Philosophy*, Malden: Blackwell Publishing Ltd., 2004, p. 460.

② Aristotle, *Nicomachean Ethics*, trans. by W. D. Ross, in Richard McKeon ed., *The Basic Works of Aristotle*, New York: Random House Inc., 2001, 1094b12 - 16.

③ 罗斯:《亚里士多德》，王路译，商务印书馆1997年版，第74页。

"本性/自然"的适用范围极广，不但包括生命物，而且包括无生命物。仅就生命物而言，虽然我们常说"不同生命物具有不同本性/自然"，但这更多是在"规定性"的意义上使用该概念。如果考虑到这个概念所蕴含的前三种性质，就会发现，在普遍性与必然性的意义上，它们的本性/自然却基本相同，即它们普遍受到动力因、目的因、质料因和形式因的支配，形成了一种由潜在到现实的必然进程。在这个意义上，一切生命物都具备同样的本性/自然。

由潜在到现实，意味着生命物的活动总是趋向某个目的。亚里士多德承认："当我们讨论确定的有秩序的自然产物时，我们必定不能说每一产物是因为变成这样才是这样，而要说它们因为是这样才变成这样，因为变化的过程伴随着所是并且为了所是，而不是相反。"① 这种趋向目的的变化进程，乃是一切有生命物的本性/自然表征之一。目的的最终呈现状况，就是该生命物的本性/自然的完整内容，就是它必定要实现出来的存在状态："只要是存在某个终极目的，一种运动就应该无可阻挡，我们总是说这样一种运动是为了别的东西；由此显然可以得出，必定存在这样的东西，它对应于我们所说的自然。"②

作为有生命物的一员，人的活动同样具有趋向目的的性质，同样需要被纳入目的论框架来理解和解释。③ 不过，与其他有生命物不同：（1）人的活动不是随便以什么东西为目的，而是以善为目的。（2）人不是盲目地趋向任何善，而是会对所欲之善进行认知、比较和评价。（3）通过认知，人会发现有的善是为了实现或获得其他事物而被当作

---

① Aristotle, *Generation of Animals*, trans. by A. Platt, in Jonathan Barnes ed., *The Complete Works of Aristotle*, Vol. 1, Princeton: Princeton University Press, 1991, 778b1-6.

② Aristotle, *Parts of Animals*, trans. by W. Ogle, in Jonathan Barnes ed., *The Complete Works of Aristotle*, Vol. 1, Princeton: Princeton University Press, 1991, 641b23-29.

③ Aristotle, *Nicomachean Ethics*, trans. by W. D. Ross, in Richard McKeon ed., *The Basic Works of Aristotle*, New York: Random House Inc., 2001, 1114b15-16.

目的，有的善则是"我们因其本身而欲求它（别的东西则是因为它而被人欲求）"①，它们之间构成了一定的层级结构。（4）通过比较和评价，人们会发现在这个层级结构中，"那些因自身而值得欲求的东西比那些因它物而值得欲求的东西更完善；那些从不因它物而值得欲求的东西比那些既因自身又因它物而值得欲求的东西更完善"，以此类推，"我们把那些始终因其自身而绝不是因为其他事物而值得欲求的东西称为最完善的"，即"最高善"。②亚里士多德承认，"如果只有一个最终目的，它就是我们所寻求的东西，而如果有几个最终目的，最完善的那个就是我们所寻求的东西"③。人不会停留于低级别的善，而必定逐级上升，直至那个"最高善"——这不是由伦理、习俗等人为因素决定的，而是由人的本性/自然决定的。所以，如果"幸福"就是我们永远只会因其自身而选择的"最高善"，那么"获得幸福"首先就不是一个规范性意义上的道德哲学问题，而是一个必然性意义上的自然哲学问题。"最高善"当然意味最高的规范性；而它所蕴含的激发性，则因为基于人类的生存结构而难以置疑。④

　　"获得幸福"之所以在亚里士多德主义的语境中能够成为兼具规范性与激发性的理由，除了是因为"幸福"位列目的结构的最终环节，还因为它在内容上意味着行为者自我成就、自我繁荣的充盈状态。毕竟，仅仅将"幸福"规定为最高善尚不足以完成论证，人们更希望

---

① Aristotle, *Nicomachean Ethics*, trans. by W. D. Ross, in Richard McKeon ed. , *The Basic Works of Aristotle*, New York: Random House Inc. , 2001, 1094a18.

② Aristotle, *Nicomachean Ethics*, trans. by W. D. Ross, in Richard McKeon ed. , *The Basic Works of Aristotle*, New York: Random House Inc. , 2001, 1097a35.

③ Aristotle, *Nichomachean Ethics*, trans. by W. D. Ross, in Richard McKeon ed. , *The Basic Works of Aristotle*, New York: Random House Inc. , 2001, 1097a28－35.

④ T. H. Irwin, "The Metaphysical and Psychological Basis of Aristotle's Ethics", in A. O. Rorty ed. , *Essays on Aristotle's Ethics*, London: University of California Press, 1980, p. 48.

了解到，当实现这种最高善时自身的存在状态是怎样的。如果像亚里士多德说的那样，"幸福就是灵魂合乎完满美德的实现活动"①，那么，为了论证"获得幸福"作为道德理由的充分有效，我们还"必须对灵魂的若干事实有所了解"②。

在亚里士多德这里，"灵魂"是指生命物的形式（form）或本质（essence）。它的适用范围要比"本性/自然"更窄，因为任何事物都可以有本性/自然，但只有生命物才谈得上有灵魂。而且，灵魂并非为人所特有，植物和动物等凡有生命者皆有灵魂。植物的灵魂，作为它的形式或本质，支配着植物的生命活动，即营养（nutrition）、生长（growth）及繁殖（reproduction）等特征和功能。③ 动物的灵魂，作为它的形式或本质，支配着动物的生命活动，即除了与植物类似的营养、生长和繁殖之外，还有运动（movement）、感觉（sense）、欲望（desire）等特征和功能（当然，少数植物在特定意义上也部分具备这些特征和功能）。④ 就此而言，亚里士多德的"灵魂"概念，包括但不限于通常理解的那种人类的心灵状态或某种居于人体内部但又独立存在的精神实体。尽管亚里士多德也承认灵魂与肉体的对立，但他一方面是在精神与物质相对立的意义上，另一方面又是在形式与质料相对立的意义上谈论两者对立的。毋宁说，在本体论层面，作为形式或本质的"灵魂"不是任何可经验或可测量的存在物，而是在形而上学的

---

① Aristotle, *Nicomachean Ethics*, trans. by W. D. Ross, in Richard McKeon ed., *The Basic Works of Aristotle*, New York: Random House Inc., 2001, 1102a5.

② Aristotle, *Nicomachean Ethics*, trans. by W. D. Ross, in Richard McKeon ed., *The Basic Works of Aristotle*, New York: Random House Inc., 2001, 1102a18.

③ Aristotle, *On the Soul*, trans. by J. Smith, in Jonathan Barnes ed., *The Complete Works of Aristotle*, Vol. 1, Princeton: Princeton University Press, 1991, 413a30 - b1, 416b24 - 25.

④ Aristotle, *On the Soul*, trans. by J. Smith, in Jonathan Barnes ed., *The Complete Works of Aristotle*, Vol. 1, Princeton: Princeton University Press, 1991, 413b3 - 4, 414b2 - 3.

意义上使得一个有生命物之所以如此这般存在的内在规定性。[①] 这种规定性支配并解释着生命物的本性/自然的各种特征和功能，其中，既包括理性、情感、感觉、欲望等心理特征和功能，也包括运动、生长、消化、繁殖等生理特征和功能。而灵魂本身并不等于这些特征和功能。

但在实践论层面，人的灵魂依然可被理解为心灵性或精神性的东西。因为，正是这些东西构成了人的形式或本质，或者说，它们就是人的形式或本质的最直接表现。与动植物相比，人的灵魂更复杂。除了（1）支配营养、生长和繁殖的植物性部分以及（2）支配运动、感觉和欲望的动物性部分之外，人的灵魂还有一个（3）具有逻各斯（logos）的部分，它规定和支配着人的知觉（perception）、判断（judgement）、推理（reasoning）等更加高级的心理功能及其活动。亚里士多德认为，人类灵魂的植物性部分与逻各斯无关，它存在于"所有幼体、胚胎，以及……充分发育的生物"[②] 之中；而人类灵魂的动物性部分虽不具有逻各斯，但在能够"听从逻各斯的意义上分有逻各斯"，因此更多属于"有逻各斯"而不是"无逻各斯"。[③] 下表展示了亚里士多德对于人类灵魂的划分及其功能界定：

表 3－1

灵魂	逻各斯部分	推理
		判断
		知觉

---

① Gareth Matthews, "Aristotle: Psychology", in Christopher Shields ed. , *The Blackwell Guide to Ancient Philosophy*, Malden: Blackwell Publishing Ltd. , 2003, p. 223.

② Aristotle, *Nicomachean Ethics*, trans. by W. D. Ross, in Richard McKeon ed. , *The Basic Works of Aristotle*, New York: Random House Inc. , 2001, 1102b1.

③ Aristotle, *Nicomachean Ethics*, trans. by W. D. Ross, in Richard McKeon ed. , *The Basic Works of Aristotle*, New York: Random House Inc. , 2001, 1102b33－1103a4.

续表

		欲望
灵魂	动物性部分	感觉
		运动
	植物性部分	繁殖
		生长
		营养

从广义上讲，人的灵魂被分为如上三个部分。但从狭义上讲，人的灵魂更多的在于它区别于其他生命体的独特部分，即"具有逻各斯的理性部分"和"分有逻各斯的动物性部分"。亚里士多德甚至说，"我们还得忽略灵魂的其他部分，比如，植物性部分，因为我们上面说的那些部分才是人类灵魂特有的；而营养和生长部分的卓越都不是人类所特有的"[①]。仅就与逻各斯有关的两个部分而言，具有逻各斯的理性部分更关键。因为，正是这个部分使得人类灵魂的动物性部分区别于纯粹的动物灵魂，从而成为"分有逻各斯"的动物性灵魂。特伦斯·埃尔文（T. H. Irwin）指出，动物灵魂与人类灵魂的基本差别就在于动物缺少逻各斯，其他差别都是这项差别的具体表现。虽然动物灵魂也规定和支配它们的运动、感觉、欲望，但由于动物"不能反思地运用概念"，"无法进行慎思和选择"，"不具备关于自身善的完整观念"，"不能对不同选项进行思考和评价并且判断何者更好"，而"只能觉察到某些事物是愉快的并因它们使之快乐而欲求它们"，因此，动物的感觉和欲望不过是些即时的、直接的、受制于苦乐感受的心理功能。[②] 而人的灵魂之所以不

---

① Aristotle, *Eudemian Ethics*, trans. by J. Solomon, in Jonathan Barnes ed., *The Complete Works of Aristotle*, Vol. 1, Princeton: Princeton University Press, 1991, 1219b37－38.

② T. H. Irwin, "The Metaphysical and Psychological Basis of Aristotle's Ethics", in A. O. Rorty ed., *Essays on Aristotle's Ethics*, London: University of California Press, 1980, p. 47.

同，不是因为人取消了用于支配感觉和欲望的动物性部分，而是因为人的灵魂中"具有逻各斯的理性部分"引导或主宰前者，使之发生改变。① 于是，人的感觉和欲望不再是单纯的动物感觉和欲望，而是理性的感觉和欲望；它依据逻各斯部分所持有的"善"观念而对感觉、欲望的对象及其行动方案进行慎思和权衡。这意味着，不是别的而恰恰是作为人的形式的灵魂，规定了人必会将"善"乃至"最高善"作为目标。② 这种类型的欲望"属于人类本质和活动方式的一个部分"③。

如果说亚里士多德的自然/本性学说是基于目的论的存在结构来证明行为者追求最高善的必然性，那么，"逻各斯部分-动物性部分-植物性部分"的灵魂结构理论则是基于逻各斯的优先地位来论证行为者为什么会指向最高善。幸福作为最高善，不仅是因为，它如此完善以至于人们不会为了其他善而欲求它（只会为了它而欲求其他善），更是因为，它宣示着灵魂各部分的功能、性状和特征都发挥得好、实现得好，所以才会如此完善。如果亚里士多德所描述的灵魂结构是可以接受的，如果人的灵魂的不同部分确实规定着人的不同功能、性状和特征，如果幸福就是灵魂合乎完满美德的实现活动，那么，幸福便意味

---

① 亚里士多德说："如果我们把他当作人来看待，那么，他必定具备作为一种主宰原则的理性能力，但理性不是主宰理智，而是主宰欲望和激情。"参见 Aristotle, *Eudemian Ethics*, trans. by J. Solomon, in Jonathan Barnes ed., *The Complete Works of Aristotle*, Vol. 1, Princeton: Princeton University Press, 1991, 1219b38 - 1220a1。

② 正如埃尔文所言："人的本质和形式包含着对善的追求；对处于比较关系的各种价值进行反思，乃是人类的一项本质特征……这么做的人有理由追求一种清晰且经过反思地设想的最高善。"T. H. Irwin, "The Metaphysical and Psychological Basis of Aristotle's Ethics", in A. O. Rorty ed., *Essays on Aristotle's Ethics*, London: University of California Press, 1980, p. 48.

③ T. H. Irwin, "The Metaphysical and Psychological Basis of Aristotle's Ethics", in A. O. Rorty ed., *Essays on Aristotle's Ethics*, London: University of California Press, 1980, p. 45.

着，不仅一个人的营养、生长、繁殖功能，而且他的运动、感觉、欲望能力，乃至他的知觉、判断、推理能力等等均达致充盈繁荣的卓越状况。而这无疑是人所能设想的最佳生存状况；对人来说，实现这样的状况显然具有莫大的吸引力和感召力。因此，我们可以说，在亚里士多德主义这里，大前提"我要获得幸福"的成立，不仅是人的生存目的使然，也不仅是人的内在规定性使然，更是这种生存目的与内在规定得以充分实现之际的繁荣状态使然。它们共同奠定了亚里士多德主义道德理由的存在论和心理学基础，确立了亚里士多德主义道德理由的规范性与激发性。

三、亚里士多德主义的心理议题

黑格尔说："假使一个人真想从事哲学工作，那就没有什么比讲述亚里士多德这件事更值得去做的了。"① 这番话尤其适用于美德伦理学，因为，亚里士多德的伦理思想不仅被视为美德伦理学的典范，而且构成当代美德伦理研究中最基本的理论形态。在回应现代规则伦理学的过程中，亚里士多德主义美德伦理学的心理议题得到新的强调和激发；并且，随着现代伦理学和心理学的发展，它在这方面的具体内容也得到新的补充和阐释。

其一，亚里士多德主义美德伦理学必须奠基于"理性"之上，必须提供有效的实践理性概念。这既是亚里士多德主义的基本观念，也是美德伦理学在当代获得承认的必要条件。一方面，如亚里士多德所说，公正、节制等伦理美德不过是行为者经过教化而形成的自然品质，

---

① 黑格尔：《哲学史讲演录》（第 2 卷），贺麟、王太庆译，商务印书馆 1960 年版，第 284 页。

只有当"自然的品质加上了理智，它们才使得行为完善，使得原来貌似（伦理）美德的品质成为严格意义上的（伦理）美德"①。所以，美德伦理学不能停留在描述或罗列这些优良品质的层面上，而必须了解这些品质作为心理状态和心理反应是如何生成的。在亚里士多德主义看来，答案在于实践理性的特殊形态，即"实践智慧"，因为"严格意义的（伦理）美德离开了实践智慧就不可能产生"②。实践智慧不仅仅是一种习惯，而且是"一种出于理由而行动的秉性，并且，是一种经过行为者的实践推理而得到历练的秉性"③。另一方面，就美德伦理学自身的理论体系而言，它也必须建立在认知、判断和推理等理性的心理基础上，才能成其为一门知识。安斯库姆说："我们只有首先理解'实践推理'才能理解'实践知识'的概念。而'实践推理'或者说'实践三段论'……乃是亚里士多德最卓越的发现之一。"④ 这说明，要成为一种合法的道德知识类型并提供充分的道德理由，美德伦理学必须给出自己有效的实践理性模式。而在这方面，亚里士多德主义的进路无疑是关键性的；它的实践智慧学说能为我们提供一种行为者用以理解具体情境并做出恰当选择的行动方案及其心理机制⑤（第四章）。

其二，亚里士多德主义美德伦理学必须给"欲望"留下合适的空

---

① Aristotle, *Nicomachean Ethics*, trans. by W. D. Ross, in Richard McKeon ed., *The Basic Works of Aristotle*, New York: Random House Inc., 2001, 1144b5 - 15.

② Aristotle, *Nicomachean Ethics*, trans. by W. D. Ross, in Richard McKeon ed., *The Basic Works of Aristotle*, New York: Random House Inc., 2001, 1144b20.

③ Julia Annas, "Virtue Ethics", in David Copp ed., *The Oxford Handbook of Ethical Theory*, Oxford: Oxford University Press, 2006, p. 516.

④ G. E. M. Anscombe, *Intention*, Cambridge, MA.: Harvard University Press, 1957, pp. 57 - 58.

⑤ 参见(1)Daniel C. Russell, *Practical Intelligence and the Virtues*, Oxford: Clarendon Press, 2009; (2)Richard Sorabji, "Aristotle on the Role of Intelligence in Virtue", in Amelie O. Rorty ed., *Essays on Aristotle's Ethics*, Berkeley: University of California Press, 1980。

间。作为实践理性的特定形态，实践智慧的特殊之处不在于它表现为实践三段论，而在于它表现为一种特殊的实践三段论。这种特殊性部分地表现为，其大前提在最终意义上仍是一个反映行为者特定欲望的命题，对"最高善"（幸福）的向往和期盼也始终属于对于某个对象的渴望或欲求。正如埃尔文指出的，亚里士多德说的"欲求某种善"，本质上"是一种通过针对不同选项的益处进行理性的反思而形成的理性欲望"①。不仅如此，欲望还参与到行为者伦理美德的形塑与建构的过程中。同时，欲望的丰富性和复杂性，也使得行为者的美德行动面临着更多的资源和挑战。因此，在亚里士多德主义的讨论中，探讨欲望的类型、本质及其功能将是不可或缺的重要议题（第五章）。

其三，从自身的各种欲望出发，有实践智慧的行为者还须对实现欲望的手段进行"慎思"。在亚里士多德看来，手段是一种"靠我们自己的努力能够得到但又并非永远能如此的东西"②：我们既可以选择这个手段，也可以不选择这个手段。只有对于这样的事情，才需要慎思，也才能够加以慎思。在这个层面上，美德行为者的实践智慧不同于一般的"目的-手段"推理，根本上倒不在于它不会表现为慎思，而在于它所提供的慎思必定表现为好的慎思，即实践智慧不仅考虑正确的手段，而且从一开始就顾及正确的目的。为此，亚里士多德主义需要行为者有能力识别当下情境蕴含的道德要求，有能力将之确立为自己的欲望目标。因此，行为者必须善于观察和考量当下情境，并对情境内部的事物及其关系给予准确判断。③ 亚里士多德相信，这种判

① T. H. Irwin, "The Metaphysical and Psychological Basis of Aristotle's Ethics", in A. O. Rorty ed., *Essays on Aristotle's Ethics*, London: University of California Press, 1980, p. 45.

② Aristotle, *Nicomachean Ethics*, trans. by W. D. Ross, in Richard McKeon ed., *The Basic Works of Aristotle*, New York: Random House Inc., 2001, 1112b3.

③ 麦金太尔:《伦理学简史》，龚群译，商务印书馆 2003 年版，第 104 页。

断"就像是我们判断眼前的一个图形是三角形"①的那种判断。它要求行为者对当下情境的事实予以整体把握，从中直观地发现他当前需要命中的目标。这种被称作"知觉"的心理能力和心理过程，也是亚里士多德主义美德伦理学亟待处理的话题（第六章）。

其四，除了"欲望"和"知觉"，在亚里士多德主义语境中，与实践智慧发生关联的还有"情感"。根据亚里士多德的观点，情感被理解为一种伴随着快乐或痛苦的心理感觉。当一个行为者内心涌现出"我喜欢它""我厌恶它"或"我害怕它"等反应时，他不仅是在通过一种感性的方式来表达自己与对象之间的特定关系，而且是在表达自己的认知和价值判断。而为了恰当地激起或体验这种心理感觉，行为者必须具备一定的生理基础、认知程度和欲求范围。情感与理性之间的复杂关系，使得一个有实践智慧的美德行为者不仅在践行美德时伴随着恰当的情感体验，并且，情感本身的恰当运用也构成了激发美德的一个内在方面。因而，正确的伦理教育不是回避快乐或痛苦，不是保持"某种不动心或宁静的状态"，而是对该快乐的事物感到快乐，对该痛苦的事物感到痛苦；而当人们"在不适当的时间，以不适当的举止，或是以其他不适当的方式去追求或躲避它们，快乐与痛苦就成为品质变坏的原因"。②研究者意识到："把伦理情感作为一个主要伦理主题，是亚里士多德伦理学理论的一个主要贡献。……亚里士多德经常强调德性不仅关涉人的行为，也涉及人的情感。我们做什么、怎么做固然很重要，但在做事情的过程中情感的感受也同样重要。伦理德性的培育过程不仅仅是要告诉人们什么事情是值得做、应该做的，

①　Aristotle, *Nicomachean Ethics*, trans. by W. D. Ross, in Richard McKeon ed., *The Basic Works of Aristotle*, New York: Random House Inc., 2001, 1142a26-31.

②　Aristotle, *Nicomachean Ethics*, trans. by W. D. Ross, in Richard McKeon ed., *The Basic Works of Aristotle*, New York: Random House Inc., 2001, 1104b21-24.

更包括伦理情感的培育。伦理学是关于良好生活的艺术，也包括良好感受。对于亚里士多德来说，德性不仅是正确行动的品质，而且也是正确情感的品质。"①（第七章）

其五，行为者不仅通过情感的感受而理解世界，还借助情感的体验乃至转移而理解他人。亚里士多德说，人具有"对于一种降临到本不应承受它的人身上的明显具有毁灭性或痛苦的恶，一想到还可能降临到我们自己或我们的朋友身上，并且很快就会降临到我们头上，就会感到痛苦"②的心理机制。在这个过程中，一个成熟的美德行为者被认为能够更好地"设身处地"地体验他人情感，感受与他人相同的（至少是类似的）喜怒哀乐，更充分地展现出一种被称为"移情"的心理能力。凭借这种能力，美德行为者能够更加敏锐而准确地洞察他人所处的情感状态，由此意识到当下情境的道德要求，进而对他人表达恰当的道德反应（第八章）。

其六，无论是包含"欲望"与"知觉"的实践理性，还是涉及"感觉"或"移情"的情感机制，本质上都是行为者理解外部世界（情境和他人）、与外部世界建立联系，并旨在向外界投放信息的心理过程。但严格说来，在这样的过程中，行为者与外部世界之间并未发生实质的接合。真正要将行为者与外部世界之间的心理联系转化为现实联系，将那些旨在投放的信息确实投放出去，亦即，让一个行为者将心理上的观念事实转变为实际中的具体行动，其间还有"意志""意愿""意图"等环节亟待澄清。如前所述，"意图"很大程度上是"动机"的代名词。但即便如此，也需进一步搞清楚，作为动机的意图包

①　余纪元:《亚里士多德伦理学》，中国人民大学出版社 2011 年版，第 83 页。
②　Aristotle, *Rhetoric*, trans. by W. Rhys Roberts, in Jonathan Barnes ed., *The Complete Works of Aristotle*, Vol. 2, Princeton: Princeton University Press, 1991, 1385b14 – 15.

含哪些具体内容，它与其他心理要素处于何种关系。事实上，美德伦理学对这个概念的使用复杂得多。而且，作为一个脱胎于"意向"概念的伦理范畴，如何理解它在现象学、伦理学、行动哲学中的不同功能，如何理解它与"意志""意愿"等相近概念之间的关系，也仍是有待解决的问题（第九章）。

当然，取道亚里士多德主义的进路，为美德伦理学的心理基础进行论证，始终需要面对来自伦理学内外的批评。这一方面是因为亚里士多德主义本身就存在不少尚待澄清之处，另一方面更是因为亚里士多德主义在面对现代的观念与方法时亦会遭遇诸多新的挑战与批评。正如萨拉·布罗迪（Sarah Broadie）所说："在西方思想自亚里士多德以降的 23 个世纪里，被我们称为'伦理学'的这门学科一直在发展，它所囊括的论题已经远远超过亚里士多德在这个标题或任何标题下所考虑的内容。"① 因此，毫不奇怪，基于亚里士多德主义的美德伦理学所阐发的一系列心理议题，在具体观点或理论预设上，总是需要我们进行合理的澄清和增补，总是需要我们回应各式各样的反对与质疑。比如，实践智慧被认为存在工具理性的瑕疵，并且不能提供精细的行动指南（第十章）；基于感觉的情感机制被认为不能确保自身的稳定性，并且不能充分促成移情的有效施行（第十一章）；更不用说，还有来自由现代心理科学的物理主义与情境主义挑战所引发的新问题（第十二章）。

目前看来，也许正是亚里士多德主义在心理议题上的不够充分或成熟，才使得以此作为主流形态的美德伦理学尚未展示其全面优势。对此，赫斯特豪斯也坦承，"世界上有各式各样呈现于当代道德哲学之

---

① Sarah Broadie, "Aristotle and Contemporary Ethics", in Richard Kraut ed., *The Blackwell Guide to Aristotle's Nicomachean Ethics*, Malden: Blackwell Publishing Ltd., 2006, p. 342.

中的特殊领域，对于它们，亚里士多德所谈极少甚或完全没有谈到。这时，新亚里士多德主义的美德伦理学者就必须按照自己的想法去开拓创造"①。在这个意义上，研究者如今所面临的这些问题，并不是瓦解或放弃亚里士多德主义美德伦理学的理由。恰恰相反，它意味着，当代研究者有契机亦有责任去直面和正视这些问题，既立足于亚里士多德主义的基本观点，又能灵活调用现代伦理乃至现代学术的各方资源，从而建构一种关于亚里士多德主义美德伦理学的心理基础的合理论证。唯有如此，我们才能为美德伦理学在现代语境中打下更为扎实的基础，赢得更为广阔的空间。

---

① Rosalind Hursthouse, *On Virtue Ethics*, New York: Oxford University Press, 1999, p. 9.

第二部分 理性、欲望与知觉

如前所述，伦理学不同立场之间的根本差别不在于道德要求，而在于它们所提出的道德理由。道德理由既为道德要求的有效性提供论证，也为道德要求的正当性确立标准。特别是，当道德要求表现为关于行动的要求时，道德理由便明显地体现出"作为正确行为的尺度和标准"的功能。区别于康德主义和功利主义，美德伦理学常常从行为者的主体或主观方面出发来寻找正确行为的标准。比如，赫斯特豪斯认为："一个行为是正确的，当且仅当，它是一位有美德的行为者在这种环境中将会典型采取的行为。"① 琳达·扎格泽布斯基（Linda Zagzebski）也指出："一个正确的行为，从整体上讲，就是一个具有实践智慧的人在诸如此类的情境中可能采取的行为。而一个不正确的行为，从整体上讲，就是一个具有实践智慧的人在诸如此类的情境中不会采取的行为。"②然而，一个具有实践智慧的人将会怎样实施行动？实践智慧究竟蕴含哪些心理因素？表现为怎样的心理反应与心理过程？这些都是关于亚里士多德主义美德伦理学的心理基础研究必须回答的首要问题。

---

① Rosalind Hursthouse, *On Virtue Ethics*, New York: Oxford University Press, 1999, p. 28.

② Linda Zagzebski, *Virtue of the Mind: An Inquiry into the Nature of Virtue and the Ethical Foundations of Knowledge*, Cambridge: Cambridge University Press, 1996, pp. 239 - 240.

第四章　实践理性与实践智慧

在阅读美德伦理学的作品时，我们往往形成这样一种印象，即美德伦理学更多地关注行为者应该成为怎样的人，而不是行为者应该做出怎样的行动，仿佛前者几乎不包含或者不涉及后者。人们甚至引用赫斯特豪斯等美德伦理学者的话，将美德伦理学描述为"（1）一种'以行为者为中心'而不是'以行为为中心'的伦理学；（2）它更关心'是什么'，而不是'做什么'；（3）它着手处理的是'我应当成为怎样的人'，而不是'我应当采取怎样的行为'；（4）它以特定的德性论概念（好、优秀、美德），而不是以义务论概念（正确、义务、责任）为基础；（5）它拒绝承认伦理学可以凭借那些能够提供具体行为指南的规则或原则的形式而法典化"。然而，这恰恰是美德伦理学试图反对和回避的东西。因为，就在列出上述特征之后，赫斯特豪斯立即补上一句话说，这种概要式的刻画存在"粗糙的简短性"和"严重的误导性"。[①] 对于美德伦理学，尤其是亚里士多德主义的美德伦理学来讲，仅仅关注行为者的品质而不关心行动，就跟它所批判的规则伦理学仅仅关注行动而不关心品质一样，都会给自己的理论留下巨大的漏洞。因此，不能说美德伦理学反对讨论行动，而是说，它反对那种抛开或忽视了行为者心理基础的讨论方式。在这个意义上，美德伦理学

---

① Rosalind Hursthouse, *On Virtue Ethics*, New York: Oxford University Press, 1999, p. 25.

要比其他任何伦理学都更重视行为者的实践理性及其运用。①

一、实践智慧的特征

在"导论"部分，我们表明，作为一种用于指导实践的规范理论，亚里士多德主义同样需要为道德要求提供合理的、可理解的道德理由；后者常常以实践推理的形式表现出来。就此而言，"理性"（logos，英译reason）在亚里士多德主义中占据着一个至关重要的位置。②

一般来说，"理性"是指行为者通过概念、判断、推理等具有逻辑性和条理性的心理活动而形成看法或观念的心理能力。在此意义上，"理性经常与权威、直觉、情感、玄想、迷信和信仰相对照，而理性主义者认为它在发现什么是真的或什么是最好的方面比这些东西更可靠"③。也就是说，通过理性所形成的那些看法或观念，往往被视为一种反映了或揭示了对象之本真性或本质性的正确看法或观念；它们可以构成融贯的观念体系，或者，至少可以为一个融贯的观念体系所接纳。

而在亚里士多德那里，理性部分（即有逻各斯的部分）依据考虑

---

① Julia Annas, "Virtue Ethics", in David Copp ed., *The Oxford Handbook of Ethical Theory*, Oxford: Oxford University Press, 2006, p. 527.

② 尽管更严格的"理性"概念——比如，近代哲学家使用的那种极具普遍主义和现代性意味的"理性"概念——是否在亚里士多德那里出现这一点非常可疑，况且，亚里士多德自己在表述相关问题时使用的说法往往是"有逻各斯"或"合乎逻各斯"，因而，在现代文献中，亚里士多德的说法常被译作含义更宽泛的"理智"（intelligence）而不是"理性"（reason）。但是，考虑到这里的讨论更多是为了与后续关于欲望、情感、意志等非理性因素相区分，因此，我们不打算专门辨析两者的区别。付出大量精力注解亚里士多德哲学的阿奎那曾经在特定意义上指出："理性和理智，在人身上，不可能是不同的能力。如果我们考察了它们各自的活动，我们对此就能有一个非常清楚的理解。"所以，"在人身上，理智和理性显然是同一种能力"。参见阿奎那：《论人》，载《神学大全》（第1集第6卷），段德智译，商务印书馆2013年版，第140、141页。

③ 江畅：《德性论》，人民出版社2011年版，第314页。

对象的性质不同而被分为两个次级部分：一个部分用于思考不变的、永恒的事物；另一个部分用于思考可变的、即时的事物。前者是"思辨的理性"（contemplative reason），后者是"实践的理性"（practical reason）。实践的理性主要涉及两种人类活动，即制作（poiēsis，英译 production）和实践（praxis，英译 practice）。前者是那种其目的在于活动之外的人类活动（生产、工艺活动等），后者则是那种其目的在于活动本身的人类活动（道德、政治活动等）。因此，在亚里士多德这里，广义的"实践理性"应当包括用于制作和实践这两方面活动的理性，而在狭义上，"实践理性"则特指用于道德活动和政治活动这类实践活动的理性。因此，伦理学中提到的"实践理性"，如无特殊情况，都是在狭义上使用的——它是行为者在考虑道德或政治这类实践事务时，用于理解、揭示和确认正确的实践知识的理性的心理功能。"亚里士多德非常清楚地表明……这样的实践理性是人类本质的一部分，人类的好生活就涉及这项本质特性的使用。"[1]

但是，对于这项功能或特性，行为者也有运用得好或不好、发挥得好或不好等多种状态。只有在运用得好、发挥得好的状态下，行为者才会做出正确的反应，得出正确的结论，实施正确的行为。此时，他的实践理性才是卓越的、优秀的，或者说，有美德的。[2] 实践理性方面的这种美德，或者说，由实践理性所呈现的这种有美德的状态，就被称为"实践智慧"（phronēsis，拉丁文献译作 prudentia，现代英语一般译为 practical wisdom 或 prudence）。因此，所谓"美德之人"或

---

[1]　T. H. Irwin, "The Metaphysical and Psychological Basis of Aristotle's Ethics", in A. O. Rorty ed., *Essays on Aristotle's Ethics*, London: University of California Press, 1980, p. 49.

[2]　C. D. C. Reeve, "Aristotle on the Virtues of Thought", in Richard Kraut ed., *The Blackwell Guide to Aristotle's Nicomachean Ethics*, Malden: Blackwell Publishing Ltd., 2006, p. 198.

"有美德的行为者"，不仅意味着该行为者具有卓越的内在品质（伦理美德），更意味着他具有卓越的理智能力（实践智慧）。

在最基础的意义上，"实践智慧"是行为者实践理性的一种特殊的表现模式或呈现状态，它只与人的活动相关，而与那些永恒不变的自然事物或神圣事物无关。更具体地说，它只与人类活动中的实践事务相关，而与人类活动中的制作事务无关。那些用于思考永恒不变的自然事物或神圣事物的思辨理性，如果能够发挥得好，将会表现出"智慧/理论智慧"（sophia）的美德。而那些用于思考人类活动的制作事务的实践理性，如果能够发挥得好，则将具备"技艺"（technē）的美德。相比之下，"实践智慧"介于二者之间——它是指，行为者在政治、伦理等事关人类的实践事务中，以优秀的方式来运作自己的实践理性，即恰当地思考实践事务，正确地展开实践推理，成功地获得关于当下情境的行动选项。亚里士多德说，"实践智慧同人的事物相关"，一个具有实践智慧的人就是"一个能够通过实践推理而实现人所能获得的最高善的人"。① 这是实践智慧最基本的特征。②

---

① Aristotle, *Nicomachean Ethics*, trans. by W. D. Ross, in Richard McKeon ed., *The Basic Works of Aristotle*, New York: Random House Inc., 2001, 1141a17 - 24, 1141b6 - 14.

② 耶格尔指出，亚里士多德的实践智慧概念经历了一个扬弃柏拉图主义的过程。在亚里士多德的早期伦理学作品《劝勉篇》（*Protrepticus*）中，实践智慧"被解释为通过灵魂内在的直觉进行的对纯粹的善的创造性的理解，同时也作为对纯粹存在的理解，也作为从灵魂的同一个基本能力中产生的有价值的活动和真正的知识。这是希腊精神的一个固有理念。……简言之，它成了纯粹的理论理性"，它的意义完全是努斯。而直到《尼各马可伦理学》，这种实践智慧概念才"被完全拒绝"，"亚里士多德将这个词的意义缩小到日常用法……剥夺了它所有理论意义，并将它的领域和理论智慧以及努斯的领域严格地区分开。在一般语言用法中，它是一种实践能力，所考虑的既是对个人利益的精明算计，也是对道德上值得欲求的东西的选择。……它现在意味着一种习惯的精神状态，实践地思考任何和人的祸福相关的东西。他现在强调，它不是思想，而是慎思，它关涉的不是普遍的东西，而是生活中飞逝的细节，所以它不以宇宙中最高贵和最有价值的东西为对象，实际上它不是一门科学"。维尔纳·耶格尔:《亚里士多德：发展史纲要》，朱清华译，人民出版社 2013 年版，第 66—67 页。

但是，说"实践智慧与人的实践事务相关"，这仅仅指出了实践智慧所涉及的领域。由于这个领域是由不同的人类个体和群体构成的，因而充满了多样性、变动性和不确定性，所以，承认并且回应这些性质，随机应变地处理具体的实践情境，便成为实践智慧的又一主要特征。正如亚里士多德指出的：

> 实践事务的逻各斯只能粗略地、不很精确地被给出。……与实践相关的事务以及对我们来说什么是善这种问题，就跟健康问题一样，并不是确定不变的。这类事务总的逻各斯是这样，具体情形的逻各斯就更不确定了；因为它们缺少技艺与法则，而行为者本人也只能每次都考虑什么是适合该情形的东西，就如同在医疗与航海技艺中发生的情况那样。①

在这个问题上，斯坦雷·罗森（Stanley Rosen）更直率地认为："实践智慧所揭示的东西是独特于当下时刻的，或者更精确地说，是独特于作为现在被预期的未来时刻的。但是独特于此刻的东西不适用于下一刻。在每一个时刻都要求一个新的判断。"② 随着生活世界的不断展开，我们所遭遇的实践情境将体现出巨大的差异性和新鲜感：它们涉及不同的生活领域、不同的价值类型；即便属于同一领域，也可能因时空差异而使我们的行为选项有所不同；即便行为选项相同，但在面对不同身份、性格的当事人时，我们的具体策略可能又有所差别。如果这就是人类实践活动的基本事实，如果实践理性就是在这一事实

---

① Aristotle, *Nicomachean Ethics*, trans. by W. D. Ross, in Richard McKeon ed., *The Basic Works of Aristotle*, New York: Random House Inc., 2001, 1104a1－9.

② 罗森：《实践智慧或本体论：亚里士多德和海德格尔》，载聂敏里选译：《20世纪亚里士多德研究文选》，华东师范大学出版社2010年版，第451页。

的前提下展开的，那么，作为实践理性之卓越形态的实践智慧，就必须在思维上准确地反映并回应这一事实，进而根据具体的条件做出具体的判断。这种判断的关键意义，不是对普遍规则的运用，而是对特殊情境的响应。它所考虑的是，应该采取怎样的行动来实现当下情境所需满足或实现的目的。

因此，实践智慧将会以实践推理的某种形式（即实践三段论）呈现于行为者的思维中。亚里士多德相信，实践活动始终指向某个目的。因此，实践推理必定以行为者试图实现的"目的"作为大前提。在这个意义上，实践智慧意味着一种目的论式的实践推理。但是，以什么作为"目的"，却并不由实践智慧来决定，而是要么由自然赋予，要么由习俗确立。所以，实践智慧的任务不是对目的进行构思，而是要对实现目的的手段进行推理。这样的推理就被称作"慎思"（bouleūsis，英译 deliberation）。亚里士多德明确表示："任何其他人慎思的也不是他们的目的。他们是先确定一个目的，然后考虑如何以及通过什么手段达到目的；如果看起来有几种手段，那么他们就考虑哪种手段能够最容易和最好地实现目的，而如果只有一种手段，那么他们考虑的就是怎样利用这一手段去达到目的，以及，这一手段又需要通过什么手段来获得。"① 因此，如果行为者实现了"好的慎思"——"好的慎思是对于达到一个目的的手段的正确的慎思，这就是实践智慧的真正内涵"② ——那么他就在很大程度上具备了实践智慧。在这个意义上，实践智慧不仅意味着一种目的论的实践三段论，而且意味着一种蕴含着"目的-手段"模式的工具理性。这或许是实践智慧最容

---

① Aristotle, *Nicomachean Ethics*, trans. by W. D. Ross, in Richard McKeon ed., *The Basic Works of Aristotle*, New York: Random House Inc., 2001, 1112b15–19.

② Aristotle, *Nicomachean Ethics*, trans. by W. D. Ross, in Richard McKeon ed., *The Basic Works of Aristotle*, New York: Random House Inc., 2001, 1142b33.

易引发争议、招人非议的特征。

　　无论如何，将实践智慧视为（1）与人类实践事务相关的、（2）积极响应实践情境之具体性和多样性的、（3）反映某种工具理性的实践推理过程，当然是可理解的。但即便如此，也仍有遗漏。因为，亚里士多德特别强调实践知识的实践性与现实性。对他来说，实践的知识必然通过实践而获得，也同样必然通过实践而实现。一方面，我们拥有美德，不是通过理论沉思，而是通过道德实践："我们是先运用它们而后才获得它们。……我们是通过做公正的事成为公正的人，通过节制成为节制的人，通过做事勇敢成为勇敢的人。……一个人的实现活动怎样，他的品质也就怎样。"① 另一方面，当获得美德之后，我们还必须现实地加以运用，以使这种卓越的心灵状态实际地存在："一个具有实践智慧的人，不仅要能知道，而且要能行动。"② 在亚里士多德看来，拥有美德与使用美德之间的区别是非常清楚的，"一个人在睡着时也可以拥有美德，一个人甚至可以拥有美德而一辈子都不去运用它"③，但我们绝不能把这样的人称之为真正地有美德。只有当行为者不仅能够运用上述的实践推理方式，而且（4）能够将实践推理的结论通过意志而转化为实际行动时，他的实践理性才配称"实践智慧"。④ 相应

---

　　① Aristotle, *Nicomachean Ethics*, trans. by W. D. Ross, in Richard McKeon ed., *The Basic Works of Aristotle*, New York: Random House Inc., 2001, 1103a31, 1103b1 - 2, 21.

　　② Aristotle, *Nicomachean Ethics*, trans. by W. D. Ross, in Richard McKeon ed., *The Basic Works of Aristotle*, New York: Random House Inc., 2001, 1152a8.

　　③ Aristotle, *Nicomachean Ethics*, trans. by W. D. Ross, in Richard McKeon ed., *The Basic Works of Aristotle*, New York: Random House Inc., 2001, 1095b31 - 32.

　　④ 加布里埃尔·里尔（Gabriel R. Lear）说："实践理性所慎思的是，如何实现当下情境中的实践之善，如何通过承诺特定的人类幸福观念而恰好平衡地处理我们行动的各个方面。假如这种活动得到实践智慧的很好调节，那么，它最终将表现为卓越的抉择和行动。"参见 Gabriel R. Lear, "Aristotle on Moral Virtue and the Fine", in Richard Kraut ed., *The Blackwell Guide to Aristotle's Nicomachean Ethics*, Malden: Blackwell Publishing Ltd., 2006, p. 18。

的，未能展现实践品格和实践效用的实践理性，即便具备了前三种特征，也仍是不完整的"实践智慧"，或者说，根本不是"实践智慧"。所以，作为卓越的实践理性模式的实践智慧，至少还应包括意志而不限于单纯的推理。实践智慧的这些重要特征，使它成为一个比实践推理更加复杂和丰富的实践理性概念。

二、实践智慧的环节

仅仅描述实践智慧的四种特征，还不足以认识实践智慧的复杂性与丰富性。为了证明实践智慧确实是一种包括但不限于实践推理的实践理性概念，从而证明它是人类实践理性的卓越形态，我们还需要对实践智慧的各个环节进行考察。

首先必须指出的是，实践智慧虽然在思维中表现为一种目的论的实践推理，但这仅仅表明，当一个有实践智慧的行为者开始实践推理时，他会把实践的目的"设定为"实践推理的大前提，却不能表明，当他运用实践智慧时，他便直接进入了实践推理的阶段。亚里士多德意识到，"行动必定关乎个别的情况"①，"所有的实践事务都是具体的或终极的"②。一个行为者之所以需要启动实践理性去思考某个实践问题，是因为他正好处于一个呈现出这个问题的具体情境中。对他来说，首先映入脑海的，不是普遍的知识原则，而是具体的人和事。这些特殊的事实属于知觉的对象，而非推理的对象。亚里士多德明确指出："实践智慧关乎最终的具体事物，它不是科学的对象，而是知觉的对

---

① Aristotle, *Nicomachean Ethics*, trans. by W. D. Ross, in Richard McKeon ed., *The Basic Works of Aristotle*, New York: Random House Inc., 2001, 1107a30.

② Aristotle, *Nicomachean Ethics*, trans. by W. D. Ross, in Richard McKeon ed., *The Basic Works of Aristotle*, New York: Random House Inc., 2001, 1143a32.

象——不是对那些分属于某个感觉的性质的知觉，而是一种类似于当一个三角形出现在我们面前，我们能够觉察出这个特殊形状的知觉。"[1] 因此，无论愿不愿意，一个行为者都必然是从感知当下情境而开始运用自己的实践理性的。如果运用得好，他就能准确把握当下情境到底包含哪些具体事实；如果运用得更娴熟，那么，他不仅可以准确全面地把握，而且可以做到近乎直觉地把握。亚里士多德相信，作为实践理性的卓越形态，实践智慧的运用就是从那些关于具体事实的知觉乃至直觉（努斯）开始的。经由知觉或直觉所形成的关于具体事实的特殊知识，才是实践智慧的起点：

> 所有实践的事务都是特殊的或终极的……在实践推理中，直觉（努斯）把握的是最终的可变的事实，即小前提。这些可变的事实就是理解目的的起点，因为普遍的东西就出于具体；对于这些具体的东西，我们必定有所知觉，而这种知觉就是直觉（努斯）。[2]

然而，起点仅仅是起点。起点的意义在于它能引出通往下一环节的发展方向。当行为者把握了当下情境的具体事实之后，他还需要由此展开进一步的推导或提炼，以意识到这些事实到底指向什么东西，蕴含哪些伦理价值，又提出了怎样的道德要求。在这个意义上，虽然"可变的事实就是理解目的的起点"，但它们毕竟不是目的本身。行为者需要在知觉的基础上，通过情感或推理等心理机制，将这些事实同

---

[1]　Aristotle, *Nicomachean Ethics*, trans. by W. D. Ross, in Richard McKeon ed., *The Basic Works of Aristotle*, New York: Random House Inc., 2001, 1142a26 - 28.

[2]　Aristotle, *Nicomachean Ethics*, trans. by W. D. Ross, in Richard McKeon ed., *The Basic Works of Aristotle*, New York: Random House Inc., 2001, 1143a32, 1143b3 - 6.

一个（也许是多个）目的联系起来。后者一方面在心理上表现为行为者所认可并且向往的欲望，另一方面在逻辑上则表现为通过习惯和教养而储存于行为者的知识系统内部并且常常被认为具有普遍性的规范命题。因此，在实践理性的这个环节上，行为者借由特殊知识而"激活"普遍知识。如果他的实践理性已经处于卓越的程度（即具有实践智慧），那么，他的激活无疑将是迅捷和准确的——他不仅能精准地认知该情境的事实，而且能深刻地洞察该情境所提出的道德要求，亦即，他此时此地应该实现的目的。① 亚里士多德说，"目的"就是实践推理的起点，在形式上，它构成了实践推理的大前提。② 所以，只有当行为者的实践理性从特殊的知识"转换至"普遍的知识之后，或者说，只有当有关目的的普遍知识被激活之后，他的实践理性才算是进入到实践推理的环节。

作为实践推理的起点，关于目的的普遍知识虽然由关于事实的特殊知识所激活，但其性质却不由后者所决定，而由伦理美德所决定。亚里士多德指出，对实践推理来讲，"（伦理）美德与恶德分别会保存和摧毁最初的原则"③，"（伦理）美德使我们指向正确的目标"④。在他看来，我们用于感知当下情境的那种知觉或直觉能力，必定受到我们自身品质的影响。我们是怎样的人，将会影响到我们怎样认识或把

---

① 反过来说，当一个行为者缺乏特殊的知识从而缺乏针对当下情境的准确判断时，他是不可能意识到自己在当下应当适用哪条道德要求的。换言之，在缺乏特殊知识的条件下，普遍知识无法被"激活"，尽管行为者此时有可能拥有并且理解后者。这一点在亚里士多德讨论意志软弱问题时显得尤为突出。

② Aristotle, *Nicomachean Ethics*, trans. by W. D. Ross, in Richard McKeon ed., *The Basic Works of Aristotle*, New York: Random House Inc., 2001, 1144a25.

③ Aristotle, *Nicomachean Ethics*, trans. by W. D. Ross, in Richard McKeon ed., *The Basic Works of Aristotle*, New York: Random House Inc., 2001, 1151a15 - 16.

④ Aristotle, *Nicomachean Ethics*, trans. by W. D. Ross, in Richard McKeon ed., *The Basic Works of Aristotle*, New York: Random House Inc., 2001, 1144a8.

握当下情境，影响到我们如何理解或洞察其中的价值，影响到我们怎样推导或提炼相关要求，以至于影响到我们由此激发出怎样的欲望，形成怎样的目的。亚里士多德直言不讳地指出："正由于我们成为某种特定的人，我们才会形成这样那样的目的。"① 尽管每个具有正常知觉或推理能力的行为者都可以从当下情境中发现或确定一点什么，但是，"只有有德之人看待特殊情境的特有方式才显示出什么是情境所要求的或引起的。任何类似于绝对命令或功利原则的东西，都不能揭示出什么是具体情境所要求的"②。所以，不是每个人，而是只有那些拥有真正伦理美德的人，才能在内心中呈现恰当的欲望，形成恰当的目的，从而构造恰当的大前提。

只有在形成大前提后，行为者才算是正式进入了实践推理的环节。如前所述，实践推理是针对实现目的之手段的推理，即慎思。由于具体情境之间的差异，行为者的慎思有时是指向总体的善（幸福），有时则是指向具体的善。然而，无论哪种情况，具有实践智慧的行为者总能做出好的慎思。③ 所谓"好的慎思"，一方面当然体现在它所指向

---

① Aristotle, *Nicomachean Ethics*, trans. by W. D. Ross, in Richard McKeon ed., *The Basic Works of Aristotle*, New York: Random House Inc., 2001, 1114b24.

② 肖恩·麦卡尼尔：《美德伦理学的一种亚里士多德式的解释：论道德分类学》，赵永刚译，载李建华主编：《伦理学与公共事务》（第3卷），湖南人民出版社2009年版，第129页。

③ 当慎思是为了总体的善时，行为者的实践三段论就是我们在第三章中描述的那个样子："大前提：我要获得幸福；小前提：行动A有助于我获得幸福；结论：我要采取行动A。"而当慎思是为了具体的善时，行为者的实践三段论则是："大前提：我要获得目的M；小前提：行动A有助于我获得M；结论：我要采取行动A。"在大多数情况下，行为者的慎思都是围绕具体的善展开的。尽管任何一次为了具体的善的慎思都可以不断上升，直至最高善，但真正需要上升到以"幸福"作为大前提那个高度的慎思，在实践中并不多见。因为"人们在行动时不可能每次都将当下的行为与总体的幸福联系起来考虑，而是依靠经验、习惯等支配行为，那个宏大的'幸福'是经验和习惯的不自觉的背景，无须总是出现在行动的前台"。参见刘宇：《实践智慧的概念史研究》，重庆出版社2013年版，第115页。

的目的是好的，但另一方面还体现在，它在谋求有效手段的问题上也堪称优秀。① 亚里士多德说："好的慎思必定包含着推理。"② 它具体表现为如下过程：

> 他们是先确定一个目的，然后考虑如何以及通过什么手段达到目的；如果看起来有几种手段，那么他们就考虑哪种手段能够最容易和最好地实现目的，而如果只有一种手段，那么他们考虑的就是怎样利用这一手段去达到目的，以及，这一手段又需要通过什么手段来获得，直到他们追溯到最初的原因，这便是分析的终点。③

这说明，慎思常常不限于一个三段论。一般情况下，要达到最终那个可操作的手段，行为者不得不展开一系列的三段论推理。因此，说一个行为者有实践智慧，这不仅意味着他有能力展开这一系列的推理，而且意味着，他能够通过这一系列推理，最终在正确的时间，针对正确的对象，得出正确的结论。④ 在内容上，这个结论反映的正是行为者应该选择的行动选项。所以，亚里士多德说："慎思和抉择

---

① 亚里士多德在《政治学》中谈道："无论在什么地方，人们要取得幸福，必须注意两事：其一为端正其宗旨，使人生一切行为常常不违背其目的。其二为探究一切行为的准则，凭以察识人生将何所规随才易于达到目的。目的和手段，两者可以相应，也可以不相应。有时人们抱有正大的宗旨，但实际上终于没有达成初志。有时一切手段全部成功，人们获致所求，然而考究他所要求的事物，却又颇为鄙薄。有时，甚至两者都属失当……就一切技艺和学术而言，必须兼明两者——既确立它的目的又精通于达到这个目的的手段。"参见亚里士多德：《政治学》，吴寿彭译，商务印书馆 1965 年版，第 382 页。

② Aristotle, *Nicomachean Ethics*, trans. by W. D. Ross, in Richard McKeon ed., *The Basic Works of Aristotle*, New York: Random House Inc., 2001, 1142b12.

③ Aristotle, *Nicomachean Ethics*, trans. by W. D. Ross, in Richard McKeon ed., *The Basic Works of Aristotle*, New York: Random House Inc., 2001, 1112b15 - 19.

④ Aristotle, *Nicomachean Ethics*, trans. by W. D. Ross, in Richard McKeon ed., *The Basic Works of Aristotle*, New York: Random House Inc., 2001, 1142b27 - 28.

（prohairesis）的对象是同一个东西。"① 不过，需要注意的是，亚里士多德这里的"抉择"并不是指我们通常以为的某种活动形式，而是指行为者通过自主的实践推理所得到的那个行动选项；它区别于另外一些受制于神灵或他人的非自主的行动选项。因此，这里的"抉择"不是发生在现实中的动作，而是发生在心理上的取舍和确认："抉择的对象是我们力所能及的、经过慎思而有所欲望的对象，所以抉择就是经过慎思的、对我们力所能及的事物的欲望。"② 在逻辑结构上，"抉择"对应的正是慎思的结论部分。当行为者通过慎思得出结论时，他同时也就表达着对于这种结论的认可——因为他不可能一边陈述自己推理而来的逻辑结论，一边又否定它作为逻辑结论的必然性。③ 也就是说，到这个时候，"作为慎思结果而被确定下来的东西就是抉择的对象"，"人们无须再问该如何行动"这种问题了。④ 至此，实践推理的环节便告一段落。

但是，如果用于落实结论的主客观条件尚不具备，行为者的"抉

---

①　Aristotle, *Nicomachean Ethics*, trans. by W. D. Ross, in Richard McKeon ed. , *The Basic Works of Aristotle*, New York: Random House Inc. , 2001, 1113a4.

②　Aristotle, *Nicomachean Ethics*, trans. by W. D. Ross, in Richard McKeon ed. , *The Basic Works of Aristotle*, New York: Random House Inc. , 2001, 1113a10 - 11. 关于 prohairesis 不是行动过程而是心理过程的论证，参见 Susan Meyer, "Aristotle on the Voluntary", in Richard Kraut ed. , *The Blackwell Guide to Aristotle's Nicomachean Ethics*, Malden: Blackwell Publishing Ltd. , 2006, p. 139。

③　因为"这种'抉择的'行动是行动者眼中完全合理的行动。这种行动是行动者在考虑到它们的价值和他们自己关于最好生活的看法之后，认为如果他们若想在整体上生活得好，就得去做的那种最好的或明智的事情：这种行动是他们认为他们应该做的事情，是实践理性无条件的'应该'，它等于说'如果我要活得好或做得好，就应该如何'，这是实践理性的最高程度的无条件视角"。参见 Gavin Lawrence, "Human Good and Human Function", in Richard Kraut ed. , *The Blackwell Guide to Aristotle's Nicomachean Ethics*, Malden: Blackwell Publishing Ltd. , 2006, p. 42。

④　Aristotle, *Nicomachean Ethics*, trans. by W. D. Ross, in Richard McKeon ed. , *The Basic Works of Aristotle*, New York: Random House Inc. , 2001, 1113a5 - 6.

择"就仍将难以被转化为实际的活动。在这方面，意志软弱（不能自制）显然是一个突出的阻力。因此，一个具有实践智慧的行为者必须在"慎思"和"抉择"之后，还要持有强劲的"意志"。当然，在亚里士多德看来，这一点根本不是问题。因为"一个人不可能同时既有实践智慧又不能自制"①，两者不可兼容；拥有实践智慧本身足以确保行为者免于意志软弱的困扰。所以，对于具有实践智慧的行为者而言，只要他做出了"抉择"，那么他随时可以开启行动。在这个意义上，"行动的始因就是抉择"②。

综言之，作为实践理性的卓越形态，实践智慧蕴含着复杂而丰富的环节，并且，这些环节几乎涵盖了用于思考实践事务的所有心理要素：（1）行为者通过对当下情境的感知而形成关于具体事实的特殊知识（知觉），这是实践智慧的起点；（2）行为者借由特殊知识，通过情感或推理而激活关于目的的普遍知识（欲望），这是实践推理的起点；（3）在普遍知识的前提下，行为者精心谋求用于实现目的的手段和方法（慎思），这是实践推理的过程；（4）对于经过推理而得出的手段和方法，行为者给予确认及肯定（抉择），这是实践推理的终点；（5）最终，行为者将确定抉择的手段和方法实际地实施出来（意志），这是实践智慧的终点，同时也是实践活动的起点。可见，在亚里士多德主义的体系中，作为实践理性之卓越形态的实践智慧，不仅涉及推理，而且涉及知觉、直觉、情感、欲望、抉择、意志等心理过程，形成了一套完整的心理机制。它能够更加真实、全面地反映一个行为者

---

① Aristotle, *Nicomachean Ethics*, trans. by W. D. Ross, in Richard McKeon ed., *The Basic Works of Aristotle*, New York: Random House Inc., 2001, 1152a7.

② Aristotle, *Nicomachean Ethics*, trans. by W. D. Ross, in Richard McKeon ed., *The Basic Works of Aristotle*, New York: Random House Inc., 2001, 1139a31.

在实践进程中的心理活动。①

三、实践智慧的运用

既然实践智慧关乎多种心理要素和心理反应，那么，要让自己的实践理性达到实践智慧的程度，行为者就必须考虑如何培养或训练自己的心灵。这些心理要素和心理反应虽然缺一不可，但它们并非同等重要。或者说，它们在实践智慧的运用过程中仍有一定差异。究其原因，倒不是因为这些心理要素和心理反应之间存在什么高低之别——比如，理性高于情感，推理胜于直觉——而是因为，当行为者展开实践思考时，他对这些心理要素和心理反应的需求程度是不一样的。仅就实践智慧的运用而言，有些心理要素可能要比另外一些更加关键。

如前所述，实践智慧的起点是对当下情境的具体事实的知觉。行为者凭借这种知觉而建立起关于事实的特殊知识。一般情况下，它们会表现为若干个事实判断。比如，我可能处于这样一个情境：在我的前方不远处，一位老人摔倒不起，而旁边没有其他人可以帮助他。面对这个情境，首先，我的知觉会在我的心中形成（至少）如下四个判断：

（1）这是一位老人。

————————

① 亚里士多德说："实践智慧在于正确地慎思和判断善恶以及生活中所有应该被选择或避免的东西，在于很好地运用我们身上所有好的东西，在于正确的社会交往，把握良机，机敏地使用语言和行为，拥有一切有用的经验。记忆、经验、老练、好的判断、机敏——它们全都要么源于实践智慧，要么伴随着实践智慧。" Aristotle, *On Virtues and Vices*, trans. By J. Solomon, in Jonathan Barnes ed., *The Complete Works of Aristotle*, Vol. 2, Princeton: Princeton University Press, 1991, 1250a30 - 39.

（2）这位老人摔倒了。

（3）这位老人无法依靠自己的力量站起来。

（4）现在没有其他人可以帮助他站起来。

　　上述有关具体事实的特殊知识，对于任何一个具有正常认知能力的行为者来说，都是可以获得的。并且，这个行为者还可以在此基础上凭借知觉而得出一个有关整体事实的判断，即"这位老人需要帮助"。通常情况下，几乎所有的行为者在面对这样的情境时都可以启动自己的知觉。如果一定要说有什么区别的话，那可能在于，不同的行为者会在迅捷程度和完整程度上存在差异。对那些特别迅捷就能整体把握上述事实的行为者，我们不仅会称赞他们的知觉能力，甚至会说他们的知觉已经敏锐到了堪称直觉的程度，能够在非常短的时间内把握事实的整体情况。相比之下，有些行为者可能需要花费较长时间来获得上述全部判断。这方面的差别，在简单的情境中也许不那么明显，然而一旦面临复杂的情境，就会表现得尤为突出。当然，无论快慢，只要行为者能够意识到这几个方面，我们就可以承认他的知觉或直觉是准确的。在这个意义上，开启实践智慧的第一环节的运用并非难事。

　　真正有难度的事情在于：当我通过知觉而获得了有关事实的特殊知识之后，我将对它们如何研判？我会把眼前这些情况理解为一个蕴含何种价值、向我提出了何种要求的道德情境？我会从这些事实中推导或提炼出什么作为我所欲实现的目的？在这个环节上，一方面，有可能是我的情感帮助我完成上述推导。就像孟子说人见孺子入井会激发"恻隐之心"一样，当我看见这位老人摔倒不起（也许还听到他的痛苦呻吟）并知觉到相关事实时，我可能"心头一紧"，似乎同样感受到老人的痛苦，由此生出怜悯和同情，从而形成"我要帮助这位老人"的欲望并构成实践目的。另一方面，也有可能是我的理性帮助我完成这样的推导。因为，面对上述事实，我完全可以从中觉察出它们蕴含着"帮助老人"这个道德要求。而只要我通常就认可"帮助老人"的积极意义，那么，我就会连同上述事实一道，推出"我要帮助这位老人"这个结论，并作为自己的实践目的。如果有必要的话，我还可以进一步通过如下推理而证明，为何"帮助老人"是具有积极价值的：

大前提：我要成为高尚的人。

小前提：帮助老人有助于我成为高尚的人。

结　论：我要帮助老人。

而这个推理的大前提所反映的内容（即我要成为高尚的人），又完全可以通过上溯至最高目的（即幸福）而得到证明①：

大前提：我要实现幸福。

小前提：成为高尚的人有助于我实现幸福。

结　论：我要成为高尚的人。

无论情感或理性，它们都只是我在推导或提炼时所赖以凭借的心理机制，真正决定我会朝着"帮助老人"的方向而不是其他方向来推导，从而形成"我要帮助这位老人"这个具体欲望的，却是我的内在品质。也就是说，假如我不是一个有同情心或怜悯心的行为者，假如

---

① 这种上溯之所以可能，就在于具有实践智慧的行为者总是善于考虑对他而言总体上有益的和善的东西。参见 Aristotle, *Nicomachean Ethics*, trans. by W. D. Ross, in Richard McKeon ed., *The Basic Works of Aristotle*, New York: Random House Inc., 2001, 1140a25－28。

我内心并不认可"帮助老人"是一件有价值的事情，更没有把"成为高尚的人"列为人生目标之一，那么，我就不会认为（甚至不会意识到）我面前的这些事实蕴含着"帮助老人"的道德要求。进一步，假如我本就是一个品质败坏之人，或者，假如我信奉"优胜劣汰"的丛林法则，那么，面对同样的事实，即便我同样迅捷地把握这些事实，我也会推出完全相反的目的。比如，我会认为，此时恰好是我抢夺这位老人的财物的大好时机；或者我会认为，此时非但不要帮助他，反而应当杀死他，以维系整个"丛林"的优良生态。可见，正因为从"对事实的知觉"到"对目的的欲望"之间存在着因行为者的品质区别而带来的巨大差异，亚里士多德才特别强调美德对于目的（大前提）形成的重要意义。① 在他看来，只有作为优良品质的伦理美德才能确保行为者拥有正确的倾向，才能促使他们在当下情境中形成正确的欲望，塑造正确的目的，构成正确的大前提。他说：

> 美德与恶德分别会保存和摧毁最初的原则，而在行动中，最终的原因就是这个最初的原则，如同假设在数学中的地位一样；在数学中，论证不会告诉我们什么是最初的原则，这里同样如此——把关于最初原则的正确意见告诉我们的，是自然的美德或由习惯养成的美德。②

---

① "由于只有品质的美德可以保证我们'在正确的时间，针对正确的事情，朝着正确的人，为了正确的目的，并且按照正确的方式'去感觉正确的事物，因此，只有当我们拥有这些美德时，我们才会在偶然性的领域内正确地看待事物。简言之，这就是为什么说'美德使得目标正确'。"参见 C. D. C. Reeve, "Aristotle on the Virtues of Thought", in Richard Kraut ed., *The Blackwell Guide to Aristotle's Nicomachean Ethics*, Malden: Blackwell Publishing Ltd., 2006, p.203。

② Aristotle, *Nicomachean Ethics*, trans. by W. D. Ross, in Richard McKeon ed., *The Basic Works of Aristotle*, New York: Random House Inc., 2001, 1151a15–19.

因此，现在的关键问题就成了——如何提升行为者的品质，使它们达到那种堪称伦理美德的优秀状态，从而尽可能保证当知觉向行为者提供相关事实之后，他能够对这些信息进行正确的加工以得到用于实践推理的正确的大前提呢？

对此，亚里士多德至少提供了两种方法。第一，诉诸习俗/习惯（ethos）的熏陶和教化。同许多古希腊知识精英一样[1]，亚里士多德也相信，灵魂若要合乎美德地活动，就必须具备一定条件，先行做好接纳美德的预备工作。也就是说，灵魂要接受习俗的塑造，"就好像土地需要先耕耘才能播种一样"[2]。如上所述，实践的目的（即实践推理的大前提）"不是由逻各斯表述的，而是由正常的、通过习俗养成的（伦理）美德帮助我们找到的"[3]。后者"在我们身上出现既不是出于自然，也不是违背自然"[4]。自然仅仅赋予我们接受美德的能力，而这种能力却有赖于我们在生活习俗中通过实际的运用而完善，即"我们是通过做公正的事成为公正的人，通过节制成为节制的人，通过做事勇敢成为勇敢的人"[5]。在这个问题上，亚里士多德断言："一句话，

---

[1] 比如，柏拉图说过，城邦战士的灵魂获得美德"就好像给羊毛染色，由于他们有适当的天性和教养，所以他们的信仰和信念可以很快地染上一定的颜色，知道哪些事情是可怕的，也对其他所有事情抱有信念，他们的信念不会被快乐这种对信念具有强大褪色能力的碱水所洗褪，也不会被苦恼、恐惧和欲望这些具有比任何染料的染色能力都要强的染料染上别的颜色。灵魂的这种力量，坚持关于可怕事物和不可怕事物的这种合法而又正确的信仰，就是我所谓的勇敢"。参见柏拉图：《国家篇》，载《柏拉图全集》（第2卷），王晓朝译，人民出版社2002年版，第404页。

[2] Aristotle, *Nicomachean Ethics*, trans. by W. D. Ross, in Richard McKeon ed., *The Basic Works of Aristotle*, New York: Random House Inc., 2001, 1179b23–27.

[3] Aristotle, *Nicomachean Ethics*, trans. by W. D. Ross, in Richard McKeon ed., *The Basic Works of Aristotle*, New York: Random House Inc., 2001, 1151a16–19.

[4] Aristotle, *Nicomachean Ethics*, trans. by W. D. Ross, in Richard McKeon ed., *The Basic Works of Aristotle*, New York: Random House Inc., 2001, 1103a24.

[5] Aristotle, *Nicomachean Ethics*, trans. by W. D. Ross, in Richard McKeon ed., *The Basic Works of Aristotle*, New York: Random House Inc., 2001, 1103a35–b2.

品质的状况来源于相关的活动。必须重视我们的活动所具有的特定性质；因为，品质的状况与不同的活动之间是相对应的。因此，我们是养成这样的习惯还是那样的习惯决非小事；它非常重要，或者，毋宁说，它最重要。"① 因此，既然我们打算提升内在品质，使之帮助我们恰当地理解情境，有效地提炼要求，正确地形成目标，那么，我们就必须参与伦理生活，了解它所提供的一般价值体系和道德标准，效仿那些已经被习俗公认的美德行为者的言行举止。学习好的习俗/习惯，或者说，接受习俗/习惯中好的方面，将有助于我们在具体情境中发现正确的实践目标。

　　第二，诉诸对于灼见（endoxa）的理解和辨析。与柏拉图在"知识"和"意见"之间近乎对立的尊卑之别的看法不同，亚里士多德不主张把"意见"贬低到一无是处的程度。尤其在进行实践思考时，更是如此。对亚里士多德而言，在随时间、地点而改变的实践领域中，"知识"就是由正确的和有声望的意见——灼见——构成的（至少是由它们开启的）。因此，行为者如果想推导或提炼出正确的普遍知识作为自己的实践目的，他就必须事先对伦理习俗中已经存在的、常常通过那些具有实践智慧的人的观念和行动而表现出来的灼见有所了解并有所储备。毕竟，在他通过知觉获得特殊知识并由此激活相应的普遍知识的过程中，他需要事先拥有一个关于普遍知识的"仓库"，其中储存着那些由伦理习俗所提供的，同时也为他本人所接受的正确而有声望的意见。这也可以解释前面提到的那种我可以通过推理来确定当下情境究竟蕴含何种目的的情况。因为，我在身处这个情境之前就已经认可了"帮助老人"的积极意义，具备了"帮助老人有助于实现高

----

① Aristotle, *Nicomachean Ethics*, trans. by W. D. Ross, in Richard McKeon ed., *The Basic Works of Aristotle*, New York: Random House Inc., 2001, 1103b21 - 26.

尚的人格"这样的正确意见。因此，一旦我看到某位老人摔倒不起并且觉察到这是一个关乎"帮助老人"的情境时，我就会激活这方面的意见，从而推出"帮助这位老人"的结论。这个结论，作为我在当下情境中所欲实现的目的，构成了我接下来展开慎思的大前提。[①]

也许人们认为，一旦有了伦理美德的指引，"帮助这位老人"的大前提得以确定，那么接下来谋求实现该目的的手段（即确定小前提）就会水到渠成。因此，行为者的慎思似乎就是：

大前提：我要帮助这位老人。

小前提：扶起这位老人就是帮助这位老人。

结　论：我要扶起这位老人。

然而，情况并非如此。因为，首先，不是每个人都会将"扶起这位老人"当作实现上述目的的手段。假如我本人此时非常虚弱，或者，我

---

① 如何才能尽量丰富和准确地具备正确的有声望的意见，对这个问题，亚里士多德至少谈及两种途径（但它们很可能是同一种）：一个是"理解"（understanding）。亚里士多德说，理解和实践智慧涉及同样的事物，即，可变的实践事务。不同在于"实践智慧发出命令，因为它的目标在于应当做什么或不应当做什么，而理解只做判断。理解既不是拥有实践智慧，也不是获得实践智慧。就像当学习意味着运用知识能力时它就被称为理解一样，'理解'也可以用来指，运用意见能力（faculty of opinion）以判断别人所说的那些有关实践智慧的事情"。参见 Aristotle, *Nicomachean Ethics*, trans. by W. D. Ross, in Richard McKeon ed., *The Basic Works of Aristotle*, New York: Random House Inc., 2001, 1143a9 - 14。另一个就是我们耳熟能详的"拯救现象"（saving the phenomena），即，"先摆出现象，然后考察其中的困难，加以证明，如果可能，就肯定所有关于这些感情的意见，如不可能，就肯定其中大多数或最重要的意见。因为，如果我们驳倒了反对意见，而流行的意见还站得住脚，那么我们就可以充分地证明这种情况了"。参见 Aristotle, *Nicomachean Ethics*, trans. by W. D. Ross, in Richard McKeon ed., *The Basic Works of Aristotle*, New York: Random House Inc., 2001, 1145b1 - 6。关于这个问题的讨论，参见（1）理查德·克劳特：《如何证成伦理命题》，载理查德·克劳特编：《布莱克维尔〈尼各马可伦理学〉指南》，刘玮、陈玮译，北京大学出版社2014年版，第82—101页；（2）刘玮：《亚里士多德伦理学的两个起点：Endoxa 与良好的教养》，《世界哲学》2011年第2期。

是一名行动不便的残障人士，那么，就不是"扶起这位老人"，而是（比如说）"赶紧拨打手机"或"大声呼喊援助"，才可以构成"帮助这位老人"的有效手段。其次，即便我不是虚弱之人或残障人士，而有能力采取"扶起"的手段，我也可能由于有了更多的发现——比如，当我走近他时，发现他已经骨折或有脑出血的症状——而没有选择扶起他。因为，在这种条件下，我所知觉到的事实要比一开始在远处观察时获得的内容更多。所以，尽管这时我依然会形成"我要帮助这位老人"的欲望，但我的慎思却会要求我把"让他平躺"（而不是"让他站立"）列为满足该欲望的手段。这样，我的抉择就完全不同于"扶起这位老人"。

可见，如果考虑到更加复杂的局面，那么，正确地运用慎思，就并不是一件想象中那么轻松的事。毕竟，作为实践智慧的环节之一，慎思不是要简单地谋求手段，而是要富有效率地谋求富有效果的好手段。形成正确的欲望固然不易，可是，要将正确的欲望借由正确的手段实践出来，同样必须付出心力。与之相比，由于抉择跟慎思具有较高的重合度，再加上亚里士多德乐观地认为实践智慧之人不可能遭遇意志软弱的难题，所以，抉择与意志似乎并不像知觉、欲望、推理（慎思）那样在实践思考中承担着重要的任务。在这个意义上，后三者对于行为者的实践理性能否配称实践智慧，确实发挥了更加关键的作用。

概言之，通过如上描述，我们不仅看到实践智慧的"实施阶段"：（1）通过知觉而获得事实判断；（2）通过情感或理性而从事实判断中形成作为目的（善）的欲望；（3）通过慎思而推理得出用于实现该目的或满足该欲望的手段（并加以选择和施行）。而且，我们还发现它在实施过程中所涉及的"预备阶段"，即行为者为了确定当下情境的目的（"我要帮助老人"）而展开的另一个目的论的实践推理（大前提：我要成为高尚的人；小前提：帮助老人有助于成为高尚的人；结论：我要帮助老人）。如果这个推理的大前提（"我要成为高尚的人"）还有必要给出进一步论证的话，那么，行为者就得继续上溯，直至诉诸最高目的（即幸福）。所有这些推理及其相关知识，共同构成了行为者在具体情境中运用实践智慧的预备性背景，尽管它们不一定在任何情境里都会呈现出来。

除了"实施阶段"与"预备阶段"，在某些情况下，可能还存在实践智慧的"补充阶段"。比如，当我经过知觉、欲望和推理而得出"我要扶起这位老人"的结论之后，本来可以说，我已经完成了此时的实践智慧的运用，接下来就应当实施上述结论。可是，由于近年来身边发生多起"扶老人反被讹"的事件，因此我可能会犹豫，甚至做出"不要扶这位老人"的抉择。有人认为，既然实践智慧的最终目的是实现自我幸福，那么，在讹人事件层出不穷的社会条件下，"不要扶这位老人"才是实践智慧将会告诉我们去做的事。显然，这种观念建立在如下推理的基础上：

大前提：我要获得幸福。

小前提：避免被讹诈有助于我获得幸福。

结　论：我要避免被讹诈。

大前提：我要避免被讹诈。

小前提：不扶这位老人就不会被讹诈。

结　论：我不要扶这位老人。

毫无疑问，第一个实践推理是成立的；但问题在于，第二个实践推理并不充分。因为，如果我要想避免被讹诈，那么除了"不扶这位老人"之外，我还可以有其他的方式和手段来满足这个目的。比如，"采集或预留某些音频、视频证据"（或者"邀请旁人做见证"）。毕竟，在这个频繁出现老人讹人的现代社会里，做到这点并非难事。因此，我们完全可以在运用实践智慧而选择了"我要扶起这位老人"之后，再补充一个实践推理：

大前提：我要避免被讹诈。

小前提：预留证据有助于我不会被讹诈。

结　论：我要预留证据。

作为一个行为者运用实践智慧的补充过程，上述实践推理的存在足以证明，前面选择"不扶起这位老人"的慎思过程是不合理的，至少是有漏洞的。因为，它没有周全地考虑到，在"扶起老人就会被讹"与"不扶老人就不会被讹"之间其实还存在着第三种可能，即"既扶起老人又不会被讹"。一个真正具有实践智慧的行为者，由于拥有优良的内在品质，因而更可能是在坚持"帮助老人"的基本方向下谋求对自己有利的"行动策略"，而不是轻易放弃伦理美德向他所展示的那个"战略方向"。况且，就算行为者实施了上述补充阶段的实践推理，似乎有点不够坦荡，我们也不能因此否认他的实践智慧。因为，他已经成功地展现了他的实践智慧，即他已经完成了迅捷地知觉事实、正确地形成目的、积极地帮助老人并有效地扶起老人等一系列慎思与行动。只不过，由于"世道险恶，人心不古"的现实教训，这位行为者不得不在实施阶段结束之后，还进入一个补充阶段，以求"自助"与"助人"的两全。虽然这无法让人感到轻松，但它却无损于这位行为者已经向我们展示的实践智慧。相反，它通过增加补充阶段，使得行为者的实践智慧显得更加丰满。所以，实践智慧的补充阶段，绝不是我们用来指责一位运用实践智慧的人的理由。毋宁说，它更应该成为我们努力改善当前社会环境的起点。

第五章　欲望与实践智慧

　　实践智慧的丰富性与复杂性表明，我们不仅不能从实践理性中剔除欲望，而且必须为它留出重要的位置。在亚里士多德主义美德伦理学看来，行为者的实践推理本就是从一个表现为目的的欲望开始的，并且，经过关于手段的慎思，它最终会以另一个表现为抉择的欲望结束。行为者的伦理美德既是他形成好的欲望的保证，也必须通过好的欲望而体现。虽然不加区别或调控的欲望会影响行为者的行动，使之步入歧途，但这仅仅意味着我们需要对欲望的类型和性质进行划分，而不代表我们就要将欲望从一个正常的道德心理系统中清除出去。毕竟，仅有对事实的知觉却没有试图改变事实的欲望，是不足以引发行动的；如果实践三段论的大前提不能被表述为一个内在于行为者欲望的命题，那么，它的结论部分又如何与行为者的行动发生实际的联系，将会备受质疑。

一、欲望的种类

　　在最常见的意义上，包括亚里士多德在内的许多古希腊哲学家都将欲望理解为与肉体快乐及其满足相关的主观倾向。因此，欲望首要地表现为食欲、性欲等肉体欲望。肉欲的本性就在于通过食物或性爱等生理活动来获取肉体的快乐（以及躲避肉体的痛苦）。对于倡导理性精神的古希腊哲学来说，这种欲望显然是人类灵魂中相对低级和粗鄙的部分。而那些受到肉欲支配的人，也因此常常被看作人类社会中在理性上不够发达或完善的底层群体。比如，柏拉图就说："各种各样的肉欲、快乐和痛苦主要出现在儿童、女人、奴隶和那些名义上被称作自由人的下等人身上。……在理智和正确意见的帮助下，由人的思考指导着的简单而有节制的肉欲，只能在少数人中见到，只能在那些有着最好的出身而又受过最好教育的人中间见到。"① 这说明，虽然肉欲被认为在一定程度上听从理性，但就其本性而言，却不是听从理性。毕竟，"听从理性"不占据两者关系的主要方面。而且，在这种表象下，充斥的是两种不同性质的心理要素的深刻冲突与持续紧张。因此，柏拉图的看法是，理性（还有激情）与肉欲之间在本质上不是听从与被听从的关系，而是监管与被监管的关系，一旦理性放松管制，（肉体）欲望便会甚嚣尘上，使人堕落：

> （理性和激情）将会监管欲望，而我们知道欲望占据着每个人的灵魂的大部分，欲望的本性是贪婪。理智和激情会监视欲望，以免它会由于被所谓的肉体快乐充斥或污染而变得非常强大，不愿再守本分，乃至于试图控制那些它所不应该控制的部分，从而颠覆人的整个生命。②

亚里士多德在很大程度上延续了柏拉图的看法。在他的灵魂学说中，他也将肉欲看作人类与动物的共有部分，因而，它在本质上确实

---

① 柏拉图：《国家篇》，载《柏拉图全集》（第2卷），王晓朝译，人民出版社2002年版，第406页。

② 柏拉图：《国家篇》，载《柏拉图全集》（第2卷），王晓朝译，人民出版社2002年版，第422页。

是非理性或反理性的，并不会主动地听从理性。对于这种类型的欲望，他称作 epithumia（英译 appetite）。其中 thumia 来自动词，本义是"燃烧（柴火）以产生烟来炙烤牺牲"，而 epi 的含义则是"处在"。因此，epithumia 是指"处于某种燃烧起来的状态"。① 它意味着，行为者在追求肉体的快乐以及躲避肉体的痛苦方面表现出一种积极、强烈而活跃的心理状态。亚里士多德说："肉欲，只要论证或感觉一说某个事物是令人愉悦的，它就会立即冲上去享用。"②

虽然亚里士多德承认肉欲的存在及其可能的缺陷，但与柏拉图不同，他没有因为这种欲望与肉体相关，就将其必然地视为一种下贱或邪恶的东西。亚里士多德说："我们必须对肉体的欲望与快乐加以区分。因为……有些在性质和程度上都是合乎人性的和自然的，有些是兽性的，而另一些则要归因于器官的缺陷和疾病。"③ 那些合乎人性的正常的肉欲乃是行为者所必需的快乐，它们甚至要比对荣誉、财富等方面的快乐更为必需。④ 亚里士多德当然意识到，强烈的肉欲会消解理性的力量，但如果就此认为他对肉欲持有彻底的否定态度，似乎又不恰当。因为亚里士多德相信，我们完全可以通过习惯、教化以及实践智慧的指导而在处理肉欲的问题上达到优秀的状态，即成为具有"节制"美德的人——他以适当的方式，在适当的场合，追求恰当的肉体快乐或躲避肉体痛苦。因此，不是肉欲本身，而是在涉及肉欲时

---

① 由于亚里士多德把作为 epithumia 的欲望概念归入伴随着快乐和痛苦的"感情"范畴，因此这种"燃烧起来的状态"似乎就该是指一种被激发起来的强烈的感情状态。参见廖申白:《试析亚里士多德的灵魂论》,《道德与文明》2012 年第 5 期。

② Aristotle, *Nicomachean Ethics*, trans. by W. D. Ross, in Richard McKeon ed., *The Basic Works of Aristotle*, New York: Random House Inc., 2001, 1149a34 – 35.

③ Aristotle, *Nicomachean Ethics*, trans. by W. D. Ross, in Richard McKeon ed., *The Basic Works of Aristotle*, New York: Random House Inc., 2001, 1149b37.

④ Aristotle, *Nicomachean Ethics*, trans. by W. D. Ross, in Richard McKeon ed., *The Basic Works of Aristotle*, New York: Random House Inc., 2001, 1147a25 – 30.

"过度地追求快乐，而在渴与饿、热与冷以及关于触觉和味觉的所有事物上全都躲避痛苦"①，才是导致行为者不能像一个有实践智慧的人那样行动的原因。所以，将肉欲限定在必要的理性尺度内，对亚里士多德来说，既可能意味着内在的紧张（比如，自制之人），也可能代表着品质的优秀（比如，节制之人）。

柏拉图和亚里士多德都意识到，除了作为肉欲的欲望，还存在着更为广义的欲望概念。与受制于生理规律因此常常表现为生理现象的肉欲相比，后者不仅更鲜明地体现为行为者的心理反应，而且更宽泛地涉及行为者所试图获取或躲避的任何对象。柏拉图说，除了"饥饿、口渴，以及一般所说的欲望，还有愿望和希望"，"有所欲望的那个人的灵魂正是在追求他所欲望的东西，或者说，他正在把自己引向他所希望拥有的那个东西，或者说，当一个人想要得到什么东西时，他的心灵，由于渴望实现他的欲望，便会点头同意而立即生发出想拥有它的希望"。② 同样的，在亚里士多德的笔下，也存在一种用于指称人"对于任何对象，例如财富、荣誉、快乐等等的主观倾向性和由这种倾向性引出的活动"③ 的欲望概念，即 orexis（英译 desire）。它可以指行为者在肉体方面的追求和逃避，也可以指行为者在社会事务方面的追求和逃避，还可以指行为者在精神层面的追求和逃避。总之，作为 orexis 的欲望概念，并没有对这种心理状态是理性的还是非理性的，是积极的还是消极的，是高尚的还是卑贱的，是一贯的还是偶发的做出明确规定。这个意义上的欲望，既可以存在于灵魂的动物性部分，

---

① Aristotle, *Nicomachean Ethics*, trans. by W. D. Ross, in Richard McKeon ed., *The Basic Works of Aristotle*, New York: Random House Inc., 2001, 1148a6 - 9.

② 柏拉图:《国家篇》，载《柏拉图全集》（第2卷），王晓朝译，人民出版社2002年版，第414页。

③ 亚里士多德:《尼各马可伦理学》，廖申白译，商务印书馆2003年版，第5页，脚注2。

也可以存在于灵魂的理性部分。正因为没有拘泥于具体的内容，因此，当我们使用 orexis 这个欲望概念时，反倒能够更加注意它所指代的这种心理状态的实践功能——欲望意味着目的。也就是说，当行为者对某个对象有所欲望时，无论这个对象是什么，它们总是行为者试图获得或避开的某种东西。① 而且，也只有当行为者对某个对象有所欲望时，它才能被称作"目的"。概言之，欲望是行为者建构并确立自身实践目的的心理基础。

所以，"欲望"（orexis）不限于"肉欲"（epithumia）。在亚里士多德这里，它还包括"意气"（thumos，英译 temper）和"希望"（boulēsis，英译 wish）。② 相比于肉欲和希望，亚里士多德并未过多讨论作为意气的欲望。在许多情况下，意气被等同于怒气（orgē，英译 anger）。③ 在亚里士多德看来，出于意气的行为者会将其对象视为必须加以反对的东西。④ 并且，意气主要表现为行为者因遭到怠慢或冒犯而试图报复的心理反应，而怒气也往往被定义为"一种为了报复或类似这种东西的欲望"⑤，两者非常近似——当行为者出于意气而行动时，往往伴随着怒气。亚里士多德认为，尽管意气"似乎在某种程度上听从理性"，但"由于本性热烈而急躁，因此它虽然也听从，但却

---

① Raymond J. Devettere, *Introduction to Virtue Ethics: Insights of the Ancient Greek*, Wanshington D. C.: Georgetown University Press, 2002, p. 13.

② Aristotle, *On the Soul*, trans. by J. Smith, in Jonathan Barnes ed., *The Complete Works of Aristotle*, Vol. 1, Princeton: Princeton University Press, 1991, 414b3. 这里被译作"意气"的这个词 thumos 在柏拉图那里通常被译作"激情"。在柏拉图眼里，它是一种不同于肉欲的东西。但这种看法并不能否定亚里士多德对它们的归类。参见柏拉图:《理想国》，郭斌和等译，商务印书馆 1986 年版，第 165—167 页。

③ Giles Pearson, *Aristotle on Desire*, Cambridge: Cambridge University Press, 2012, pp. 111–117.

④ A. W. Price, "Acrasia and Self-Control", in Richard Kraut ed., *The Blackwell Guide to Aristotle's Nicomachean Ethics*, Malden: Blackwell Publishing Ltd., 2006, p. 235.

⑤ Aristotle, *On the Soul*, trans. by J. Smith, in Jonathan Barnes ed., *The Complete Works of Aristotle*, Vol. 1, Princeton: Princeton University Press, 1991, 403a30.

没有听进命令，就冲上去报复"①，以求矫正当前状况并实现行为者的欲求。所以，从整体上讲，意气不是那么听从理性安排。与之相比，希望则有所不同。它应该算作一种"理性的欲望"，是"一种专门指向人类的善或幸福因而可以对理性部分对它所做出的规定给予回应的欲望"②。希望一般听从理性，在理性指导下确定什么是需要实现或改变的事态，所以，基于作为希望的欲望而形成的实践目的，往往具备规范性与合理性。根据这三类欲望的对象和形成机制的不同，亚里士多德对它们的基本区分是："希望体现在灵魂的有理性部分，而肉欲和意气体现在灵魂的无理性部分。"③

对一个有实践智慧的人来说，他的欲望当然更多地会以希望的形式而不是以意气或肉欲的形式表现出来。然而，这并不意味着，只有希望才能构造美德行为者的目的，而意气和肉欲几无可能。相反，在亚里士多德主义的美德伦理学语境中，我们有充分的理由将三者皆纳入在伦理上有效的欲望之列。原因在于：

一方面，实践智慧所需要的无非是好的欲望，而好的欲望和坏的欲望不是根据欲望的类型，而是根据欲望的性质来划分。对一个有实践智慧的人来说，他同样要处理与肉欲和意气相关的实践事务。只要他在正确的时间，以正确的方式，对正确的对象表达肉欲的诉求或倾泻意气的力量，那么，肉欲和意气就可以构成他的好的欲望，为他确立好的目的。这说明，尽管意气和肉欲不像希望那么听从理性，但这

---

①　Aristotle, *Nicomachean Ethics*, trans. by W. D. Ross, in Richard McKeon ed., *The Basic Works of Aristotle*, New York: Random House Inc., 2001, 1149a30 - 31.

②　C. D. C. Reeve, "Aristotle on the Virtues of Thought", in Richard Kraut ed., *The Blackwell Guide to Aristotle's Nicomachean Ethics*, Malden: Blackwell Publishing Ltd., 2006, p. 198.

③　Aristotle, *On the Soul*, trans. by J. Smith, in Jonathan Barnes ed., *The Complete Works of Aristotle*, Vol. 1, Princeton: Princeton University Press, 1991, 432b5 - 6.

不等于它们不听从理性。① 本质上，三者都属于行为者期待对象能按自我意愿而加以改变的心理状态，它们会在不同的情境中，基于不同的机制，针对不同的对象而分别构造行为者的实践目的。因此，真正的问题不是区分希望与意气或肉欲的高下，而是要在涉及它们的各自情境中分别谋求它们的适度状态。恰当的意气（比如，为了追求高贵而以勇敢的美德形式表现出来的意气）、恰当的肉欲（比如，基于生存必要而以节制的美德形式表现出来的肉欲），就跟恰当的希望一样，都能向行为者揭示当下情境的道德要求，进而确立恰当的实践目标。②

另一方面，即便希望更可能听从理性，而意气和肉欲更容易违背理性，也不代表希望就必定呈现为好的欲望，从而构成好的目的。因为，希望也可能犯错，它会把不存在的东西或行为者能力之外的东西列为自己所趋向的对象。③ 此时，希望就变成了空洞的幻想而失去了可行性。不仅如此，就算希望始终可行，也不能保证它始终为善。因为，"好人所希望的对象才是真正的希望对象，而坏人所希望的对象也许是某些偶然的东西"④。所以，希望同意气和肉欲一样，都面临着导致错误的风险。因此，为了像一个有实践智慧的人那样行动，行为者不仅需要对意气和肉欲进行调控，也需要对希望进行调控。概言之，对所有类型的欲望而言，要想成为"建立在对于最终善如何构成的慎

---

① Giles Pearson, *Aristotle on Desire*, Cambridge: Cambridge University Press, pp. 172 - 173.

② A. W. Price, "Acrasia and Self - Control", in Richard Kraut ed., *The Blackwell Guide to Aristotle's Nicomachean Ethics*, Malden: Blackwell Publishing Ltd., 2006, p. 234.

③ Aristotle, *Nicomachean Ethics*, trans. by W. D. Ross, in Richard McKeon ed., *The Basic Works of Aristotle*, New York: Random House Inc., 2001, 1111b20 - 23.

④ Aristotle, *Nicomachean Ethics*, trans. by W. D. Ross, in Richard McKeon ed., *The Basic Works of Aristotle*, New York: Random House Inc., 2001, 1113a26.

思基础上的理性欲望"① 而被容纳于实践智慧，它们都有一段或长或短的上升之路要走。

二、欲望的性质

承认欲望在实践智慧中的位置，并不会降低亚里士多德主义美德伦理学的格调。因为，它区别于康德主义和功利主义等规则伦理学的一个重要特点就在于，亚里士多德主义美德伦理学始终对生活经验而不是对道德理念赋予更多的尊重。如果"人类生活就是一种渴望和欲求美好生活的生活"②，如果"谋求善的东西，对我们来说，是自然而然的"，而且，如果在经验上可以证明是"我们的欲望激发并维系着我们的行为"，那么，即便承认"美德伦理学的源头在于人类本性的本能、欲望和冲动"③，似乎也没什么令人害臊的地方。况且，"我们的多数欲望在发挥作用时并不那么武断、任意或者充满偶然性。而是，它们从我们的真实的生活经验中得到了许多支持，它们甚至可能逐渐地积淀下来，作为一些稳定的构成性要素来影响我们对种种情境的反应"④。因此，出于对人类真实经验的尊重，作为实践理性之卓越状态的实践智慧，没有必要被等同于纯粹理性在实践事务上的单纯运用，而应被视作理性通过调用各种心理因素而对实践问题展开的综合处理。

---

① T. H. Irwin, "Aristotle on Reason, Desire and Virtue", *The Journal of Philosophy*, Vol. 72, No. 17(1975), p. 571.

② Raymond J. Devettere, *Introduction to Virtue Ethics: Insights of the Ancient Greek*, Wanshington, D. C.: Georgetown University Press, 2002, p. 13.

③ Raymond J. Devettere, *Introduction to Virtue Ethics: Insights of the Ancient Greek*, Wanshington, D. C.: Georgetown University Press, 2002, p. 37.

④ 卢华萍:《苏格拉底与亚里士多德论意志软弱》,《外国哲学》第 17 辑, 商务印书馆 2005 年版, 第 106 页。

在此意义上，亚里士多德主义的美德伦理学非但不必承诺自己同欲望或其他非理性要素无关，反倒还要通过容纳后者而使得自身臻于完备。① 因此，我们有必要进一步了解欲望的性质。

　　首先，欲望必定与快乐或痛苦的感觉有关。行为者之所以趋向某个对象，是因为它会直接或间接地使他体验到快乐；同样的，行为者之所以试图远离某个对象，也是因为它会直接或间接地让他感到痛苦或不快。这一点在"肉欲"上表现得尤为明显。亚里士多德明确指出，"只要有感觉，就会有欲望"，因为"所有的动物至少都有一种感觉，即触觉。因为有这种感觉，所以它们就感觉得到快乐和痛苦，也就感觉得到快乐和痛苦的事物。正因如此，便会有肉欲：因为肉欲就是一种追求快乐的欲望"。② 可以说，肉欲因其明显的切身性，所以，无论是作为行动之前的激发因素，还是作为行动之后得到满足（或没有得到满足）的心理状态，它给行为者带来的快乐或痛苦的感觉都是最为直接的。"意气"也是如此，由于它主要出现在行为者遭到怠慢或冒犯的情境中，因此，意气从一开始就伴随着一种因羞辱或攻击而产生的不快感受。受意气支配的行为者所欲求的恰恰就是摆脱这种痛苦，所以他们才会采取报复或矫正性的行动。一旦行动达到效果，他们便会感觉快乐和舒心。③

---

　　① "实践智慧只是全部实践美德所需要的一半条件，一个有美德的人还需要灵魂中非理性部分的恰当状态，亦即，品质的美德，如果缺少其中任何一个，他就不可能拥有实践智慧或品质美德。为了理解实践智慧的认知结构，我们还需要理解经过恰当训练的灵魂的非理性部分的概念资源和结构。"参见 Chris Bobonich, "Aristotle's Ethical Treatises", in Richard Kraut ed., *The Blackwell Guide to Aristotle's Nicomachean Ethics*, Malden: Blackwell Publishing Ltd., 2006, p. 28。

　　② Aristotle, *On the Soul*, trans. by J. Smith, in Jonathan Barnes ed., *The Complete Works of Aristotle*, Vol. 1, Princeton: Princeton University Press, 1991, 414b2–6.

　　③ Aristotle, *Nicomachean Ethics*, trans. by W. D. Ross, in Richard McKeon ed., *The Basic Works of Aristotle*, New York: Random House Inc., 2001, 1105b23.

　　至于说"希望"，由于更听从理性，因而它们——比如，"我要帮助老人"这种合理的欲望——看上去似乎与快乐或痛苦的感觉无关。但即便如此，也不能消解它们在深层次上与后者的全部关联。因为，一个具有实践智慧的行为者之所以会形成"我要帮助老人"的欲望，很有可能是基于情感而感受到了某种痛苦（或者是基于同情怜悯的不快，或者是基于移情的对他人痛苦的体验）。所以，尽管他的欲望确实合乎理性，但是，这不代表其中就不可能蕴含着对于某些快乐的追求和对于某些痛苦的避让。对他来说，形成并完成自己试图"帮助老人"的欲望，完全可以因为符合自己关于好生活的设想而感到快乐，也完全可以因为能够改变现状而降低他的痛苦。所以，无论是肉欲、意气还是希望，都或深或浅地牵涉到行为者在快乐或痛苦方面的感觉。就此而言，感受性是欲望的基本属性。

　　其次，欲望一定是针对某个对象的欲望，因此，意向性是欲望的又一基本属性。毕竟，作为人类心理机制和心理现象之一，欲望同其他心理反应一样，都必定指向某个对象。无对象的欲望不成其为欲望。欲望的对象可以被描述为一个事物（thing），也可以被描述为一种事态（affair）。比如说，在涉及肉欲的问题上，当行为者具有"我要吃掉这块肉"的欲望时，我们既可以说，他的欲望对象是"这块肉"这个事物，也可以说，他的欲望对象是"将这块肉从盘中转移到他的嘴里"这个事态。同样的，在涉及希望的情境中，行为者所形成的那个"我要帮助这个老人"的欲望，既可以被看作指向"这个老人"，也可以被描述为指向"让这个老人从摔倒状态转换为站立状态"的事态。

　　两相比较，把欲望的对象理解为有待实现或改变的事态，而不是试图得到的事物，可能更好一些。这不仅因为，事态要比事物更加丰富并将后者包括其中，而且因为，欲望从来就不是针对一个对象的单纯判断，而是针对行为者自身同对象之间特定关系的表达。所以，对于形成某个欲望的我来讲，重要的不是"这块肉"或"这个老人"如何存在，而是"这块肉"或"这个老人"在我的介入或影响下如何改变其存在。也就是说，"我的"欲望内容并不是"这块肉"或"这个老人"，而是"让这块肉被我吃掉"或"让这个老人被我帮助"。前者（"这块肉"或"这个老人"）可以成为与我同处该情境的另一个行为者的欲望内容，但只有后者（"让这块肉被我吃掉"和"让这个老人被我帮助"）才是"我的"欲望内容。而且，假如我的欲望比较激烈甚至极端，那么，我甚至会放弃针对对象本身的判断，而只管表达自己与它的特定关系——"我不管这是不是肉，我就是要吃它""我不管他是不是老人，我就是要帮助他"。这种情况再典型不过地说明，欲望的意向性，在根本上并不是针对"这块肉"或"这个老人"的事物，而是针对"我吃掉它"或"我帮助他"的事态；在特定情况下，即便行为者否定前者，但只要承认后者，他也仍可以被称作"具有欲望的"。这也同时说明，欲望的意向性具有明显的主观化甚至非理性化特征。

最后，欲望一定是要促使行为者采取行动，从而尽可能将上述事态实现的心理反应，这就是欲望的实践性。行为者一方面形成某种欲望，但另一方面却无意去实现它，这在心理上是自我矛盾和自我分裂的。当行为者心头涌起某种欲望时，他其实就是想要改变或实现某个事态。除非有外力阻碍或是因为他内心其实还有另一个相反方向的欲望在起作用，否则，他就一定会通过行动而将心中的想法实现出来。换言之，欲望就是"一种旨在让世界发生某种变化以便让自身得到满足的精神状态"[1]。欲望所针对的那个意向对象，不是现实的事态，而是期待被实现出来的事态。因此，欲望务必需要一个行动来实现它。

---

[1]　徐向东:《休谟主义、欲望与实践承诺》,《自然辩证法通讯》2015 年第 2 期。

在这个意义上，欲望不可能不产生行动。或者说，促成行为者的行动，不仅是欲望的功能，也是欲望实现自我的必然方式。

欲望的实践性也可以表明，为什么（如前所述）欲望意味着目的。因为，当我们指称一个事物或事态是我们的"目的"时，我们就已经是在实践的意义上看待它了。"目的"必定是行动的目的，必定是在行动者这里有待改变或实现的某种东西，必定是行为者希望让它变成自己想要的那个样子的某种对象。所以，任何一个事物或事态并非生来就是"目的"，只有当它被行为者纳入思考和行动之中时，它才作为"目的"而存在。也就是说，正是行为者欲望的生成，才使得某个事物或事态被确立为"目的"，使之被贴上"我的目的"的标签。否则，它就仅仅是一个独立于该行为者的、按其本性而存在的东西。既然"目的"是经由行为者的欲望而生成的事物或事态，那么，实践三段论的大前提作为实践的目的，往往通过一个关于行为者欲望的命题而被表述出来，也就不足为奇了。甚至可以说，为了贴切地反映出"目的"的心理基础在于欲望，实践三段论的大前提就必须被描述为这样的命题。在这个意义上，逻辑层面的大前提、心理层面的欲望以及实践层面的目的，指涉的其实是同一个东西。因而，它们在理解上也常常会交织在一起。

三、欲望的位置

在一般情况下，当行为者通过知觉而把握当下情境的相关事实后，他需要识别、提炼其中的道德要求，并以此作为自己的实践目的。而"目的"是一个关系概念，它所表述的是作为主体的行为者与作为目标的对象事态之间的某种联系。一旦我把某个事态视作"目的"，就意味着我已将它纳入我的视野和行动半径，它不再是一个与我无关的对象，而是一个与我存在某种联系的东西。这种联系首先是通过欲望而在心理上构成的。任何被列为"目的"的对象，都必定是行为者试图得到或不得到、实现或不实现、改变或不改变的事态。

因此，如果亚里士多德主义相信，在思考实践事务的过程中，行为者需要从关于事实的知觉出发去识别或推导当前情境的实践目的，那么，它就已经承认了欲望在其中的重要地位。只不过，考虑到伦理生活的丰富性和复杂性，需要行为者处理的关于肉欲方面的实践事务毕竟只占较小部分（尽管是基础的部分），需要行为者出于意气而做出决定的激烈状况也往往并非常态。在大多数情况下，行为者（尤其是有实践智慧的行为者）的欲望仍会以希望的形式出现。在逻辑上，它们被表述为"我要实现某种目的"或"我要采取某个行动"这样的命题。这意味着，欲望将会出现于实践理性中的实践推理环节，更具体地说，出现于实践三段论的大前提及其结论部分。

根据亚里士多德的观点，欲望之所以如此重要，是因为它与行动之间存在一种本质性的关联。这种关联不仅表现在它会影响行动的规范意义，而且表现在它将决定行动的发生与否。比如，在《论运动》中，亚里士多德明确提到："我想要喝，肉欲说；这就是喝，感觉或想象或思想说；我直接就喝了。生命物便是通过这种方式运动和行动的，欲望就是运动的最终原因，欲望就是经由知觉或想象和思想而出现的。"① 也就是说，欲望的最基础的实践功能不是确立行动的好与坏，而是定义行动的有与无。从行为者的角度讲，如果他在心理上没有形成一种试图获得或者改变某事态的真切诉求的话，他是不可能采取相

---

① Aristotle, *Movement of Animals*, trans. By A. S. L. Farquharson, in Jonathan Barnes ed., *The Complete Works of Aristotle*, Vol. 1, Princeton: Princeton University Press, 1991, 701a32 – 35.

应行动的。① 因此，欲望是行动的必要条件。亚里士多德指出，是欲望与理性共同促成了行动的发生：

> 理性和欲望都能引发空间上的运动：理性，也就是那个用于计算实现某个目的之手段的理性，即实践理性（就具有目的而言，它不同于思辨理性）；而欲望总是为了某个目的，因为，欲望的对象是实践理性的激发物，而理性的终点就是行动的起点。由此可以证明，这两者，即欲望和实践理性，是运动的源头；因为欲望的对象引起运动，由于实践理性的起点就是欲望的对象，所以理性也因此导致运动。②

虽然同为行动的心理原因，但理性和欲望的权重却有明显差别。亚里士多德认为：第一，在实践思考中，如果行为者对于某个对象并没有任何欲望，那么，一般而言，他是不会考虑采用什么手段去改变或实现它的。因为，欲望的对象是"实践理性的激发物"，它构成了"实践理性的起点"。所以，理性本身是否被激活，取决于欲望是否存在。第二，即使理性得以使用，它也"不会指出应该躲避或追求什么东西"，"就算理性考虑到这样的东西，也不会因此要求人们追求或躲避它"③；因为，"是躲避还是追求"属于欲望的内容——理性只决定"行动如何发生"，而欲望才决定"行动是否发生"。第三，亚里士多德注意到，"甚至当理性确实已经命令和嘱咐我们去追求或躲避某种东

---

① 这里只涉及有意图的行动，关于无意图行动或无意愿行动的分析，详见第九章。

② Aristotle, *On the Soul*, trans. by J. Smith, in Jonathan Barnes ed. , *The Complete Works of Aristotle*, Vol. 1, Princeton: Princeton University Press, 1991, 433a12 – 20.

③ Aristotle, *On the Soul*, trans. by J. Smith, in Jonathan Barnes ed. , *The Complete Works of Aristotle*, Vol. 1, Princeton: Princeton University Press, 1991, 432b27 – 31.

西，我们有时候也并未采取行动；而在道德软弱的情况下，我们则会随欲望而动"①。所有这些都表明，理性本身不足以引起行动。甚至可以说，真正引起行动的只是欲望，"理性从未被发现可以在缺乏欲望的情形下引发运动"②。

既然行动必定出于欲望，那么，在知识上将实践推理描述为一种由欲望开始的实践三段论模型，就是必然的，也是必要的。如果像亚里士多德所认为的，"目的"在本质上是经由行为者的欲望来构造的，那么，任何以"目的"为开端的实践推理——实践三段论的大前提——也就不宜被固化为一种反映普遍知识的命题，而应当尽可能被表述为行为者的一般欲望。就算这种大前提在很多情况下确以普遍知识的形式出现，也不要将它们理解为一般的普遍知识，而应该被理解为得到行为者具体承认和欲求的普遍知识。③ 因此，像这样的实践三段论——"大前提：帮助老人是正确的；小前提：这个人是老人；结论：我要帮助这个老人"——严格说来，是不成立的。因为，从这类大前提中可以推出的结论，只可能是"帮助这个老人是正确的"，而不可能是"我要帮助这个老人"。除非我对帮助老人持有真实的欲望（即我确实想要帮助老人），否则，无论帮助老人这件事有多么正确，它也可以跟我没有半点关系。所以，为了毫无争议地推出"我要帮助这个老人"的结论进而激发行动，就必须将上述大前提从一个关于价

---

① Aristotle, *On the Soul*, trans. by J. Smith, in Jonathan Barnes ed., *The Complete Works of Aristotle*, Vol. 1, Princeton: Princeton University Press, 1991, 433a1-4.

② Aristotle, *On the Soul*, trans. by J. Smith, in Jonathan Barnes ed., *The Complete Works of Aristotle*, Vol. 1, Princeton: Princeton University Press, 1991, 433a22-24.

③ 这里"传达出一种吸引力而不是命令……我应当勇敢的理由不是因为我们被迫要这样做，而是因为，如果真正理解了什么是幸福，我们就会明白，勇敢的行动是我们所向往的幸福的一个组成部分"。肖恩·麦卡尼尔：《美德伦理学的一种亚里士多德式的解释：论道德分类学》，赵永刚译，载李建华主编：《伦理学与公共事务》（第3卷），湖南人民出版社2009年版，第132页。

值的描述（"帮助老人是正确的"）更精确地修订为一个关于欲望的描述（"我要帮助老人"）。可见，在亚里士多德主义的实践推理中，重要的不是消解欲望，而是保留它的位置，并像实践智慧之人那样形成好的欲望。将实践推理描述为欲望与信念的组合，这"也许是亚里士多德对于心理学最具持久性的贡献"[①]。

　　进一步讲，如果实践三段论的大前提是一种关于欲望的描述，那么，经由小前提（即满足欲望的手段）的过渡，最终作为抉择的结论部分也同样是一种关于欲望的描述。所以亚里士多德说，抉择就是"经过慎思的欲望"：

　　　　既然抉择的对象就是在我们能力之内经过慎思而有所欲望的东西，那么，抉择也就是对那些力所能及的事物的经过慎思的欲望；因为，一旦我们把某种东西断定为慎思的结论，我们就会根据慎思而欲求它。[②]

　　与"我要实现某种目的"这个大前提相比，行为者在结论部分所宣称的那个抉择（即"我要采取某个行动"）常常更具体。但这只是两者的程度不同，却并未改变后者同样作为欲望的本质。因为，一方面，"抉择的来源就是欲望和一个朝向目的的推理"[③]；作为目的的大前提所具有的欲望性质，决定了最后作为抉择的结论部分"要么是希

---

①　Gareth Matthews, "Aristotle: Psychology", in Christopher Shields ed., *The Blackwell Guide to Ancient Philosophy*, Malden: Blackwell Publishing Ltd., 2003, p. 222.

②　Aristotle, *Nicomachean Ethics*, trans. by W. D. Ross, in Richard McKeon ed., *The Basic Works of Aristotle*, New York: Random House Inc., 2001, 1113a10－12.

③　Aristotle, *Nicomachean Ethics*, trans. by W. D. Ross, in Richard McKeon ed., *The Basic Works of Aristotle*, New York: Random House Inc., 2001, 1139a32.

望性质的理性（desiderative reason），要么是推理色彩的欲望（ratiocinative desire）"①。另一方面，"这种'抉择的'行动是行动者眼中完全合理的行动。这种行动是行动者在考虑了它们的价值和他们自己关于最好生活的看法之后，认为如果他们若想在整体上生活得好，就得去做的那种最好的或明智的事情"②。因此，"抉择"似乎就是行为者经由实践推理而获得的一种"无条件的应该"，它必将成为行为者接下来将会形成的具体欲望的一部分。③ 这也就是为什么实践三段论的结论部分同样可以被表述为一个关于欲望的命题。正是由于作为抉择的结论实际上是一个具体的欲望，所以，它才具备现实的激发性，能够决定行动的发生与否，从而构成行动的直接原因（虽然不是最终原因）。④

相比于欲望在结论位置上的功能，它在大前提位置上的作用更加关键。因为，后者根本性地决定着行为者的实践推理是否堪称好的推理，进而，根本性地决定我们能否将行为者视作一个具备并且正在使用实践智慧的人。"实践智慧不像数学中的理论计算，也不像对永恒存在者的纯粹静观，后者非善非恶……没有任何实践上的推论"，实践智

① Aristotle, *Nicomachean Ethics*, trans. by W. D. Ross, in Richard McKeon ed., *The Basic Works of Aristotle*, New York: Random House Inc., 2001, 1139b4.

② Gavin Lawrence, "Human Good and Human Function", in Richard Kraut ed., *The Blackwell Guide to Aristotle's Nicomachean Ethics*, Malden: Blackwell Publishing Ltd., 2006, p. 42.

③ 安斯库姆还指出，实践三段论的大前提即使包含"应当"这样的术语，我们也应该意识到，"至少就发明这个概念的亚里士多德所给出的那些论述而言，它们并不必然是伦理上的"。因为"它们是出现在日常语言中，而不是仅仅出现在道德哲学家所给出的那些'道德说教'的例子里"。作为"一个具有无限多的应用语境的相当松散的词语"，亚里士多德使用"应当"与其说是为了表达大前提的规范性，不如说是为了表达它的可欲性。参见 G. E. M. Anscombe, *Intention*, Cambridge, MA.: Harvard University Press, 1957, p. 71。

④ Aristotle, *Nicomachean Ethics*, trans. by W. D. Ross, in Richard McKeon ed., *The Basic Works of Aristotle*, New York: Random House Inc., 2001, 1139a32.

慧"除了依赖于从事在正确的抉择中达到完成的正确的筹划的计算能力外，还依赖于对目的的直觉"，所以"除非计算者是善的，否则计算不会是善的"。① 而这再次提醒我们，实践智慧必须要从"好的欲望"开始。实践智慧虽然在运用的过程中会表现为特定的实践三段论，但它却不等于现成的，仿佛任何人都可以拿来运用而不受其主体因素的特殊影响的逻辑工具。相反，只有品质优良的人从好的欲望出发来推演这种三段论，才能算作对实践智慧的运用。换言之，虽然每个人的实践理性都是通过感知具体事物并形成相应欲望而开始的，但是，只有实践智慧之人的实践理性，才是通过感知具体事物并形成"好的欲望"而开始的。对这样一位行为者来说，面对老人摔倒的情境，他所揭示和提炼的道德要求只会是"应当帮助老人"，他所形成的欲望与目的也只会是"我要帮助这位老人"，而不会是其他。

好的欲望绝非随意形成的。虽然我们强调欲望相对于目的的基础性（即在具体情境中任何目的都要通过欲望才能被确立为目的），但这不意味着我们会忽视欲望自身的依赖性和塑造性。② 好的欲望依赖于社会的习俗和教化，依赖于正确的和有声望的意见，依赖于行为者对什么是好目的的社会理解，更依赖于行为者在实践中经常会把哪些东西确立为自己的目的。③ 也就是说，它们既取决于行为者所处的社会环境长期以来把什么看作值得向往的东西，也取决于行为者本人在

① 罗森:《实践智慧或本体论：亚里士多德和海德格尔》，载聂敏里选译:《20世纪亚里士多德研究文选》，华东师范大学出版社2010年版，第446页。
② 甚至就连"性欲以及各式各样口腹之欲的经验，至少部分也是社会的产物"，它们"一直建立在社会的价值观教育的基础上"。这种社会教育"起初是外在的，但它们如此深刻地介入个人的知觉，以至于它实际上塑造和改变了欲望的经验"。参见 Martha C. Nussbaum, "Non－Relative Virtues: An Aristotelian Approach", in Martha C. Nussbaum, Amartya Sen eds., *The Quality of Life*, Oxford: Clarendon Press, 1993, p. 253。
③ Aristotle, *Nicomachean Ethics*, trans. by W. D. Ross, in Richard McKeon ed., *The Basic Works of Aristotle*, New York: Random House Inc., 2001, 1112a2.

这方面的认知、态度和实践。所以，要像一个有实践智慧的行为者那样从好的欲望出发，凭借好的欲望而确定当下情境所应实现的实践目的，行为者就必须在面临和应对这个情境之前，不断地观察、学习和理解伦理习俗所提供的道德要求与道德榜样，不断地进行操练和反思，将自己的欲望水平预先调适到一个恰当而稳定的程度上来，形成好的品质。这就是伦理美德的养成。

第六章　知觉与实践智慧

　　既然实践推理的大前提由欲望所确立的目的来承担，那么，行为者的欲望状态在介入一个具体的实践推理之前预先要被调节到恰当的状态上——行为者已然形成优良的品质（伦理美德）——就变得非常重要。然而，即便行为者已经做到这点，但如果他对当下情境的具体事实缺乏正确的知觉，那么，他的优良品质也仍可能处于潜在状态而无法在当下情境中得到激活，从而转化为一个现实的欲望，构成一个具体的目的。在这种情况下，行为者会因为对事实的无知而搞不清楚，当下是否就是一个应该运用和展示其优良品质的情境。不仅如此，即使行为者在当下情境形成了一个好的欲望，他也仍需探求用以实现该欲望的途径，即确立实践推理的小前提。对小前提的把握，更加依赖行为者的知觉以及长期基于知觉而形成的经验。因此，若要像一个有实践智慧的人那样卓越地开展实践推理，行为者就必须（至少）从上述两个方面出发来理解和对待知觉。

一、知觉与感觉

　　关于直觉的性质和功能，亚里士多德在《尼各马可伦理学》第八章中说过一段非常明确的话：

　　实践智慧显然不是科学；因为，正如说过的那样，实践智慧涉及最终的特殊事实，它是实践的对象。所以，实践智慧与努斯相反；因为努斯关乎那些没有理由的起点，而实践智慧涉及的是最终的特殊事物，它不是科学的对象，而是知觉的对象——不是对那些专属于某个感觉的性质的知觉，而是一种类似于当一个三角形出现在我们面前，我们能够觉察出这个特殊形状是三角形的知觉；因为，无论是在方向上还是对大前提来说，都会有一个终点。但这更多的是知觉而不是实践智慧，尽管它是另一种知觉，而不是对于为感觉所特有的性质的知觉。①

　　这段话常常被人引用，以证明实践智慧的发挥依赖于知觉的运用。但是，这里的"知觉"（1）为什么"不是对那些专属于某个感觉的性质的知觉"？（2）它在什么意义上"是一种类似于当一个三角形出现在我们面前，我们能够觉察出这个特殊形状是三角形的知觉"？对于这两个问题，仍需进一步的说明和澄清。因为，它们涉及知觉与感觉的区分以及知觉的基本特征。

　　在亚里士多德著作广为接受的英译本中，这里所说的"知觉"和"感觉"被分别译作 perception 和 sense，但它们在希腊文中却是同一个词，即 aisthēsis。这说明，"知觉"与"感觉"具有基本的同源性，它们所指称的心理现象虽不完全相等，但至少存在某些相似性而可以被归为同一类。同时，这也说明，"aisthēsis"一词本来就包含多重含义。所以，它才会在亚里士多德的使用过程中，用以指称两种心理过程。虽然基于现代语言的丰富性，我们如今可以凭借不同术语而更为精确

---

① Aristotle, *Nicomachean Ethics*, trans. by W. D. Ross, in Richard McKeon ed. , *The Basic Works of Aristotle*, New York: Random House Inc. , 2001, 1142a22 - 31.

地翻译和表述二者，但在亚里士多德那里，他却不得不通过进一步的解释和类比的方式，来揭示同样被写作"aisthēsis"的"知觉"与"感觉"之间的微妙差异。

根据亚里士多德的解释，在基础的意义上，"感觉"是指行为者凭借感觉器官而形成的关于事物的某些具体性质的认识，亦即，他在上面这段话所说的"对那些专属于某个感觉的性质的知觉"。其中包括行为者通过肢体、眼睛、耳朵、口舌、鼻子等器官，凭借触觉、视觉、听觉、味觉、嗅觉等能力，而获得的关于硬或软、黑或白、噪或静、苦或甜、香或臭等的感觉经验。所以，感觉必定是具体的或个别的——一种感觉对应着一类性质，并且只以这一类性质作为自己的专属对象。因此，感觉是行为者对于事物的某一具体方面的把握，它使得行为者能够获得关于对象的某一方面的信息，所以又被称作"具体感觉"（idia aisthēsis）。①

感觉的具体性不仅体现在它针对事物的具体性质上，更重要的是，它必定也只能针对具体的事物。在这一点上，知觉与感觉面临同样的对象，即亚里士多德所说的"最终的特殊事物"。所以，知觉同样具有"特殊性"或"具体性"。然而，与感觉不同，知觉不是通过感官来获取关于具体事物的局部信息，而是在感觉的基础上形成关于具体事物的整体认知。这种"整体性"虽以感觉为基础，却不等于后者的简单相加。或者说，知觉不能被简单地理解为将各种感觉所提供的局部信息集合起来的那种"感觉的汇合物"。

在亚里士多德看来，首先，人类灵魂中并不存在一种专门用于统合各项感觉的感官或机制，所以，将不同方面的感觉联系起来并整合

---

① 乔纳森·巴恩斯编：《剑桥亚里士多德研究指南》，廖申白等译，北京师范大学出版社 2015 年版，第 246、249 页。

为来自同一事物的经验，这只是因为不同感觉的同时发生而造成的偶然联系："各项感觉偶尔会觉察彼此的特殊对象。这不是因为有这个或那个具体的感觉充当了这种具有洞察力的感觉，而是因为所有的感觉形成了一个整体：只要感觉在同一时刻指向同一对象的两种不同性质，比如，胆汁的苦味和黄色，就会出现这种偶然的感知；而断言两种性质属于同一事物，却是任何一种感觉都无法做到的。"① 其次，即便一个行为者接收到来自不同方面的感觉材料，它们也仍然是关于这个事物的感性特征的聚集，而不足以提供关于它的类属性质（genus）的信息。比如说，我可以通过触觉知道眼前的这个事物是液态的，通过视觉知道它是棕褐色的，通过味觉知道它是甜的，通过嗅觉知道它是无气味的，甚至我还可以借助其他生理器官和生理反应知道它是带气泡的。但是，如果我缺乏相关的知识或经验，那么，就算这些性质汇集到一起，就算它们是同时汇集从而使我断定它们来自同一事物（即使我断定眼前确实有这么一个液态的、棕褐色的、甜的、无气味的、带气泡的事物存在），我也仍然无法做出"这就是可乐"的判断。因为，作为眼前这个事物的类属特征，"可乐"是无法通过我的感觉器官而识别出来的。无论我如何整合经由感官所提供的感觉信息，也不可能从中捻出一个"可乐"的概念来。真正让我在面对眼前这个事物时能够脱口而出"这就是可乐"的，其实是与上述具体感觉相区别的另一种心理机制，即知觉。② 所以，知觉的整体性，不在于它可以对某个事物的具体表征进行多方汇聚，而在于它可以对这个事物的类属关系予

---

① Aristotle, *On the Soul*, trans. by J. Smith, in Jonathan Barnes ed., *The Complete Works of Aristotle*, Vol. 1, Princeton: Princeton University Press, 1991, 425a30 - b4.

② 参见（1）David Sanford, "The Primary Objects of Perception", *Mind*, Vol. 85, No. 338 (1976), p. 199;（2）Timothy Chappell, "Moral Perception", *Philosophy*, Vol. 83, No. 326 (2008), pp. 425 - 427。

以整体把握。[①] 正是在这个意义上，知觉被称作"共同感觉"（coinē aisthēsis）。"所谓共同感觉，在亚里士多德的意义上就是有机生命体对于对象的直接的感觉整体，这种感觉是对于对象的属的感觉，而不是像视觉、听觉等等那样的个别的感觉。"[②]

"整体性"当然是知觉区别于感觉的最明显特征，但它还不是亚里士多德这段话所揭示的最关键特征。因为，这里还需要弄清楚的是："一种类似于当一个三角形出现在我们面前，我们能够觉察出这个特殊形状是三角形的知觉"，这究竟是什么意思？试想，如果我已经知道"三角形是由不在同一直线上的三条线段'首尾'顺次连接所组成的封闭图形"，也就是说，如果我们已经有了关于三角形的类属性质的经验或知识，那么，我要识别出眼前的图案是三角形，难道还有什么困难的吗？

诚然，如果行为者已经具备这方面的知识，那么，当他面对一个由三条边、三个角组成的图形时，他理应立刻得出"这是三角形"的结论。但是，亚里士多德的意思似乎没有这么简单。因为，在解释这种心理状态时，他紧接着指出："无论是在方向上还是对于大前提来说，都会有一个终点。"这表明，一个行为者关于"这个图形就是三角形"的知觉，并非他在面对一个简单图形时所形成的直接判断，而是当他在面对某个复杂图形时，经过分析而达到的"终点"。换言之，行为者不是在面对一个单独的形状，而是需要从复杂的形状甚或实物

---

① John Cooper, *Reason and Human Good in Aristotle*, Cambridge: Harvard University Press, 1975, pp. 33 - 34.

② 亚里士多德：《尼各马可伦理学》，廖申白译，商务印书馆 2003 年版，第 179 页，脚注 5。亚里士多德在《感觉与感觉对象》中极为简要地涉及了这种特殊感觉的心理基础。参见 Aristotle, *Sense and Sensibilia*, in Jonathan Barnes ed., *The Complete Works of Aristotle*, Vol. 1, Princeton: Princeton University Press, 1991, 449a12 - 13。

（比如，建筑物）中经过分析而辨识这个特殊形状来。① 用现代心理学的话来讲，"知觉"就是要将对象从背景中区分出来，使之成为一个单独的统一体。②

因此，就像"数学家为了搞清楚如何建构一个复杂图形……他会分析这个图形，直到他找出能够用工具直接画出更简单的图形"③ 那样，一个有实践智慧的行为者为了实现他在复杂情境中的目的，也必须"进行调查和分析，就好像他正在分析某个几何图形"，直至他能够得到那个最终的特殊物（具体的情境状况）。而他所获得的最终的特殊物（三角形或具体的情境状况），恰恰是该行为者接下来在图形建构或实践推理的过程中最先涉及的东西。④ 不仅如此，同样就像数学家在复杂的图案中判断三角形的那个知觉过程往往是在瞬间完成的那样，一个有实践智慧的行为者在复杂情境下对"最终的特殊事实"的性质的把握，也常常是直接的和即时的。而且，他的实践智慧越纯熟，那么他的知觉的直接性和即时性便越明显。

概言之，"关于几何图形的知觉"之所以被亚里士多德拿来同"关于实践对象的知觉"进行类比，关键原因就在于——它们不仅都是（1）针对具体事物的判断，而且都是（2）针对具体事物之类属性

---

① C. D. C. Reeve, *Practice of Reason: Aristotle's Nichomachean Ethics*, Oxford: Clarendon Press, 1992, p. 69.

② 黄希庭、郑涌：《心理学十五讲》，北京大学出版社 2014 年版，第 129 页。

③ C. D. C. Reeve, "Aristotle on the Virtues of Thought", in Richard Kraut ed., *The Blackwell Guide to Aristotle's Nicomachean Ethics*, Malden: Blackwell Publishing Ltd., 2006, p. 208.

④ Aristotle, *Nicomachean Ethics*, trans. by W. D. Ross, in Richard McKeon ed., *The Basic Works of Aristotle*, New York: Random House Inc., 2001, 1112b20 – 24. 亚里士多德之所以以三角形为例，很可能是因为在他的几何观念中，三角形就是知觉所能达到的最简单的图形。至少在《灵魂论》中，有两处地方反映了这一点。参见 Aristotle, *On the Soul*, trans. by J. Smith, in Jonathan Barnes ed., *The Complete Works of Aristotle*, Vol. 1, Princeton: Princeton University Press, 1991, 414b21 – 22, 414b30 – 31。

质的整体判断；不仅都是（3）在复杂的情形中对于这个事物与整体情况之间关系的分析洞察，而且都是（4）一种直接的和即时的分析洞察。① 正是基于同样的"具体性""整体性""分析性"和"直接性"，行为者在运用实践智慧的过程中所涉及的那种知觉，才能被说成是"一种类似于当一个三角形出现在我们面前，我们能够觉察出这个特殊形状是三角形的知觉"。对于知觉的这四种基本属性，具体性和直接性使其与感觉颇为相似，而整体性和分析性又使二者有所区分。如果考虑两者的同源性，我们当然可以说，知觉是一种特殊的或高阶的感觉。但为了更精细地表述两者的差异，最好还是让它们分别指称两种不同的心理机制。

二、知觉与慎思

一个具有实践智慧的行为者的实践推理——好的慎思——不仅包含好的欲望，也涉及好的知觉。好的欲望意味着行为者以某种善作为目的，在慎思的逻辑结构中构成行为者的大前提。相应的，好的欲望还需要行为者以谋求和判定某种事物作为手段，在慎思的逻辑结构中构成行为者的小前提。而好的知觉，既有助于好的欲望的形成（大前提），也有助于好的欲望的实现（小前提）。所以，好的知觉，对于好的慎思来说，乃是不可或缺的，它至少在两个重要的方面作用于

---

① 支持这种看法的评论者认为，通过知觉"识别出那是一杯可以饮用的水，并不只是知道了它所属的'类'，而是知道它具有可以满足行动需求的那种事物的属性。仅仅知道那是水与知道那是现在可以饮用的水，是不同的认知结果。从性质上讲，前者是一种客观的事实性认知，后者则是出于主观的实践目的的认知，是一种实践知识。所以，相关于具体事物的实践智慧，首要的能力就是能够认识到该事物对于实践活动的意义所在，也就是它在实践活动中的作用或功能"。参见刘宇：《实践智慧的概念史研究》，重庆出版社2013年版，第114—115页。

慎思。①

　　如前所述，当一个行为者身处某个情境时，他的思维必定是从关于当下情境的具体事实开始的。也就是说，首先映入他的眼帘和脑海中，也是他必须首先洞察和把握的内容是，当下情境到底涉及哪些人，涉及哪些事，涉及哪些价值，以及，它大致属于何种类型的情境。对这些"最终的可变的特殊事实"有所知觉，才是行为者实践理性的起点。② 而只有卓越地运用自己的知觉能力，识别当下情境的整体状况及其属性，并将需要处理的关键问题从背景中分析出来，行为者才能理解当前情境到底涉及哪些价值或规范。对一个有实践智慧的人来说，从这个环节开始，他便会展现优秀的特征，亦即，准确全面地觉察相关事实。比如，在先前所举出的那个帮助摔倒老人的例子中，行为者的知觉首先会形成（至少）如下四个具体判断：（1）这是一位老人；（2）这位老人摔倒了；（3）这位老人无法依靠自己的力量站起来；（4）现在没有其他人可以帮助他站起来。

　　人们常常以为，面对上述事实，一个有实践智慧的行为者会立刻形成"我要帮助这位老人"的行动目标。这种看法虽然没有太大问题，在道理上说得通，在实际中也往往如此表现，但其中一些重要环节却被省略了。因为，知觉始终是关于事实的判断，而不是关于规范的判断。此时，在上述若干事实的基础上，知觉所能进一步提供的只是一个整体性事实，即"这位老人需要帮助"。这是行为者的知觉在

---

①　C. D. C. Reeve, "Aristotle on the Virtues of Thought", in Richard Kraut ed., *The Blackwell Guide to Aristotle's Nicomachean Ethics*, Malden: Blackwell Publishing Ltd., 2006, p. 208.

②　Aristotle, *Nicomachean Ethics*, trans. by W. D. Ross, in Richard McKeon ed., *The Basic Works of Aristotle*, New York: Random House Inc., 2001, 1143b4.

当前情境中向他凸显的基本内容。^① 至于说，这位有实践智慧的行为者之所以在形成这种知觉的同时，又形成"我要帮助这位老人"的行动目标，那是因为，他本人事先已在习俗中接受了"帮助老人"的道德要求，内化形成了"我要帮助老人"的稳定倾向，时刻准备践行"尊老助老"的伦理美德。^②

所以，当且仅当一个行为者具有实践智慧从而具有伦理美德时，他才会因为在当前情境中知觉到"这位老人需要帮助"这一事实，而在自己已经具备的美德倾向中激活"我要帮助老人"的欲望^③，进而得出"我要帮助这位老人"这个具体的行动目标。用实践三段论来表述就是：

大前提：我要帮助老人。

小前提：这位老人需要帮助。

---

① C. Starkey, "On the Category of Moral Perception", *Social Theory and Practice*, Vol. 31, No. 1 (2006), pp. 77–79.

② Justin P. McBrayer, "A Limit Defense of Moral Perception", *Philosophical Studies*, Vol. 149, No. 3 (2010), pp. 308–309.

③ 无论是把大前提在逻辑上理解为全称命题（普遍知识）还是在心理上理解为欲望，知觉与大前提之间的关系都是如此。有评论者指出："每当涉及实践推理时，一个总是真实的情形是，我们首先识别到某些特殊的情境，然后才会有意识地去选择、运用和激活相关的一般知识。……比如，尽管我总是有一个一般的知识，即没有人被允许打他自己的父亲，这个知识却总需在适当的情境中得到我的注意：如果我没有意识到眼前这个人就是我的父亲，那么在此时，那个一般知识就不会正好作为我不被允许打这个人的理由而被我意识到，更不会在我的实践推理中发挥作用。""一个大前提知识有它自身的真值，也有它对特殊情境（表现在小前提中）的相关性和可运用性。如果我此时不知道眼前这个人就是我的父亲，那么我也就不知道'没有人被允许打他自己的父亲'这个一般知识跟我目前的情境发生了关联。……因为，这个知识跟我现在所处的特殊情境没有什么被注意到的、对这里所要求的实践推理而言有效的关联。这个观察揭示，在一定程度上，一般知识也许有赖于对特殊情境的感知或理解，才能有效地充当某个实践推理的大前提。甚至可以说，就伦理判断和伦理行动而言，一般知识与特殊情境的相关性比它自身的真值具有更大的重要性，或者起码与后者同等重要。"参见卢华萍：《苏格拉底与亚里士多德论意志软弱》，《外国哲学》第17辑，商务印书馆2005年版，第103页。

　　结　论：我要帮助这位老人。

　　如前所述，在这里如果要进一步论证"我要帮助老人"的必要性与正确性，那么行为者可以不断上溯，通过诉诸这项道德要求"有助于我成为高尚的人"乃至最终"有助于我实现幸福"，而给出一种目的论的证明：

　　　　大前提：我要成为高尚的人。
　　　　小前提：帮助老人有助于我成为高尚的人。
　　　　结　论：我要帮助老人。

　　以及（如果有必要的话）：

　　　　大前提：我要实现幸福。
　　　　小前提：成为高尚的人有助于我实现幸福。
　　　　结　论：我要成为高尚的人。

　　显然，在逻辑上，上述三个实践三段论的顺序应该是这样的：

　　　　大前提（I）：我要实现幸福。
　　　　小前提（I）：成为高尚的人有助于我实现幸福。
　　　　结　论（I）：我要成为高尚的人。

　　　　大前提（II）：我要成为高尚的人。
　　　　小前提（II）：帮助老人有助于我成为高尚的人。
　　　　结　论（II）：我要帮助老人。

大前提（III）：我要帮助老人。

小前提（III）：这位老人需要帮助。

结　论（III）：我要帮助这位老人。

然而，在时间顺序上（而不是在逻辑顺序上），行为者的实践推理是从第 3 个三段论——更精确地说，是从第 3 个三段论的小前提——开始的。至于第 1 个和第 2 个三段论，以及，同时充当第 2 个三段论的结论和第 3 个三段论的大前提的那个关于"帮助老人"的规范命题，实际都是行为者在当下开展实践推理的"预备阶段"。在心理上，它们构成了行为者的伦理美德，积淀为随时可能被激活的欲望倾向。除非专门有必要论证"帮助老人"何以正确，否则，在一般情况下——在社会习俗已将"帮助老人"列为正确的行动方式，并且行为者也已接受这一点的情况下——他无须为了证明他此时开展的这个实践三段论（即第 3 个三段论）的大前提而不断上溯，以至于每次都要从头（实现幸福）开始。所以，在"我要帮助老人"已构成一个有实践智慧的行为者的欲望倾向的条件下，一旦知觉给出"这位老人需要帮助"的事实，那么，他便可立即形成相应的行动目标，即，第 3 个三段论的结论——"我要帮助这位老人"。① 人们之所以误以为一个有实践智慧的行为者能

---

①　当然，在现代道德哲学中，这种欲望也有可能以某种得到广泛认可的一般规则的形式出现。但即便如此，知觉相对于它们的优先性也仍然存在。就像纳斯鲍姆（Martha C. Nussbaum）所说的那样："亚里士多德主义的美德涉及一种在一般规则与对具体的灵敏意识之间的精致平衡，在这个过程中，正如亚里士多德所强调的那样，对具体的知觉是更为优先的。它的优先性表现在，一条好的规则是对明智的具体选择的一次好的总结，而不是最后需要诉诸的法庭。就像在医术和航海术中的各种规则一样，伦理规则根据新的环境而不断得到修正；而且，好的行为者必须因此培养自己正确、精细而真实地感知和描述自身处境的能力，其中就包括那种对甚至连现有的规则都无法覆盖到的情境特征在知觉上加以把握的能力。"参见 Martha C. Nussbaum, "Non‑Relative Virtues: An Aristotelian Approach", in Martha C. Nussbaum, Amartya Sen eds., *The Quality of Life*, Oxford: Clarendon Press, 1993, p. 257。

够直接从事实中推出行动目标，就是因为他们没有注意到，在此之前，其实已经有一个"我要帮助老人"的欲望倾向储存于行为者的主观动机集合之中了。这也再次说明，在行为者形成当下的行为目标的过程中，知觉确实起到了非常重要的激发作用：它是如此活跃、如此引人注目，以至于人们往往忽略了那个作为大前提的一般欲望倾向的存在。①

　　只有当知觉通过激发一个行为者的欲望倾向而使得他确立了当下的行动目标后，这个行为者才进入到严格意义的慎思过程中，即寻求用于实现"帮助这位老人"这一目标的手段或途径。由此得出的三段论是：

　　大前提（IV）：我要帮助这位老人。

　　小前提（IV）：扶起这位老人就是帮助这位老人。

　　结　论（IV）：我要扶起这位老人。

　　实际上，第 1 个、第 2 个乃至第 3 个三段论，即便在当下情境确实发生，也往往需要通过"还原"或"复盘"而呈现出来。与它们相比，只有第 4 个三段论才是行为者在当下情境中最为明显和完整的实践推理过程。此时，知觉将在小前提的位置上发挥作用，围绕当下情境的可行性条件与行为者所欲实现的行动目标之间的关系做出判断。

　　而它之所以能够承担这项任务，关键就在于知觉的分析性。亚里士多德指出，行为者在慎思中，"如果看起来有几种手段，那么他们就考虑哪种手段能够最容易和最好地实现目的，而如果只有一种手段，

---

　　① 知觉不仅促使行为者形成具体的欲望，它与欲望之间的关系还表现在，在社会教化和社会经验的意义上，总体的欲望（即，幸福）也是建立在知觉的基础上的。有评论者就指出，"由于幸福是某种普遍物……因此，就像我们达到所有的普遍物一样，我们是从关于具体事物的那种涉及理解的知觉出发，通过归纳而达到的"。参见 C. D. C. Reeve, "Aristotle on the Virtues of Thought", in Richard Kraut ed., *The Blackwell Guide to Aristotle's Nicomachean Ethics*, Malden: Blackwell Publishing Ltd., 2006, p. 204。

那么他们考虑的就是怎样利用这一手段去达到目的，以及，这一手段又需要通过什么手段来获得"①，直至获得"最终的特殊事实"。而这种特殊事实，只能是知觉的对象，而不是慎思的对象。② 也就是说，当且仅当一个行为者通过知觉而拥有关于最终的特殊事实的正确信息（既包括关于它的类属性质的信息，也包括关于它同所欲实现的目标之间关系的信息）时，行为者的目的才能得到满足，他的行动才堪称正确的行动。正如亚里士多德举例所说的那样："一个只知道白肉易于消化且有益健康，却不知道什么类型的肉食是白肉的人，是不会获得健康的；而那个知道禽肉有益健康的人则会更好地获得健康。"③ 因为，后者的知觉为他额外提供了一个重要的事实判断："禽肉就是一种白肉。"④

---

① Aristotle, *Nicomachean Ethics*, trans. by W. D. Ross, in Richard McKeon ed., *The Basic Works of Aristotle*, New York: Random House Inc., 2001, 1112b17 – 19.

② "具体的事实，比如，这是不是一块面包，或者，它有没有按照应该的方式被烤好，也不是慎思的对象；因为这些东西是知觉的对象。如果我们一直慎思下去，我们将不得不陷入无穷。"Aristotle, *Nicomachean Ethics*, trans. by W. D. Ross, in Richard McKeon ed., *The Basic Works of Aristotle*, New York: Random House Inc., 2001, 1113a1 – 3.

③ Aristotle, *Nicomachean Ethics*, trans. by W. D. Ross, in Richard McKeon ed., *The Basic Works of Aristotle*, New York: Random House Inc., 2001, 1141b18 – 21.

④ Aristotle, *On the Soul*, trans. by J. Smith, in Jonathan Barnes ed., *The Complete Works of Aristotle*, Vol. 1, Princeton: Princeton University Press, 1991, 434a16 – 22. 宝拉·高特里布（Paula Gottlieb）根据亚里士多德的这种说法来描述其实践三段论。比如，"大前提：健康的人应该吃白肉。小前提：我是一个健康的人；这是鸡肉。结论：我应该吃鸡肉"。然而，这种描述的问题在于：第一，它实际上将三段论变成了"四段论"，因为小前提是由分别表达两层意思的两句话组成的。第二，如高特里布自己意识到的那样，亚里士多德其实承认，"行动者并不会去细想前提中'我是一个人'的部分。……因为看起来最不合理的事情就是，行动者老惦记着'我是一个人'"。第三，同样的，对美德之人来说，如果他在每次慎思过程中还要提醒自己"我是一个慷慨的人"或"我是一个公正的人"，那么，这要么证明他总是遇到非常棘手的困境，要么只能说明他其实并非美德之人。概言之，行动者的美德在实践推理中确实具有重要的解释作用，但这种解释作用不是在那个关于最终实施何种行动的三段论（即，第4个三段论）里出现的，而是在他一开始接触这个情境并通过知觉激活自身美德倾向从而得出当下实践目的的那个三段论（即，第3个三段论）中出现的。而且，即便在这个过程中，"我是一个如此这般的人"也只是作为推理的背景而不是作为推理的命题出现。参见宝拉·高特里布：《实践三段论》，载理查德·克劳特编：《布莱克维尔〈尼各马可伦理学〉指南》，刘玮、陈玮译，北京大学出版社2014年版，第238—243页。

概言之，慎思的成功与否，取决于知觉是否为行为者构造了正确的大前提，以及是否为行为者提供了正确的小前提。知觉虽不等于慎思，但它在慎思中却发挥着关键的作用。评论者指出，缺乏实践智慧的人"不仅是对危险反应过激，他之所以如此反应，是因为他将小危险错误地知觉为大危险……相反，拥有实践智慧者的知觉则既不会高估也不会低估他所面对的危险，因为他的恐惧处于适度状态。事实上，在最终的分析中，他的知觉为正确性树立了标准"①。因此，我们"似乎要有一些基于知觉的判断，通过某种方式，参与到应该做什么的决定中来，而这除了需要对普遍事物的理论性理解，还需要某种建立在知觉基础上的把握真理的途径"②。

三、知觉与直觉

前面说过，除了整体性和分析性之外，知觉还具有即时性或直接性的特征。尤其是对一个有实践智慧的行为者来说，如果他不能迅速判断出眼前这位躺在地上的老人是一位需要帮助的老人，如果他还需要耗费思考才能确认"扶起这位老人"才是帮助他的有效手段，那么，我们很难承认他会是一位有实践智慧之人。至少，我们会认为他的实践智慧"不纯熟"，他还不是那么的"有实践智慧"。③ 如亚里士

---

① C. D. C. Reeve, "Aristotle on the Virtues of Thought", in Richard Kraut ed., *The Blackwell Guide to Aristotle's Nicomachean Ethics*, Malden: Blackwell Publishing Ltd., 2006, p. 209.

② Chris Bobonich, "Aristotle's Ethical Treatises", in Richard Kraut ed., *The Blackwell Guide to Aristotle's Nicomachean Ethics*, Malden: Blackwell Publishing Ltd., 2006, p. 18.

③ 现代心理科学中的人格心理学也持有类似看法："道德人格是也理应是建立在直觉过程中。也就是说，理想状况下，一个具有美德的人，他在做出道德行为时，必然像亚里士多德所假设的那样，是心理和谐毫无冲突的，他们会快速、无意识也毫不费力地做出良善行为，他们不需要花费自己的认知资源去克服自己的心理欲望并减轻自己的紧张状态。"参见喻丰等：《道德人格研究：范式与分歧》，《心理科学进展》2013 年第 11 期。

多德所说，"有的人可能要花很长时间的慎思才能获得善，而另外的人却可以迅速地获得。在前一种情况中，我们其实并没有达到好的慎思"①。这说明，在很大程度上，亚里士多德主义不仅要求行为者的知觉应当准确，而且要求其知觉应当迅捷。此时，知觉将表现为直觉。或者说，直觉是知觉的"升级版"。对于直觉与知觉之间的一致性，亚里士多德明确指出：

> 所有实践事务都是特殊的或终极的……而直觉（努斯）从两个方向涉及这些终极的事务；因为，起点和终点都是直觉的对象而不是论证的对象，并且，在演绎证明中，直觉（努斯）把握的是不变的起点，而在实践推理中，直觉（努斯）把握的是最终的可变的事实，即小前提。这些可变的事实就是理解目的的起点，因为普遍的东西就出于具体；对于这些具体的东西，我们必定有所知觉，而这种知觉就是直觉（努斯）。②

在这里被英译者译作"直觉"（intuitive reason）的东西，就是亚里士多德笔下的"努斯"（noūs）。③ 作为灵魂求真的五种基本方式之一，努斯是行为者对于推理或论证的初始原点的直观把握。④ 因此，如同行为者在理论推理中是通过努斯来直接把握整个演绎体系的第一原理那样，在实践推理中，行为者也是通过努斯来直接把握整个实践思

---

① Aristotle, *Nicomachean Ethics*, trans. by W. D. Ross, in Richard McKeon ed., *The Basic Works of Aristotle*, New York: Random House Inc., 2001, 1142b26 – 28.

② Aristotle, *Nicomachean Ethics*, trans. by W. D. Ross, in Richard McKeon ed., *The Basic Works of Aristotle*, New York: Random House Inc., 2001, 1143a32 – 1143b6.

③ Ingram Bywater ed., *Aristotelis Ethica Nicomachea*, Cambridge: Cambridge University Press 2010, pp. 125 – 126.

④ Aristotle, *Nicomachean Ethics*, trans. by W. D. Ross, in Richard McKeon ed., *The Basic Works of Aristotle*, New York: Random House Inc., 2001, 1140b32 – a8.

维的起始之处，即当前情境中的具体事实。在这个意义上，直觉的内涵和功能几乎与知觉完全一致，只不过，它在迅捷程度上理应更胜一筹。

一方面，直觉比知觉更加迅速甚至直观地促使行为者捕获事实，即毫无迟疑地、近乎直接地洞察当下情境的具体事实及其类属性质。此时，只要行为者品质优良，那么，他就会立刻确认他在当下情境所应实现的行动目标并作为实践三段论的大前提。而且，直觉所具有的强烈的直接性和即时性，使得行为者在此过程中不仅显得"不假思索"，而且显得他的优良品质更加鲜明、纯正。所以，毫不奇怪，亚里士多德在讨论"勇敢"美德时说："面对突发的危险表现出无畏和不受搅扰，似乎比在可以预料的危险面前做出此种表现更加勇敢……因为如果一个行动是可以预料的，那么我们也可能通过理性和理性的计算而以慎思的方式选择去做，但是，由瞬间的刺激引发的行动则表现了我们的品质。"①

另一方面，直觉比知觉更加迅速甚至直观地使得行为者获得用于实现行动目标的手段，即毫无迟疑地、近乎直接地给出实践三段论的小前提。如同对几何的直觉能够帮助数学家即刻识别出复杂结构中的那个最简单的"三角形"一样，实践的直觉也能够帮助行为者即刻洞察出复杂情境中那个最终的"手段"。而一旦小前提在直觉的作用下变得如此迅捷，以至于行为者几乎是在形成大前提的同时便形成了小前提，那么，实践推理的结论自然也会在瞬间产生。亚里士多德曾说："如果散步对人来说是好的，那么推理不会在'他是人'这一点上浪

---

① Aristotle, *Nicomachean Ethics*, trans. by W. D. Ross, in Richard McKeon ed., *The Basic Works of Aristotle*, New York: Random House Inc., 2001, 1117a18－22.

费时间。"① 可见，在小前提是由直觉而不是由一般的知觉所提供的情形下，行为者将会以近乎跨越的方式来完成他的慎思。

直觉的迅捷性不仅引起实践推理的量变（节奏变快，时间变短），而且似乎引起了质变。至少，人们容易产生这样的感受，即在直觉状态下，行为者一旦进入某个情境便会立即做出反应，仿佛无须诉诸任何慎思。②

然而，实际的心理过程并非如此。因为，如前所述，即便对一个有实践智慧的行为者来说，就算他无须在具体情境中每次都诉诸第 1 个和第 2 个三段论，也至少需要展开第 3 个和第 4 个三段论。而这个过程，首先是从第 3 个三段论的小前提开始的（环节 1）。随后，凭借长期积淀的欲望倾向，行为者激活第 3 个三段论的大前提（环节 2）。

---

① Aristotle, *Movement of Animals*, trans. by A. S. L. Farquharson, in Jonathan Barnes ed., *The Complete Works of Aristotle*, Vol. 1, Princeton: Princeton University Press, 1991, 701a26 – 29.

② 这种将"直觉"同慎思或其他形式的推理对立起来的理解方式，非常常见。根据这种理解，直觉不仅不涉及推理的环节，甚至不涉及推理本身，而是与推理相并列的另一种实践思维模式。现代社会心理学的"双加工理论"（dual‑process model）就是这样一种将直觉与推理并立起来的看法，该理论认为："人类面临情境刺激时有两种加工系统，一类是直觉的加工系统，一类是推理的加工系统。直觉系统的信息加工是快速、自动化、不需要努力且通常和情绪有关，而推理系统的信息加工是缓慢、受控、需要投入努力且通常和情绪无关；直觉系统能够平行加工大量信息，且是基于联结的，但要形成这样的联结便需要缓慢的学习过程；但推理系统只能系列加工少量信息，且它是基于一定规程的，要习得这样的规则则相对比较灵活。"有心理学研究者据此认为，美德作为一种品质，"便是在直觉系统上起作用，而并非在推理系统上起作用"。乔纳森·海特（Jonathan Haidt）关于道德判断的社会直觉主义模型（social intuitionist model）就是这种理论的代表。参见（1）Jonathan Haidt, "The Emotional Dog and Its Rational Tail: A Social Intuitionist Approach to Moral Judgment", *Psychological Review*, Vol. 108 (2001)；（2）彭凯平等：《实验伦理学：研究、贡献与挑战》，《中国社会科学》2011 年第 6 期。受心理学研究的影响，一些伦理学者也提出了相应的看法。比如，诺米·阿帕里（Nomy Arpaly）在《无原则的美德：探寻道德能动性》一书中试图根据观察和心理学研究的证据指出，人们其实可以无须慎思而合理地行动，也可以有所慎思但不合理地行动。参见 Nomy Arpaly, *Unprincipled Virtue: An Inquiry into Moral Agency*, Oxford: Oxford University Press, 2003。

接着，在综合前两环节的基础上，行为者推出第 3 个三段论的结论并构成第 4 个三段论的大前提（环节 3）。进一步地，他的知觉将为他提供用以匹配这个大前提的第 4 个三段论的小前提（环节 4）。最后，他将在环节 3 和环节 4 的基础上得出作为最终行动选项的第 4 个三段论的结论。如果沿用前面那个帮助老人的例子，我们可以说，上述思维过程是这样的：

(1) 小前提（III）：这位老人需要帮助。

(2) 大前提（III）：我要帮助老人。

(3) 结 论（III）／大前提（IV）：我要帮助这位老人。

(4) 小前提（IV）：扶起这位老人就是帮助这位老人。

(5) 结 论（IV）：我要扶起这位老人。

与一般的知觉一样，直觉在这个过程中也主要是在环节 1、环节 4 这两个小前提的位置上发挥作用。但由于其令人惊讶的直接性，环节 2 和环节 3 的即时程度也得以大大提升。因此，只要没有其他的阻碍，那么，行为者尤其是具有实践智慧的行为者将毫不费力地、近乎瞬间地完成从（1）到（5）的推理过程，以至于旁观者常常因为这种"跨越式发展"而忽略了其中（2）（3）（4）的存在，还以为整个过程仅仅包含着环节 1 和环节 5。甚至就连该行为者本人，也可能需要事后的某种"还原"，才能意识到自己当时到底是怎样运思的。①

---

① "就像勇敢者在突发情况中那样，如果我们立即看出来应该做什么，那么对我们来说，再去慎思就恰恰是愚蠢的。但是，如果就此得出结论说，我们可以在没有预先慎思的情况下行动，则又是错误的。" 真正恰当的看法是："在具有美德的状态下，由瞬间刺激引发的行动，在间接的意义上是此前的慎思和慎思抉择的结果。" 参见 C. D. C. Reeve, "Aristotle on the Virtues of Thought", in Richard Kraut ed., *The Blackwell Guide to Aristotle's Nicomachean Ethics*, Malden: Blackwell Publishing Ltd., 2006, pp. 209 - 210。

直觉所带来的"跨越式发展"并不是"跳跃式发展"。因为，这里并没有任何必要的心理环节由于直觉的出现而被省略。只不过，在直觉条件下，有些环节确实会因其不可思议的迅捷性而变得难以观察，稍纵即逝。但无论如何，它们总是可以被还原的；而且，这种还原还可以得到合理的解释。在这个意义上，直觉虽然看起来神秘，但它并非一种不可分析的或无法理解的心理功能，更谈不上是一种与推理相对立的心理机制。① 因此，那些将直觉等同于自然本能或生理反应的非理性主义看法，并不准确。毋宁说，作为知觉的特殊形态，直觉是实践推理的加速器和强心针。好的直觉可以成为好的实践理性的重要构件。甚至可以讲，只有当知觉达到直觉的程度，行为者的实践理性才算得上是趋于卓越而堪称实践智慧。② 因此，我们不仅应当尊重和赞赏那些具有良好直觉的行为者，而且应当积极谋求直觉的形成原因与获取途径，以利于实践智慧的高效运行。

事实上，无论知觉还是直觉，只有经过长期训练和实践的行为者才能恰当地加以运用。③ 因为，迅捷而成功的实践推理在于平时的习俗教化与知识经验，而不在于一时的灵光乍现或运气眷顾。即便行为者看上去受惠于后者，那也是因为有源于前者的经验基础作为保证。④

---

① 参见（1）Lawrence Blum, *Moral Perception and Particularity*, New York: Cambridge University Press, 1994, pp. 47 – 48;（2）Timothy Chappell, "Moral Perception", *Philosophy*, Vol. 83, No. 326（2008）, pp. 428, 433。

② 赫斯特豪斯说："任何世俗的道德理论都依赖于一系列为人所偏爱的道德直觉而不是别的什么东西。如果我们在某个领域的判断极为清晰和连贯，那么，只要我们愿意，我们就可以将它们总结为一条规则——但是，我们并不必定因而需要理论所提供的指南。"参见 Rosalind Hursthouse, "Applying Virtue Ethics", in Rosalind Hursthouse, Gavin Lawrence, Warren Quinn eds., *Virtues and Reasons: Philippa Foot and Moral Theory*, New York: Oxford University Press, 1995, p. 61。

③ 赫斯特豪斯:《规范美德伦理学》，邵显侠译，《求是学刊》2004 年第 2 期。

④ 喻丰等:《伦理美德的社会及人格心理学分析：道德特质的意义、困惑及解析》，《清华大学学报（社会科学版）》2012 年第 4 期。

因此，一个希望拥有好的知觉乃至好的直觉的行为者不能寄希望于某种神秘的偶然性的帮助，而是更应该在知识和经验方面有所积累与反思。

　　一方面，他需要掌握更多的关于具体事物之类属性的知识，以便能够即时准确地判断出当下情境中那些"最终的特殊事物"到底是什么（环节1）。为此，他需要有更多的机会去接触和了解更多生活和实践经验。如果他的直接经验的范围有限，那么，他就应该通过观察、学习等方式去扩充自己的间接经验。显然，"见多识广""博闻强识"有助于行为者提升自己的知觉能力和知觉水平，也有助于他洞察和理解当下情境。另一方面，他还需要掌握更多的关于具体行动之适配性的知识，以便能够即时准确地判断出，何种行为才是当下情境的正确选择（环节3）。如果行为者通过平时的教化已经对满足实践目标的手段——适配于某个大前提的小前提——有恰当的理解，那么，当这类情形再次出现时，他就只需把知觉所获得的内容代入小前提，看看它们是否属于那些适配这个大前提的小前提之列，就可以了。这样，行为者就无须每次都考察大前提与小前提之间的关系，而只需考察当前的小前提与既有的小前提集合之间的关系即可。从逻辑上来讲，对于一个元素同一个集合之间关系的判断，显然要比进行一次基于大前提与小前提的推理更简单些。

　　当然，强调知觉的有效培育在于平时的教化，还有一个更重要的原因，即如果行为者已经在日常教育中形成了自觉的幸福观念，搭建起自觉的目标框架并沉淀为稳定的欲望倾向，那么，当知觉所提供的事实激活它们的时候，自然也就更加直接，更容易表现为直觉。并且，如果他所接受的教育是恰当的，从而他所构成的目标框架或欲望倾向也是恰当的，那么，他的知觉将不仅表现为直觉，而且表现为好的直觉。因此，为了提升直觉的有效性与合理性，使之在一个特定情境中不但迅速而且正确地激发行为者的具体欲望，形成具体的行为目的，行为者就必须重视自身的欲望倾向及其表现状态，即重视品质的培养。正如亚里士多德所说："想要学习高尚与公正，以及，一般地，想要学习政治学的人，必须养成良好的习惯。因为，这种事实就是起点。如果这对他来说是显而易见的，那么他一开始就不需再问为什么；具有良好教养的人便拥有或很容易就能拥有这样的起点。"①

---

　　① Aristotle, *Nicomachean Ethics*, trans. by W. D. Ross, in Richard McKeon ed., *The Basic Works of Aristotle*, New York: Random House Inc., 2001, 1095b3 – 8.

第三部分　情感、移情与意图

◇

在亚里士多德主义的美德伦理学中，实践智慧被理解为实践理性的卓越状态。以实践智慧的构成和运用为中心，我们在上一章讨论了理性、欲望与知觉等心理要素在这种美德伦理学中的位置和功能，梳理并勾勒了一个具有实践智慧的行为者在实施美德行为的过程中可能采取的心理机制，从而尝试澄清或复原一种合乎亚里士多德主义基本意旨的实践理性模型。

然而，亚里士多德主义的美德伦理学区别于或优越于现代规则伦理学的地方在于，除了提供一种层次分明的合理的推理方式，它所倡导的实践智慧概念还能为另外一些无法被还原为理性的感性要素提供合适的栖息之地。后者虽然在严格意义上是"非理性"的，但它们并不是"腐朽"或"堕落"的。相反，根据亚里士多德主义美德伦理学对人类本性与人类实践之特质的看法，它们不仅是一个正常、健全的行为者不可或缺的方面，更是完善该行为者的实践理性，以使之臻于实践智慧的重要组成部分。这其中包括：（1）通过感觉而不是推理来确立欲望的"情感/感情"；（2）通过感受而不是知觉来识别情境的"移情/同感"；以及（3）通过意志而不是判断来维系抉择的"意图/意向"。毫无疑问，除非认真对待这些"非理性的"心理要素，否则，我们便不能完整地理解实践智慧，更不足以理解亚里士多德主义美德伦理学在心理基础上的广度与深度。

第七章　情感的内涵与生成

　　与康德主义或功利主义等规则伦理学相比，亚里士多德主义的美德伦理学表现出更多的自然主义特征。这不仅意味着，亚里士多德主义所设置的幸福概念（eudaimonia，英译 well-being 或 happiness）及其目的论建立在关于人的自然/本性的特定理解的基础上，而且意味着，它所倡导的美德也是因为有助于实现这种自然/本性而得到证明。正如福特所说："美德在人类生活中占有必要的地位，就如同蜂刺在蜜蜂的生活中所起到的作用一样。"① 在亚里士多德这里，人的自然/本性是以一种复杂整全的结构，通过多维度的灵魂功能而呈现的，因此，包括情感在内的非理性部分，其实与理性的部分一样值得重视和强调。对亚里士多德主义来说，"认为某位人类行为者即便其情感偏离了轨道也能够在任何时候都做出她所应该做的事情，这整个的想法完全是一种幻觉。对于那些伤害、冒犯、损害、破坏、困窘我们同胞的东西，以及那些宽慰、帮助、救援、支持或取悦我们同胞的东西，我们的理解中所包含的情感因素，至少同其理论因素一样多"②。

---

　　① Philippa Foot, *Natural Goodness*, New York: Oxford University Press, 2001, p. 35.
　　② Rosalind Hursthouse, *On Virtue Ethics*, New York: Oxford University Press, 1999, p. 118.

一、情感与感觉

关于情感是什么，亚里士多德在《尼各马可伦理学》中说过一段非常重要的话：

> 既然灵魂的状态有三种——情感（pathos）、能力（dunameis）与品质（hexeis）——那么，美德必是其中之一。所谓情感，我指的是肉欲、愤怒、恐惧、信心、妒忌、愉悦、友善、憎恶、渴望、嫉妒、怜悯，总之，它们伴随着快乐和痛苦。[①]

尽管在罗斯（W. D. Ross）和巴莱特（Robert C. Bartlett）等人的英译本中，这里的 pathos 被译作 passions[②]，类似的，廖申白的中译本也将其译作"情感"[③]，然而，希腊语 pathos 的内涵其实更加广泛。它派生于动词 paskho，意味着"承受、遭受"或"经验、体验"。所以，pathos 的首要含义不是指称那些喜怒哀乐的情绪，而是更为一般地描述人类的某种心理机制，即感受或感觉。在这个意义上，上述"灵魂的三种状态"——情感、能力和品质——其实是人的心理在遭

[①] 参见（1）Aristotle, *Nicomachean Ethics*, trans. by W. D. Ross, in Richard McKeon ed., *The Basic Works of Aristotle*, New York: Random House Inc., 2001, 1105b19 – 25;（2）Ingram Bywater ed., *Aristotelis Ethica Nicomachea*, Cambridge: Cambridge University Press, 2010, pp. 29 – 30。

[②] 参见（1）Aristotle, *Nicomachean Ethics*, trans. by W. D. Ross, in Richard McKeon ed., *The Basic Works of Aristotle*, New York: Random House Inc., 2001, p. 956;（2）Aristotle, *Nicomachean Ethics*, trans. by Robert C. Bartlett, Susan D. Colins, Chicago: The Universaty of Chicago Press, 2011, p. 32。

[③] 亚里士多德:《尼各马可伦理学》，廖申白译，商务印书馆 2003 年版，第 42—43 页。

遇或体验对象时所涉及的三个方面，即（1）感觉的方面：我确实受到这个事物的影响，对它有所感觉；（2）能力的方面：我确实能够受到它的影响，有能力对它形成感觉；（3）品质的方面：对于我自己承受的这种影响、形成的这种感觉，我可以进行调适和应对，从而与之构成或好或坏的关系。因此，有研究者建议，这里应该直接用"感觉"（feelings）而不是"情感"（passions）来翻译 pathos。[1] 实际上，一些广为使用的译本就已经采取了这种译法。比如，罗斯将 feelings 一词悄然加进了上面这段话的最后一句，使之变成——"所谓情感，我指的是肉欲、愤怒、恐惧、信心、妒忌、开心、友善、憎恶、渴望、嫉妒、怜悯，总之，那些伴随着快乐和痛苦的**感觉**。"[2] 而在苗力田先生的译本中，这里的 pathos 则直接被译为"感受"。[3]

看起来，亚里士多德所说的 pathos（情感）就是"感觉"。然而，值得注意的是，亚里士多德用于指称"感觉"的还有另一个词，即前文所说的 aisthēsis。在《灵魂论》《感觉与可感物》等篇章中，亚里士多德讨论的"感觉"其实是 aisthēsis 这个概念。它是指行为者通过肢体、眼睛、耳朵、口舌、鼻子等生理器官，凭借触觉、视觉、听觉、味觉、嗅觉等生理能力，而获得的关于硬或软、黑或白、噪或静、苦或甜、香或臭等的生理感觉。根据亚里士多德的观点，它们具有如下特征：

首先，感觉是区分活动物（the animate）与不可活动物（the inanimate）的关键。亚里士多德不仅认为，有无感觉是活动物（动物、

---

① C. C. W. Taylor, *Aristotle: Nicomachean Ethics Books II – IV*, Oxford: Oxford University Press, 2006, p. 97.

② Aristotle, *Nicomachean Ethics*, trans. by W. D. Ross, in Richard McKeon ed., *The Basic Works of Aristotle*, New York: Random House Inc., 2001, 1105b22. 黑体为引者所加。

③ 亚里士多德:《尼各马可伦理学》，苗力田译，中国社会科学出版社 1999 年版，第 34 页。

人）与不可活动物（植物）的一项重要差异——"活动物具有不可活动物所具有的一切变化，但不可活动物却不具有活动物所具有的一切变化，因为它不具有感觉方面的变化；而且，不可活动物不能意识到任何感受，而活动物则可以"①——甚至断言，即便一个生物不能运动，但只要它有所感觉，也仍要归入"活动物"之中②。这说明，与运动相比，感觉对于活动物（动物、人）来说才是更基础的特征。

其次，对动物和人来说，感觉是出于本性/自然便拥有，而无须专门训练或学习。在我们出生以后，只要感觉对象出现并且只要我们的感觉器官足够正常，我们就会对它形成某种感觉。所以亚里士多德说："我们出于本性/自然而拥有的所有东西一开始都是以潜能的形式存在，而后展现在活动中（感觉就是这样，因为，我们不是通过反复看或反复听而拥有这些感觉，而是相反，我们是先有了感觉而后才用感觉，而不是先用感觉而后才有感觉）。"③

最后，也是最根本的，感觉是一种受制于感觉对象的感受和反应，或者说，它是一种被动性（passive）或接受性（receptive）的感受和反应。亚里士多德指出，"引起感觉活动的事物……以及感觉的其他对象，是外在的"④，一个行为者的"感觉不取决于他自己——必须要有一个可感觉的对象存在才行"。⑤ 无论是视觉、听觉、味觉、嗅觉还是

---

① Aristotle, *Physics*, trans. by R. P. Hardie, R. K. Gaye, in Jonathan Barnes ed., *The Complete Works of Aristotle*, Vol. 1, Princeton: Princeton University Press, 1991, 244b18 - 245a1.

② Aristotle, *On the Soul*, trans. by J. Smith, in Jonathan Barnes ed., *The Complete Works of Aristotle*, Vol. 1, Princeton: Princeton University Press, 1991, 413b3 - 4.

③ Aristotle, *Nicomachean Ethics*, trans. by W. D. Ross, in Richard McKeon ed., *The Basic Works of Aristotle*, New York: Random House Inc., 2001, 1103a26 - 33.

④ Aristotle, *On the Soul*, trans. by J. Smith, in Jonathan Barnes ed., *The Complete Works of Aristotle*, Vol. 1, Princeton: Princeton University Press, 1991, 417b19 - 21.

⑤ Aristotle, *On the Soul*, trans. by J. Smith, in Jonathan Barnes ed., *The Complete Works of Aristotle*, Vol. 1, Princeton: Princeton University Press, 1991, 417b20 - 25.

触觉，都必须通过接收来自外部感觉对象的刺激、影响或作用，才能由潜在的感觉变为实际的感觉。[①] 就此而言，感觉尽管是行为者"主动地"去看、去听、去闻、去尝、去触摸外部事物的过程中所获得的东西，但它们不是行为者的心灵或灵魂"向外投射"的产物，而是感觉对象"向内作用"于行为者的眼、耳、鼻、舌、身等感觉器官而在行为者的心灵或灵魂中形成的感受。[②] 概言之，感觉在本质上是受动的，不是主动的；是接受性的，不是投射性的。

如果 aisthēsis 是亚里士多德哲学中更为基础的"感觉"概念，而pathos 亦不可避免地蕴含"感觉"的含义，那么，现在的问题便是：这两种"感觉"有什么不同？一种说法是，前者是感觉的基础形态，仅仅代表人在自然生活中形成的生理感觉（physical sense），重点在于感觉对象。而后者则是感觉的高级形态，指称人在伦理生活中呈现的心理感觉（psychological sense），重点在于感觉主体自身："aisthēsis指向客体或对象，而非一个人的处境；而 pathos 则是对自己处境的意识。"[③]

然而，这种看法可能有失偏颇。因为，即便是在谈论 aisthēsis 这种感觉时，亚里士多德也明确指出，它所接受的并不是感觉对象本身，而仅仅是感觉对象的"形式"。他说："就全部的感觉而言，我们必须认识到，感觉就是那种能够接受可感知的形式而不是质料的东西，就像蜡版接受指环的印记而不是铁器或金物一样。"[④] 这意味着，行为者

---

① Aristotle, *On the Soul*, trans. by J. Smith, in Jonathan Barnes ed., *The Complete Works of Aristotle*, Vol. 1, Princeton: Princeton University Press, 1991, 431a3 – 4, 417a3 – 4.

② Aristotle, *Sense and Sensibilia*, in Jonathan Barnes ed., *The Complete Works of Aristotle*, Vol. 1, Princeton: Princeton University Press, 1991, 437b10 – 15.

③ Diana Lobel, *Philosophies of Happiness: A Comparative Introduction to the Flourishing Life*, New York: Columbia University Press, 2017, p. 52.

④ Aristotle, *On the Soul*, trans. by J. Smith, in Jonathan Barnes ed., *The Complete Works of Aristotle*, Vol. 1, Princeton: Princeton University Press, 1991, 424a17 – 20.

通过眼睛接受到的形状、大小和色彩，通过耳朵接受到的音量、音调和音频，通过鼻子接受到的气味，通过舌头接受到的口味，甚至是通过肢体接受到的软硬、冷热等等，都不是感觉对象的实际存在，而是感觉对象通过感觉器官在行为者的内心形成的表象或印象。毕竟，作为一种抽象的东西，"形式"只能在心灵或灵魂中得到呈现和把握。如果我们的心灵或灵魂丧失功能，那么，就算我们在生理上触摸到过度的热或是品尝到过度的苦，也无法"觉察"它们。在这个意义上，所有（至少绝大部分）的生理感觉都不是纯粹的生理现象，而是反映在心理结构中的生理现象。更苛刻地说，所有的生理感觉都必须转化为（至少能够引起）心理感觉，才能作为"感觉"而存在。因此，aisthēsis 与 pathos 之间的区分，并不在于生理感觉与心理感觉的区分。

　　真正使得 aisthēsis 与 pathos 区别开来的，同时也是亚里士多德赋予 pathos 最重要特征的，其实是"它们伴随着（hepetai，英译 follow with）快乐和痛苦"。亚里士多德说："一件事伴随另一件事，可以是'同时地'，可以是'后继地'，也可以是'潜在地'。生命同时伴随健康（但健康并不同时伴随生命），知识后继地伴随学习，而欺骗则是潜在地伴随渎神，因为渎神之人可能一直就是欺诈之人。"① 在这里，就情感（pathos）而言，与之相伴随的快乐或痛苦，显然是第一种意义上的"伴随"。因为，我们总是在体验某种情感的同时就感到了相应的快乐或痛苦，而不是说我们先体验到某种情感，然后才感觉到快乐或痛苦，也不是说我们在体验情感时，仅仅是潜在地感觉到快乐或痛苦。当亚里士多德说"情感伴随着快乐和痛苦"，这意味着，只要出现情感，就一定同时出现快乐或痛苦。作为特定的心理感觉类型，

---

① Aristotle, *Rhetoric*, trans. by W. Rhys Roberts, in Jonathan Barnes ed., *The Complete Works of Aristotle*, Vol. 2, Princeton: Princeton University Press, 1991, 1363b28－29.

情感在根本上包含快乐或痛苦，或者说，对情感而言，快乐和痛苦乃是根本性的。[1] 所以，aisthēsis 与 pathos 之间的根本区分，不在于它们是否属于心理感觉，而在于它们是否属于与快乐和痛苦有关的心理感觉。毕竟，并不是在所有的情况下，行为者都会因为外部刺激而引发一种与快乐或痛苦相关的心理感觉。这是因为：

第一，行为者的生理基础可能存在缺陷。虽然行为者能够看到、听到、闻到、尝到、摸到感觉对象，但由于神经系统或大脑功能的缺陷，因此，通过感觉器官所接受到的这些感觉材料不足以对他实施有效的刺激。比如，如果我的味蕾出现问题，那么，即便我品尝巧克力，也不会形成"甜"的感觉，从而不会像大多数人那样感到轻松愉悦。又比如，如果我的痛感神经末梢存在缺陷，那么，就算我看到自己的皮肤因为被刀刺破而正在流血，我也不会感到任何痛苦。在这些情况下，行为者连 aisthēsis 意义上的感觉都不完整，更不要说还能体验到 pathos 意义上的感觉了。[2]

第二，日常生理活动不一定涉及快乐或痛苦。即便行为者的生理基础没有缺陷，大多数日常的生理活动也"都是中性的。我们总是以一种最自然因而也最'完美'的方式去听、去看、去触摸或是品尝很多东西，在这样做的同时并不感到快乐或痛苦。我们的日常饮食或其他活动都表明了这一点：通常情况下它们都不受阻碍，但是多数时候

---

[1] Jamie Dow, "Aristotle's Theory of the Emotions: Emotions as Pleasures and Pains", in Michael Pakaluk, Giles Pearson ed., *Moral Psychology and Human Action in Aristotle*, Oxford: Oxford University Press, 2011, pp. 49 – 50.

[2] 现代神经科学研究表明："眼窝前额叶皮层（简称额皮层）专司情绪判断控制，这部分结构受到损伤时，病人会丧失大部分的情绪功能……这样的病人在接触外在世界时，不受情绪干扰。"参见费多益:《认知视野中的情感依赖与理性、推理》,《中国社会科学》2012 年第 8 期。

既不令人愉悦也不使人痛苦"[1]。这一方面可能是因为，日常活动所提供的刺激并不强烈（比如，看到一盏台灯）；另一方面，更有可能的是，我们对这些日常活动太过熟悉以至于"习以为常"，因此，即便它们发生一定变化，也不足以产生明显的痛感或快感。在这种情况下，行为者可能具有 aisthēsis 意义上的感觉，但不具有 pathos 意义上的感觉。[2]

第三，行为者的认知程度不够。行为者虽然对于感觉对象有所感觉，即能够看到、听到、闻到、尝到、摸到它，但是，却不知道他所看到、听到、闻到、尝到、摸到的这个东西到底是什么。比如，我可能第一次见到眼前这种长长的、半身直立的、展开颈部皮肤的无脚动物，听到它发出"呲呲"的声音，甚至触到它柔软冰冷的身体，但我却不能形成"这是一条眼镜蛇"的判断，因此，我此时就无所谓对它感到快乐或痛苦。在这里，无论是作为普通人的恐惧感，还是作为捕蛇者的兴奋感，都不会出现在我的心中。在这种情况下，aisthēsis 意义上的感觉不够充分，因而没有引起 pathos 意义上的感觉。

第四，感觉对象未能匹配行为者的欲求范围。一般情况下，行为者不存在严重的生理缺陷，也能够认识和判断他所看到、听到、闻到、

---

① 多罗西娅·弗雷德：《亚里士多德伦理学中的快乐与痛苦》，载理查德·克劳特编：《布莱克维尔〈尼各马可伦理学〉指南》，刘玮、陈玮译，北京大学出版社 2014 年版，第286 页。

② 在现代心理科学看来，感觉器官对于外部刺激的"感受性"是理解"感觉"的关键。"每种感觉都有两种感受性和感觉阈限：绝对感受性与绝对阈限，差别感受性与差别阈限。"对一个行为者来说，"刚刚能觉察到的最小刺激量称为绝对阈限。绝对感受性是指刚刚能够觉察到最小刺激量的能力"。但是，"并不是量的任何变化都能被我们觉察出来的。……为了引起差别感觉，刺激必须增加或减少到一定的数量。能觉察出两个刺激的最小差别量称为差别感觉阈限或最小可觉差。对这一最小差别量的感觉能力，叫差别感受性"。处于差别感觉阈限之下的变化，是无法被察觉的。这一点可以类比地用于说明上述观点。参见黄希庭、郑涌：《心理学十五讲》，北京大学出版社 2014 年版，第 121—122 页。

尝到、摸到的感觉对象，但这个对象对他来说可能没什么重要可言——既不是他眼中的好东西，也不是他眼中的坏东西；既不是他想要的东西，也不是他不想要的东西。此时，这个对象激不起他心中的任何波澜，构不成任何情绪。对他来说，处于一种"无动于衷"（āpatheia）的状态，更多地是以平淡、冷静的态度旁观，自然也就谈不上是感到快乐还是痛苦。这种情况下，行为者在 aisthēsis 意义上的感觉也许是完整的，但仍不足以引起 pathos 意义上的感觉。

上述情形表明，要激起一种与快乐和痛苦相关的心理感觉，其实并没有那么简单。在对日常情境保持适当敏感的前提下，行为者只有具备一定的（1）生理基础、（2）认知程度以及（3）欲望范围，才能在感觉对象给予刺激时"心有所感"而"情动于衷"。所以，作为心理感觉的特定类型，情感不仅是行为者受到外部刺激而产生的一种被动性和接受性的心理感觉，更是行为者面对外部刺激，在其生理基础、认知程度、欲望范围的共同作用下，所形成的一种伴随着快乐或痛苦的心理感觉。[①] 比如，"恐惧"（fear）就是一种伴随着痛苦的心理感觉，它表现为行为者在面对可能给自己带来危险和损害的外部事物时，内心所涌现出来的那种紧张或忧虑。"悲哀"（grief）亦是如此，它伴随着痛苦，是行为者由于受到那些不利于自身的外部刺激而在心中感受到的失望、不安和难过。而"喜悦"（joy）则显然是一种伴随着快乐的心理感觉，它表现为行为者对于那些符合其利益、需要或偏好的外部事物表示满意、赞同和愉快的感受和反应。至于"愤怒"（anger），则似乎更复杂，因为，它不能说必定伴随痛苦，但由于它是行为者对于违背其观念或预期的状况的强烈不满，因此，它至少表

---

① 余纪元:《亚里士多德伦理学》，中国人民大学出版社 2011 年版，第 83 页。

现出不快乐。[①]

　　当然，"快乐和痛苦不是简单现象的名称，而是包含了一系列广泛的心理状态。快乐和痛苦指任何一种积极或消极的感觉、知觉、情感、情绪或态度"。前者既"包含了那些简单的快乐，例如咀嚼一个多汁的苹果；同时也包括复杂的快乐，例如欣赏一件伟大的艺术作品，或是赞叹一个道德上杰出的行为"。而"快乐的反面——痛苦——所涵盖的领域同样广泛，从被蚊子叮了以后简单的痛感，到对某种残酷行为的厌恶或者不得不去听某个无聊讲座的厌倦"。[②] 在这个意义上，将情感定义为"伴随着快乐或痛苦的心理感觉"，只是对它们作为积极的或消极的心理感觉这一共同特征的指认，而不是要把它们在事实上完全还原为快乐或痛苦的心理状态。因为这既不可能，也不必要。更何况，快乐或痛苦也仅仅是一种心理感觉是否成为情感的充分条件，却不是（也从来没打算是）一种心理感觉是否成为好的情感的充分条件。一种情感，即便与快乐相伴随，也未必就是好的情感（比如，幸灾乐祸），就好像另一种情感即便与痛苦相伴随，也未必就是不好的情感一样（比如，怜悯之心）。

---

　　① 之所以以这四种情感为例，是因为它们被现代心理学认为是"四种基本情绪"："从生物进化的角度看，人的情绪可分为基本情绪和复合情绪。基本情绪是人与动物所共有的，在发生上有着共通的原型或模式，它们是先天的、不学而能的，每一种基本情绪都具有独立的神经生理机制、内部体验和外部表现，并有不同的适应功能。复合情绪则是由基本情绪的不同组合派生出来的。"参见黄希庭、郑涌：《心理学十五讲》，北京大学出版社 2014 年版，第 250 页。但是，在亚里士多德那里，快乐和痛苦显然比这四种基本情绪更为基本。

　　② 多罗西娅·弗雷德：《亚里士多德伦理学中的快乐与痛苦》，载理查德·克劳特编：《布莱克维尔〈尼各马可伦理学〉指南》，刘玮、陈玮译，北京大学出版社 2014 年版，第 278 页。

二、情感与认知

一般说来，行为者的生理基础大致相同，其认知程度也可以通过教化而趋于近似，但是，行为者的欲望却因人而异。面对外部刺激，在生理基础和认知程度大致相同的条件下，行为者的欲望范围将成为他是否感觉快乐或痛苦的关键。也就是说，行为者的内心是否会激起与快乐或痛苦有关的心理感觉，将取决于他的欲望。比如，如果行为者具有"想吃巧克力"的欲望，那么当出现一块巧克力时，他就会产生喜悦之情而感到快乐；反之，如果他没有这类欲望，那么，即便出现一块巧克力，他也会无动于衷。进一步讲，面对外部刺激，行为者的内心究竟是激起与快乐相关的感觉还是激起与痛苦相关的感觉，也取决于行为者的欲望。比如，安静不一定使我快乐，而嘈杂也不一定使我痛苦，假如我是一个夜店爱好者的话；或者，甜不一定使我快乐，而苦也不一定使我不快乐，假如我是一个糖尿病患者的话。在这个意义上，"情感的基础在于需要、渴望和欲望"[①]。它们与外部刺激一道，共同塑造了情感作为"一种伴随着快乐或痛苦的、被动性和接受性的心理感觉"的基本属性。

如前所述，在亚里士多德那里，欲望被划分为三种类型：肉欲（epithumia）、意气（thumos）和希望（boulēsis）。"肉欲"是指行为者在追求肉体的快乐或躲避肉体的痛苦时所表现出来的积极而强烈的欲求。[②] 而"意气"则表现为行为者因遭到怠慢或冒犯而试图报复的

① 多罗西娅·弗雷德：《亚里士多德伦理学中的快乐与痛苦》，载理查德·克劳特编：《布莱克维尔〈尼各马可伦理学〉指南》，刘玮、陈玮译，北京大学出版社 2014 年版，第293 页。

② 廖申白：《试析亚里士多德的灵魂论》，《道德与文明》2012 年第 5 期。

那种欲求。行为者出于意气而行动，往往伴随着怒气，以图矫正当前状况。① 概言之，作为肉欲和意气的欲望，总是蕴含着行为者"想要P"或"不想要P"的诉求。尽管这类诉求带有强烈的个体色彩，因而不一定正确，但它们对行为者来说却是完全真实的。行为者可以将它们陈述出来，给出一个关于自己与对象之间特殊关系的判断——表明自己与这些对象之间具有何种联系，并断言自己对这些对象持有何种倾向。

至于"希望"，亚里士多德指出，"希望体现在灵魂的有理性部分，而肉欲和意气体现在灵魂的无理性部分"②。这并不是说希望都是正确的，而是说，与肉欲或意气相比，希望蕴含着行为者的善观念，即一系列诸如"P是好的"或"P是坏的"的价值判断。它们揭示出行为者对哪些东西持肯定意见，又对哪些东西持否定意见。用亚里士多德的话说，"在一般或真正的意义上，希望的东西就是善的东西；而每个人所希望的则是对他来说显得善的东西"③。虽然行为者关于P是好是坏的看法不一定正确，但形成如此这般的善观念（即对事物进行价值判断，在善恶之间做出区分），却是行为者作为拥有理性能力与实践能力的存在者的内在需要。这是一种比"想要P/不想要P"的欲望更深层次的欲望——因为它是对善的欲望，以及，对恶的不欲望。综言之，只有行为者具备一定的欲望，他才会对出现在他面前的感觉对象P产生快乐（如果他"想要P"，或者，如果他认为"P是好的"）或不快乐（如果他"不想要P"，或者，如果他认为"P是坏的"）的

---

① Giles Pearson, *Aristotle on Desire*, Cambridge: Cambridge University Press, 2012, pp. 111 - 117.

② Aristotle, *On the Soul*, trans. by J. Smith, in Jonathan Barnes ed., *The Complete Works of Aristotle*, Vol. 1, Princeton: Princeton University Press, 1991, 432b5 - 6.

③ Aristotle, *Nicomachean Ethics*, trans. by W. D. Ross, in Richard McKeon ed., *The Basic Works of Aristotle*, New York: Random House Inc., 2001, 1113a25.

心理感觉。相反，如果缺乏相应的欲望，那么，即便他面对该事物，也不会生成任何伴随快乐或痛苦的心理感觉——无论是喜悦、赞许或兴奋，还是沮丧、厌恶或害怕。

　　既然情感的产生必定基于欲望，而欲望又总是包含行为者对某个事物或某种善的判断，那么情感就始终蕴含着判断。当一个行为者的欲望表现为肉欲或意气时，他由此而产生的情感蕴含着"我想要 P"或"我不想要 P"的判断；当他的欲望表现为希望时，他由此而产生的情感则蕴含着"P 是好的"或"P 是坏的"的判断。至于说，他的欲望到底是表现为肉欲、意气还是希望，这跟行为者本人的理性程度有关，也跟他所处的具体情境有关。但无论如何，它们都包含着行为者关于善恶的价值观念，反映出行为者带有某种倾向性的认知判断。[①]因此，我之所以看见朋友会感到高兴（伴随着快乐），那是因为我心里已具备了"我想要有朋友"或"朋友是好的"的判断；我之所以在看见毒蛇时会感到恐惧（伴随着不快乐），也是因为我本来就已经有了"我想要躲避毒蛇"或"毒蛇是坏的"的判断。我内心涌现的这些伴随着快乐或不快乐的情感，只不过是以感性的方式（以及相应的表情和肢体等生理现象），对我一贯所持有的判断给出了即时的表达。

　　因而，情感至少在两个重要方面与认知相关：一方面，如前所述，行为者要激发情感，必须事先"知道"感觉对象是什么，对感觉对象形成基本准确的概念化理解；另一方面，行为者要激发情感，还必须事先"持有"一系列评价性判断，即具备一种以欲望为基础的心理状

---

　　① Rosalind Hursthouse, *On Virtue Ethics*, New York: Oxford University Press, 1999, p. 111.

态。① 在这种心理状态的构成中，如果希望的成分越多，肉欲或意气的成分越少，那么，行为者的情感就越是包含认知色彩。在亚里士多德主义看来，为了培育正确的情感，一种重要的训练方式就是向行为者（尤其是年幼的行为者）正确地"传授应该如何使用那些包含'善''恶'及其同源词、同类词的语句"②，亦即，从认知的角度来塑造其欲望，将情感的问题转化为认知的问题来处理。在这个意义上，不仅情感蕴含着认知，蕴含着对价值观念的合理判断及其评价命题，而且，情感的敏感程度、迅捷程度、准确程度和强烈程度也同行为者的认知程度成正相关。③

不过，情感蕴含着认知，只是说情感在结构上涉及认知，而不是说情感可以在事实上被还原为认知，更不等于说情感实质上就是认知。那些基于非理性的欲望（肉欲和意气）而产生的情感，其表现形式更广泛地包括：原始人类或婴儿出于生存本能的情感（比如，因为饥饿而感到不安），身体运动引发的情感（比如，因为疾走而感到烦躁），

---

① 20 世纪后半叶在现代心理科学中出现的情感认知理论（cognitive theory of emotion）就是一种将情感现象予以认知化处理的典型理论。该理论认为，情感是对刺激性的情境、事件或事物的评价，情感既包含着也可以被还原成关于这些情境、事件或事物的判断或信念；而这种判断或信念的依据，就在于人们自己的需要、欲望、价值和目标。所以，认知过程乃是决定情感性质的关键，甚至说，认知过程就是情感的实质。

② Rosalind Hursthouse, *On Virtue Ethics*, New York: Oxford University Press, 1999, p. 113.

③ 参见（1）玛莎·纳斯鲍姆:《善的脆弱性》，徐向东等译，译林出版社 2006 年版，第 22—23 页；（2）谭安奎:《古今之间的哲学与政治：Martha C. Nussbaum 访谈录》，《开放时代》2010 年第 11 期。有研究者在讨论作为道德情感的特殊表现的"道德感动"概念时也认为，"广义的道德感动指的是所有具有道德见证力的、能激发出我们的道德评判和道德意识的情感，其中既包括积极正面的也包括消极负面的情感。但从狭义上讲，也许只有那些能促进和激发人的道德向上的情感，即有积极正面意义的情感，才属于道德感动"。但无论如何，"道德感动不仅仅是一种感动，同时也是一种判断。不是先对之有一种感觉、情感，然后再对它加以判断；道德感动本身就已经蕴含着一种判断在内，道德感动同时就是一种道德判断"。参见王庆节:《道德感动与伦理意识的起点》，《哲学研究》2010 年第 10 期。

以及人为操纵引发的情感（比如，因为神经刺激而感到兴奋），等等。① 这些情感的共同特征在于：行为者对感觉对象缺乏清晰、完整的认知；行为者的欲望虽能以判断的形式事后加以表述，但这些欲望本身的形成却不是行为者设计或推导的产物。换言之，基于非理性的欲望（肉欲和意气）而产生的情感，至少部分属于行为者作为自然物而应激产生的一种缺乏认知内容但依然伴随着快乐或痛苦的基本心理感觉。②

不仅如此，即便行为者能够清晰地认识感觉对象，即便他的欲求主要表现为理性的形态（希望）从而蕴含明确稳定的善观念，他所产生的情感也不能等于认知。这是因为：

首先，情感的对象与认知的对象存在差异。情感虽然同其他心理现象一样具有"意向性"（即必定关于或涉及某种对象）③，但是，情感的意向性却是一种"具体的意向性"（即始终关于或涉及具体对象）。如亚里士多德所说，"一个发怒的人必然是对某个人发怒，而不是对一般人发怒，因为，是那个人曾经怠慢或者将会怠慢他本人或其亲友"④。情感的意向内容的具体性，使得行为者即便对某个感觉对象形成清晰的认知或是持有某种明确的善观念，但其实际的情感反应也只能作为一种受制于特定情境条件的特殊心理事件得以呈现，而不可能像认知那样摆脱情境的约束，具有广泛的适用性。

---

① 费多益:《情绪的内在经验与情境重构术》，《哲学研究》2013 年第 11 期。

② 乐国安、董颖红:《情绪的基本结构：争论、应用及其前瞻》，《南开学报（哲学社会科学版）》2013 年第 1 期。

③ 参见（1）A. W. Price, "Acrasia and Self‐Control", in Richard Kraut ed., *The Blackwell Guide to Aristotle's Nicomachean Ethics*, Malden: Blackwell Publishing Ltd., 2006, p. 249;（2）Martha C. Nussbaum, "Aristotle on Emotions and Rational Persuasion", in Amelie O. Rorty ed., *Essays on Aristotle's Rhetoric*, Berkeley: University of California Press, 1996。

④ Aristotle, *Rhetoric*, trans. by W. Rhys Roberts, in Jonathan Barnes ed., *The Complete Works of Aristotle*, Vol. 2, Princeton: Princeton University Press, 1991, 1378a32.

　　其次，激发情感的实际上不是关于感觉对象的认知概念，而是关于它的实际表象。如前所述，情感的形成或启动需要知觉的参与，但是，知觉在这里所提供的信息却不是以抽象的概念而是以形象的整体出现的，或者说，它所提供的形象的东西要比它所提供的抽象的东西更为优先。因此，这也可以说明，为什么有的行为者在一时无法说出眼前感觉对象的概念名称而仅仅觉察到该事物的表象时，他就会涌现出（比如说）兴奋或恐惧的情感；还可以说明，为什么有的行为者就算知道眼前的这个感觉对象是什么，知道它是（比如说）一个无毒无害之物，也仍会因为它的外形丑陋而生发出厌恶或害怕的感觉。在这个意义上，情感虽然并不排斥认知所提供的概念，但它也不运用这种概念，而是对于直接的表象有着特别的敏感。①

　　再次，情感的存续过程与认知的存续过程也不同步：一方面，在受到感觉对象刺激时，行为者总是第一时间涌现出伴随着快乐或痛苦的心理感觉，然后他才可能——其前提是，如果他能对感受到的心理感觉展开进一步的分析和反思——意识到这种感觉究竟蕴含着何种善观念，才可能以判断的形式把它们表述出来；另一方面，在激发情感的感觉对象或善观念在认知上不再成立或遭到削弱的情况下，行为者已被激起的情感也不会立即消失。在这个意义上，情感要比认知更为持久，它具有相对独立的存在机制。

　　最后，即便饱含认知成分的情感也必然伴随着生理现象。生理现象不仅指大脑的神经活动，而且涉及行为者的面部表情、肢体手足乃至血液脏器的变化。作为一种与快乐或痛苦有关的心理感觉，情感本来就是在行为者相对不够冷静，但也并不麻木的状态下出现的。情感

---

　　① A. W. Price, *Mental Conflict*, New York: Routledge, 1995, pp. 115－117.

与身体变化之间的紧密联系，本身是情感发生或存在的一项必然特征。[①] 情感越强烈，身体的生理变化就越明显、越丰富。即便一个人有意控制自己的面部表情或肢体手足，使之看不出变化，他也无法控制自己的心跳加速或血脉偾张。更何况，后者可能恰好就是行为者刻意控制前者的结果。所以，当某种情感被激发后，行为者越是在外表上加以掩饰，就越是会在内心"翻江倒海"。而这些生理现象的发生及变化都是认知活动中未必出现的。我们不可能把一个气得双手发抖、大声吼出"我讨厌你这么做"的人，与一个仅仅说出"你这么做是错的"的人等同起来。情感比认知多出来的这些方面，恰恰是正常而完整的人类行为不可被压缩或忽视的地方。

概言之，无论情感包含多少认知的成分，也无论这些认知成分在行为者那里多么明确或自觉，情感归根到底仍然是一种基于感受而不是基于分析或思辨的心理现象。严格意义上，情感只能被体验、被感受，而不能像认知那样被描述、被观察或被剖析。我们或许可以把情感"解释为"某个命题判断，但就其基本属性而言，它仍属于一种感觉，甚至是一种"难以言表"的感觉。我们不能因为它难以（或只能部分地）得到认知层面的解释，而将它从道德心理系统中消解或剔除。恰恰相反，越是这种情况，情感之为情感的特质才会越加突出。

三、情感与美德

在亚里士多德主义美德伦理学的语境中，探讨情感的本质属性（伴随着快乐或痛苦的心理感觉），剖析情感的生成基础（蕴含着认知

---

① Aristotle, *Nicomachean Ethics*, trans. by W. D. Ross, in Richard McKeon ed., *The Basic Works of Aristotle*, New York: Random House Inc., 2001, 1128b14 - 15.

判断的个体欲求），在根本上，是为了探求好的情感，是为了通过好的情感而塑造美德，从而证明情感与美德之间的内在关联。

　　作为一种伴随快乐或痛苦的心理感觉，情感本身不是（伦理）美德。就在本章开头引述的那段《尼各马可伦理学》的文字之后，亚里士多德紧接着便对（伦理）美德与情感做出了区分。在他看来，我们不是因为呈现情感，而是因为呈现情感的具体程度或特定方式才受到称赞或谴责的。我们借以呈现情感的具体程度或特定方式，就是"我们同这些情感之间或好或坏的关系"①。如果一个人的情感过于张扬或孱弱，与之相伴随的快乐或痛苦表现得过度或不及，那么，他就同这些情感之间形成坏的关系，从而是"缺乏（伦理）美德的"。反之，如果一个人以恰当的程度或方式呈现情感，那么，他就同这些情感之间形成好的关系，从而是"具有（伦理）美德的"。② 由此可以得出两点结论：第一，情感不是美德，对情感的适度展现才是美德；第二，情感不是美德的对立物，而是美德的伴生物。作为优良品质的美德，不是独立于情感之外的东西，相反，它们本身就是被那些以特定方式呈现的情感相伴随的东西。用亚里士多德的术语讲，美德的卓越或优秀，正是通过行为者情感的特定呈现方式——"适度"（mesotētos，英译 the mean）——而得到界定的。

　　情感，尤其是伴随着快乐的情感，对于美德的践行是不可或缺的。亚里士多德相信，当一个有实践智慧的美德之人采取正确行动时，他既不是处于无动于衷的麻木状态，也不是处于进退维谷的纠结状态。在此过程中，美德之人感到的不是麻木或痛苦，而是发自内心的愉悦。

---

　　① Aristotle, *Nicomachean Ethics*, trans. by W. D. Ross, in Richard McKeon ed. , *The Basic Works of Aristotle*, New York: Random House Inc. , 2001, 1105b25 – 26.

　　② Aristotle, *Nicomachean Ethics*, trans. by W. D. Ross, in Richard McKeon ed. , *The Basic Works of Aristotle*, New York: Random House Inc. , 2001, 1105b30 – 1106a8.

相反，如果缺乏愉悦之情，反倒证明该行为者不是真正的美德之人。①
亚里士多德认为，诸如愉悦这样伴随着快乐的情感，乃是具有实践智
慧的行为者在践行美德时必要的主观特征：

> 正义的行动对于热爱正义的人来说是快乐的，一般而言，有
> 美德的行为对于热爱美德的人来说是快乐的……不能从高贵的行
> 动中获得快乐的人甚至不是好人：因为没有人会将不喜欢正义行
> 动的人称作正义的，也不会有人将不喜欢慷慨的人称为慷慨的，
> 诸如此类。如果真是这样，那么，有美德的行为必定本身就是令
> 人快乐的。②

在这个问题上，亚里士多德关于自制（egkrāteia，英译 continent）
与节制（sōphrosunē，英译 temperate）的区分构成了一个典型的说明。
在他那里，所谓"自制"和"节制"，都是行为者在处理与肉欲相关
的实践事务中所展现的不同方式。亚里士多德指出，自制者虽然在追
求肉欲方面没有表现得过度，没有"在渴与饿、热与冷以及所有关于
触觉与味觉的事物上躲避痛苦"③，但他仍然存在"强烈的、坏的肉
欲"④，始终受到这种欲望的影响或威胁。因此，尽管自制者可以形成

---

① Aristotle, *Nicomachean Ethics*, trans. by W. D. Ross, in Richard McKeon ed., *The Basic Works of Aristotle*, New York: Random House Inc., 2001, 1104b6 - 9.

② Aristotle, *Nicomachean Ethics*, trans. by W. D. Ross, in Richard McKeon ed., *The Basic Works of Aristotle*, New York: Random House Inc., 2001, 1099a10 - 11, 15 - 23.

③ Aristotle, *Nicomachean Ethics*, trans. by W. D. Ross, in Richard McKeon ed., *The Basic Works of Aristotle*, New York: Random House Inc., 2001, 1148a8 - 9.

④ Aristotle, *Nicomachean Ethics*, trans. by W. D. Ross, in Richard McKeon ed., *The Basic Works of Aristotle*, New York: Random House Inc., 2001, 1146a9.

正确的判断，坚持正确的抉择，"倾向于遵守他的推理结论"①，从而最终把持住自己，但他的"坚持"在本质上却是一种"抵抗"，即对坏的情感与肉欲的抵抗②。也就是说，一方面，自制者能够体会或想象到那些过度的肉欲会带来怎样的快乐，并且，他实际上在内心深处十分留恋和向往；但另一方面，他又因为服从理性的指令而有意克制自己，保持坚定。因此，自制者其实处于一种纠结、忍耐的不适状态。这种状态也许谈不上十足"痛苦"，但也绝对无法称得上"快乐"。

而"节制"则不同。"节制"是一种美德，是行为者在处理与肉欲相关的实践事务中可以展示的那种"适度"的品质。与自制者相比，节制者根本"没有过分的或坏的欲望"③。因此，节制者不会像自制者那样感受到肉欲的诱惑和压力。所以，他无须对欲望加以专门的约束或特别的克制。自然，他也就不会体验到自制者的那份纠结和痛苦。当他展开实践推理并实施正确行为时，他感受到的只是一种"从心所欲不逾矩"的轻松和愉悦。

因此，在亚里士多德看来，自制者虽然"可以算是比较正派，但并非圣贤，他们的习惯化没有将理性向往和欲望、情感完全协调起来"④。毕竟，能够用来解释其行为的心理状况"是她的自制而非她的美德，是她的自制导致了自制的行动，而非合乎美德的行动"⑤。相

---

①　Aristotle, *Nicomachean Ethics*, trans. by W. D. Ross, in Richard McKeon ed. , *The Basic Works of Aristotle*, New York: Random House Inc. , 2001, 1145b11.

②　Aristotle, *Nicomachean Ethics*, trans. by W. D. Ross, in Richard McKeon ed. , *The Basic Works of Aristotle*, New York: Random House Inc. , 2001, 1151b9.

③　Aristotle, *Nicomachean Ethics*, trans. by W. D. Ross, in Richard McKeon ed. , *The Basic Works of Aristotle*, New York: Random House Inc. , 2001, 1146a11.

④　C. D. C. Reeve, "Aristotle on the Virtues of Thought", in Richard Kraut ed. , *The Blackwell Guide to Aristotle's Nicomachean Ethics*, Malden: Blackwell Publishing Ltd. , 2006, p. 210.

⑤　宝拉·高特里布:《实践三段论》，载理查德·克劳特编:《布莱克维尔〈尼各马可伦理学〉指南》，刘玮、陈玮译，北京大学出版社 2014 年版，第 245 页。

反，一个真正具有节制美德的行为者在理性与欲望之间不存在严重的对抗，因此他既不可能也不需要"自制"。对亚里士多德来说，"自制"不仅不是美德，反而是一个人缺乏美德的标记。①

不过，上述论证依然存在两个需要进一步讨论的问题：第一，美德与快乐之间虽有明显联系，但作为快乐的对立面，痛苦与美德的关系也不应当被忽略。既然情感是"与快乐或痛苦有关的心理感觉"，那么，美德与情感的关系就不能被简化为美德与快乐的关系。甚至，在简单的快乐（和痛苦）之外，还有其他更复杂的情感类型会在践行美德的过程中被涉及。第二，上述论证仅仅表明，快乐是美德的一个必要特征，但还不足以证明快乐是催生美德的心理基础。亚里士多德清醒地认识到，快乐可以"让实践活动得以完善，但不是作为相关的内在持存状态，而是作为随附发生的一个目的使之得以完善，就像蓬勃的朝气完善着青春年华一样"②。对于一个有实践智慧的行为者来说，他在践行美德时体验到那些伴随着快乐的情感当然重要，但更重要的是，他必须知道如何才能实施这种行动。从这个意义上讲，情感作为伴随着快乐或痛苦的心理感觉，如果真的要与美德之间有什么内在关联，它们就不应仅仅充当美德的外在标记，而必须在激发和构造美德方面占有一席之地。

对于第一个问题，应该说，确实点出了前述讨论的薄弱环节。因为，按照亚里士多德自己的说法，情感不仅包括与快乐有关的方面，

---

① "古典美德伦理学的一个特征就在于，把毫无对立倾向地做正确之事当作美德之人的标志，而不同于那些仅仅自制之人。……美德作为一个品质问题，要求出于正确的理由并且没有严重的内在对立地做正确之事。"参见 Julia Annas, "Virtue Ethics", in David Copp ed., *The Oxford Handbook of Ethical Theory*, Oxford: Oxford University Press, 2006, p. 517。

② Aristotle, *Nicomachean Ethics*, trans. by W. D. Ross, in Richard McKeon ed., *The Basic Works of Aristotle*, New York: Random House Inc., 2001, 1174b31–32。

也包括与痛苦有关的方面。因此，当我们称一个人是有美德的行为者时，这不仅是说，他能够在某些情境中适度地表现出惬意、喜悦、兴奋等与快乐有关的情感，而且是说，他能够在另一些情境中同样适度地表现出怜悯、悲伤、恐惧等与痛苦有关的情感。一个真正的美德行为者在实施合乎美德的行动时，并不是单纯伴随快乐，而是有时也会伴随痛苦（比如，在痛恨和批评邪恶时感受到的愤慨，在同情和安慰亲友时感受到的悲伤）。只不过，他能够在适当的时间，以适当的方式和适当的程度正确地感受痛苦，并将它们自然地表现出来。① 在这个意义上，确切地说，不是"适度的快乐可以成为美德的自然伴生物"，而是"适度的快乐、痛苦以及与之相关的各种情感，都可以成为美德的自然伴生物"。这样，伴随着快乐的情感可以成为美德的标志，伴随着痛苦的情感也可以成为美德的标志，只要它们在相应情境下是适度的。

对于第二个问题，实质上已经超出了情感与伦理美德之间的关系，而涉及情感与理智美德——实践智慧——之间的关系。我们在第二章谈到，一个具有美德的行为者之所以做出正确行为，是因为他能够卓越地运用自己的实践理性，使之以一种堪称实践智慧的优秀方式表现出来。当我们说一个人拥有实践智慧，意思是，他能够在具体情境中恰当地运用实践理性而展现出如下能力——（1）通过对当下情境的感知而形成关于具体事实的特殊知识（知觉）；（2）借由特殊知识，通过情感或推理而激活关于目的的普遍知识（欲望）；（3）在普遍知识的前提下，精心谋求用于实现目的的手段和方法（慎思）；（4）对于经过推理而得出的手段和方法，给予确认及肯定（抉择）；（5）最

---

① Aristotle, *Nicomachean Ethics*, trans. by W. D. Ross, in Richard McKeon ed. , *The Basic Works of Aristotle*, New York: Random House Inc. , 2001, 1121a4 - 5.

终，将所抉择的手段和方法实施出来（意志）。在这一系列环节中，第二步至关重要。因为，除非行为者在接受外部刺激时形成正确的欲望，否则，他也就谈不上在后续能够做出正确的抉择并实施正确的行动。而情感对（理智）美德的构造作用，就体现在正确欲望的形成与塑造过程中。

　　亚里士多德说："情感就是那些改变人们以至于影响他们判断的感觉。"[①] 作为一种伴随着快乐或痛苦的心理感觉，情感通过它所伴随的这些快乐或痛苦而促使行为者表达出肯定或否定判断："当对象是令人感到快乐或痛苦的时候，灵魂就在做出某种肯定或否定的判断，并且趋向或逃避这个对象。"[②] 这说明，情感虽然是被动性和接受性的，但它会引发欲求这类主动性和投射性的心理状态。毕竟，人类趋乐避苦的自然/本性决定了，人总是趋向那些令其快乐的对象，而远离那些令其痛苦的事物。对人类而言，情感所伴随的快乐与痛苦有着强大的源于自然/本性的推动力。即便是美德之人，也无法摆脱这种自然/本性。[③] 只不过，基于卓越的实践理性和优良的内在品质，美德之人会在什么是快乐、什么是痛苦的认知能力，以及，把什么感觉为快乐的、把什么感觉为痛苦的感受能力上更合理一些。但这并不意味着，对于被他认定为快乐或痛苦的东西，他不会追求或躲避。就此而言，由情感激起的这种源于自然/本性的欲望力量，在不同情境中只有大小之分，而没有有无之别。"人们可以说，恐惧在一定程度上就是想要逃离

　　① Aristotle, *Rhetoric*, trans. by W. Rhys Roberts, in Jonathan Barnes ed., *The Complete Works of Aristotle*, Vol. 2, Princeton: Princeton University Press, 1991, 1378a21－22.

　　② Aristotle, *On the Soul*, trans. by J. Smith, in Jonathan Barnes ed., *The Complete Works of Aristotle*, Vol. 1, Princeton: Princeton University Press, 1991, 431a8－9.

　　③ Aristotle, *Nicomachean Ethics*, trans. by W. D. Ross, in Richard McKeon ed., *The Basic Works of Aristotle*, New York: Random House Inc., 2001, 1104b10－11.

某物的欲求，或者产生这种欲望，而该欲望本身则包含着如下观念，即继续待下去是恶的或痛苦的；爱在一定程度上是想要同爱人生活在一起的欲望，或者产生这种欲望，而该欲望本身则包含着如下观念，即同爱人生活在一起是善的或快乐的。"①

可能反对者会觉得，我们在前面把情感说成基于行为者的欲望而产生的东西，但在这里又把欲望说成是情感的产物，似乎自相矛盾。其实不然。因为，作为情感产生基本条件之一的"欲望"，指的是行为者在长期教化和交往过程中沉淀下来的一般偏好，是行为者一贯所持有的基本倾向，它们以结构的、复数的方式（desires）存在（或潜在）于行为者的心理之中。但是，只有当行为者进入一个具体的情境，为具体的事物所刺激，从而感知到具体事实时，他的一般欲望才会被激活，在当下情境中形成一种具体的快乐或痛苦感觉（具体的情感），进而建构出一个明确的、单数的具体欲望（the desire）。此时，恰当的情感将不再仅仅充当伦理美德的标记，而是构成了理智美德的一个关键组成部分。正如赫斯特豪斯所说，"根据亚里士多德的图景，我们的自然情感本身不是美德必须要制服或消灭的东西，而是构成美德的材料"②，因此，"认为某位人类行为者即便其情感偏离了轨道也能够在任何时候都做出她所应该做的事情，这整个的想法完全是一种幻觉"③。

诚然，一个美德行为者在获得关于具体事实的知识之后，既有可

---

① Rosalind Hursthouse, *On Virtue Ethics*, New York: Oxford University Press, 1999, p. 111.

② Rosalind Hursthouse, "The Central Doctrine of the Mean", in Richard Kraut ed., *The Blackwell Guide to Aristotle's Nicomachean Ethics*, Malden: Blackwell Publishing Ltd., 2006, p. 110.

③ Rosalind Hursthouse, *On Virtue Ethics*, New York: Oxford University Press, 1999, p. 118.

能基于情感的感受而形成自己的欲望，也有可能基于上溯至幸福的推理而确立自己的目标（详见第四章）。事实上，两者并不矛盾，它们都是有着良好教养的实践智慧之人，在面对具体情境时对自身的优良品质和敏感知觉的展现。一个略为沉稳的美德行为者，也许是通过自觉但迅速的推理做到这一点；而一个偏向感性的美德行为者，则可能更多的是受到情感的影响或驱动。甚至有可能，两种激发欲望的方式会同时起作用。在恰当的情感得以呈现和保留的情况下，行为者不但能够正确地确立实践推理的大前提（欲望），而且，他的整个实践推理过程也是从恰当的快乐或痛苦的心理感觉出发，并始终伴随着这种正确的感觉而推进的。所有这些，不正是一个拥有实践智慧的美德之人将会经历的事情吗？

第八章　移情的特征与可能

作为一种伴随快乐或痛苦的心理感觉，情感既是行为者的一般欲望在外部刺激下的必然产物，也是行为者进一步形成具体欲望，从而确立具体目标的助力机制。因此，为了实现恰当的情感，行为者不仅需要让自己的一般欲望通过习俗教化而被调适到一个优秀的状态，而且，他必须对构成外部刺激的当下情境或对象能有恰当的感知。在亚里士多德主义那里，如前所述，这项任务主要是通过知觉来完成的，即一个具有实践智慧的美德行为者，借由知觉（乃至直觉），对当下情境的基本事实获得一种整体性与实质性的判断。然而，知觉也许可以帮助行为者以观察的方式对当下情境的"事"有所洞见，但是，它尚不足以帮助行为者对当下情境的"人"有所体验。也就是说，除了认知的和观察的方式之外，行为者还可以（也需要）通过感受的和体验的方式，对当下情境——尤其是该情境中的其他行为者——的实际情况有所把握。这种心理能力及其实施过程，就是许多哲学家都津津乐道的"移情"或"同感"（empathy）。

诚然，关于"移情"或"同感"的讨论，在亚里士多德那里并不占据明显位置；相反，我们可以找到更多类似资源的地方，其实是在休谟、斯密等 18 世纪道德情感主义哲学家以及 20 世纪的现象学作品中。但是，这并不意味着，亚里士多德主义的美德伦理学就不能与之相兼容，更不意味着，亚里士多德主义的美德伦理学就不能对这些资源予以吸纳和借鉴。既然我们是在现代伦理语境中展开研究的，那么，我们恰好有责任也有必要去帮助这种美德伦理学，增补一些它仅从亚里士多德的文本中难以获得的内容，从而更好地建构和完善这种美德伦理学。毫无疑问，即便是亚里士多德主义的美德伦理学也有理由证明，如果一个行为者在心理上拥有足够的移情能力，如果他能够贴近甚至完整地感受到其他行为者的心理状况，那么，在当下情境中，他将更为有效地做出准确的道德反应，实施正确的道德行为。

一、移情的表现

在最直白的意义上，"移情"是指一个行为者对另一个行为者的情感状态的近乎等同的感受或体验，即一种基于感同身受的情感共鸣。因此，在汉译中，"移情"也常常被译作"同感"。虽然它在 18 世纪才通过休谟、斯密等道德情感主义者的论述而获得显著位置，但是，它所描述或指称的这种心理现象，在亚里士多德那里就已有所涉及。

在《尼各马可伦理学》第 6 卷第 11 节的开头，亚里士多德谈到 sungnōmonas 这个概念。在一些重要的英译本中，它都被译作"sympathic judges"（同情式的判断）。① 斯图尔特（J. A. Stewart）在注解这段话时指出，"同情式的判断"意味着"与他人共同地思考和产生感情的共鸣"，而善于做出这种判断的人正是"一个有社会同情心的人，他与他人共同地思考，分享他们的感情"。② 不仅如此，在第

① 参见(1) Aristotle, *Nicomachean Ethics*, trans. by W. D. Ross, in Richard McKeon ed., *The Basic Works of Aristotle*, New York: Random House Inc., 2001 p. 1032; (2) Aristotle, *Nicomachean Ethics*, trans. by Robert C. Bartlett, Susan D. Collins, Chicago: The University of Chicago Press, 2011, p. 129。

② 参见亚里士多德:《尼各马可伦理学》，廖申白译，商务印书馆 2003 年版，第 184 页，注释 2。

9 卷谈及一个人若要获得真正的友谊，就不能结交太多狐朋狗友时，亚里士多德也有一条重要的理由："一个人很难与许多人共欢乐，也很难对许多人产生同情（synalgein）。"① 这不仅说明，亚里士多德承认人与人之间确实存在着情感共鸣并进一步将这种现象奠定为某种伦理美德（即友爱）的心理基础，而且说明，他完全意识到了这种心理现象在社会层面上的特征和局限。而在《灵魂论》中，亚里士多德更是明确提到"移情"的可能性——"即便没有任何害怕的外在对象存在，我们也能发现自己正在体验那个觉得害怕的人的感受。"②

当然，从字面上讲，亚里士多德确实没有使用过一个与"移情"（empathy）相同的术语。毋宁说，根据如上论述，他所谈及的内容在词源上更多地偏向现代人所说的"同情"（sympathy）。实际上，对于这一点，不仅亚里士多德，就连休谟、斯密等道德情感主义者也同样如此。因为，至少在 18 世纪的英语写作中，还没有出现"empathy"一词。所以，当描述一个人能够感受到另一个人情感的心理现象时，休谟笔下出现的是"sympathy"（同情）而不是"empathy"（移情）。他说："当任何感情借着同情（sympathy）注入心中时，那种感情最初只是借其结果，并借脸色和谈话中传来的这个感情观念的那些外在标志，而被人认知的。这个观念立刻转变为一个印象，得到那样大程度的强力和活泼性，以致变为那个情感本身，并和任何原始的感情一样产生了同等的情绪。"③ 在他看来，"人性中再没有哪种性质，无论是就它本身来说还是就它的后果来说，比我们必定与他人产生同情，并

---

① Aristotle, *Nicomachean Ethics*, trans. by W. D. Ross, in Richard McKeon ed., *The Basic Works of Aristotle*, New York: Random House Inc., 2001, 1171a5.

② Aristotle, *On the Soul*, trans. by J. Smith, in Jonathan Barnes ed., *The Complete Works of Aristotle*, Vol. 1, Princeton: Princeton University Press, 1991, 403a24.

③ David Hume, *A Treatise of Human Nature*, Auckland: The Floating Press, 2009, p. 491.

且通过交流而接受他人的倾向和情感的那种属性更加引人注目了……愉快的面容将一种可以感觉到的满足和宁静注入我心中；就像一个愤怒或悲伤的面容投给我一种突然的沮丧一样"①。类似的，斯密也表示，"'sympathy'这个词的意思可能本来与 pity 和 compassion 相同，但现在完全正当地用来指称我们对任何一种情感的共同感受"②。

尽管没有直接使用"empathy"这一术语，但休谟和斯密实质上已经意识到并且充分论述了这种心理现象。也就是说，当他们使用"sympathy"这个概念时，指的就是一个人对另一个人的情感转移与共鸣，而不是一个人对另一个人的怜悯或关怀。或者说，他们笔下的"sympathy"描述的是一种特定的心理机制，而不是一种特定的情感表达。③ 这一方面固然是因为，在当时的英语世界中尚未出现"empathy"这个词；另一方面则是因为，"sympathy"本身足以表达"不同行为者之间情感共鸣"的含义。④ 在这个意义上，休谟、斯密等人所说的"同情"（sympathy）就是现代人所说的"移情"（empathy）——它不是意味着，一个行为者会对另一个行为者施以怜悯之心，而是意味着，一个行为者能对另一个行为者的喜怒哀乐等情绪予以设身处地的体察。所以，18 世纪道德情感主义者的"同情"概念可以在"移情"的意义上进行理解，或者说，他们所表述的其实是

---

① David Hume, *A Treatise of Human Nature*, Auckland: The Floating Press, 2009, pp. 490 - 491.

② Adam Smith, *The Theory of Moral Sentiments*, Oxford: Oxford University Press, 1976, p. 10.

③ 参见（1）Lou Agosta, *A Rumor of Empathy*, London: Palgrave Macmillan, 2014, p. 14;（2）Bernard Wand, "A Note on Sympathy in Hume's Moral Theory", *The Philosophical Review*, Vol. 64, No. 2 (1955), pp. 275 - 276。

④ "同情"（sympathy）本身就是由 sym（with）和 pathy（passion）组成的，因此可以被解释为"与……一起有这共同的感情"。参见张伟、杨明：《休谟问题再思考——基于同情、旁观者和效用原则的考察》，《伦理学研究》2012 年第 5 期。

作为移情的同情，而不是作为怜悯的同情。^① 前者是"对观察到的他人情绪产生同感从而经受与他人相似的内心体验的能力"^②，而后者则是"当我们看到或生动地设想到他人的不幸遭遇时所产生的情感。……这种情感同人性中所有其他原始的激情一样，绝不只是品行高尚的人才具备，虽然他们在这方面的感受可能最敏锐。即使是一个最残暴的恶棍、一个极其冷酷无情的违反社会法律的人，也不会全然丧失同情心"^③。

真正开始用"empathy"来指称"移情"心理现象，是到了 20 世纪初才出现的情况。1909 年，美国心理学家爱德华·铁钦纳（Edward B. Tichener）在介绍德国哲学家西奥多·利普斯（Theodor Lipps）的"Einfühlung"概念时，第一次将其在英文中译作"empathy"。^④ 由于在利普斯那里，"Einfühlung"就是指一个人对另一个人的心灵状态的体验，因而受其影响，此后有越来越多的英语作家采用"empathy"来刻画这种心理现象。而"sympathy"这个概念，则逐渐被压缩为或集中于指称"怜悯之情"这层含义。所以，如今围绕移情问题的讨论，除了溯及 18 世纪英语世界的道德情感主义之外，还须注意现代移情理论的另一条渊源，即 20 世纪以来德语世界的哲学现象学脉络。

在利普斯看来，移情跟外感知（认知外物）和内感知（认知自我）一样，都是一种专门的认知方式——它"既不同于对外部事物及其规定性的感性的、直向的认识，也不同于对内心自我及其规定性的

---

① Michael Slote, "Moral Sentimentalism", *Ethical Theory and Moral Practice*, Vol. 7, No. 1 (2004), p. 5.

② James Baillie, *Hume on Morality*, London: Routledge, 2000, p. 56.

③ Adam Smith, *The Theory of Moral Sentiments*, Oxford: Oxford University Press, 1976, p. 9.

④ 参见 Edward B. Titchener, *Lectures on the Experimental Psychology of Thought Processes*, New York: The Macmillan Co., 1909, pp. 21 – 22。

体验的、反思的认识，而是一种特殊的、涉及他人的认识方式或认识过程"①。一个行为者之所以能对另一个行为者进行移情，感受到后者的心理状况，就是因为在前者意识到后者的行为或表情时，他会产生一种模仿其行为或表情的冲动。又由于任何行为或表情都蕴含着某种情感，因此，模仿将前者引向后者，使两者发生内在体验的重合，从而令前者感受到后者的心理内容。

利普斯的移情理论影响广泛。在《现象学的构成研究：纯粹现象学和现象学哲学的观念》（第 2 卷）和《笛卡尔式的沉思》中，胡塞尔（Edmund Husserl）沿用了这个概念。② 不过，对胡塞尔来说，讨论行为者之间体验互通的可能性，只是为了更好地理解行为者对外部世界的体验直达的可能性。因为在他看来，"一个客观的外部世界只能主体间地被体验到，也就是说，被多数进行认识的个体所体验到，这些个体处在相互理解之中。因此，对其他个体的经验就构成一个前提条件"③，这就是"移情"。与利普斯相似，胡塞尔也认为，实现移情的一个必要条件就在于，移情者至少要对来自被移情者的肉体方面的被给予性有所把握，而后，在此基础上，进一步将肉体理解为带有精神活动的身体，即"另一个与我的自我相似的自我的实存，再后才理解他人的某个心灵的'表达'"④。但是，胡塞尔认为，移情所获得的他人的体验，虽然"是以切身的方式被直观地给予我的，但是这和他人

---

① 倪梁康：《早期现象学运动中的特奥多尔·利普斯与埃德蒙德·胡塞尔——从移情心理学到同感现象学》，《中国高校社会科学》2013 年第 3 期。

② 参见（1）胡塞尔：《现象学的构成研究：纯粹现象学和现象学哲学的观念》（第 2 卷），李幼蒸译，中国人民大学出版社 2013 年版，第 46—47、51、56 节；（2）胡塞尔：《笛卡尔式的沉思》，张廷国译，中国城市出版社 2002 年版，第 43—44、51—52、54 节。

③ 施泰因：《一个犹太家庭的生活》，第 218 页，转引自玛利亚·桑德曼：《导言》，载施泰因：《论移情问题》，张浩军译，华东师范大学出版社 2014 年版，第 2 页。

④ 倪梁康：《早期现象学运动中的特奥多尔·利普斯与埃德蒙德·胡塞尔——从移情心理学到同感现象学》，《中国高校社会科学》2013 年第 3 期。

的体验不同。他人的体验根本不能以和我自身的体验一样的原始方式被给予我，它们对于我来说是不能通过内在意识而通达的"，因此，移情者和被移情者的体验并不像利普斯所说的那样实现完全的重合，移情者"并没有对这些体验的内感知，而只有外感知"。[①]

然而，舍勒（Max Scheler）认为，移情的发生根本就不需要建立在知晓另一个行为者的行为或表情等"有关其肉体的知识"的基础上。因为"凡是其精神活动的符号或踪迹被给予我们的地方，比如在一件艺术品或一个意志行为的可感的统一性中，我们便会立即从中把握到一个活动着的个体之我"[②]。而且，除非我们预先已经知道他人的那个行为或表情所蕴含的情感内容，否则，我们对他人行为或表情的模仿是不可能直接将我们引向相应的精神状况的。所以，舍勒认为，利普斯的模仿理论不能完全解释一个行为者对另一个行为者的精神状况有所体验的移情现象。[③] 不仅如此，与胡塞尔（当然也包括利普斯）不同的是，在舍勒看来，移情本质上是一种"内感知"，即"我们内在地感知到陌生的'我'及其体验行为，就像我们感知我们自己的'我'那样"[④]。也就是说，一个行为者有能力在自身当中直接地感受到另一个行为者的精神状况。这不仅意味着"移情"是一种通过"直接的被给予性"而获得的关于他者内心体验的经验，而且，这种经验与他者自身的体验是同一的，具有同样的原初性。

舍勒的观点遭到胡塞尔的学生艾迪特·施泰因（Edith Stein）的反

---

① 扎哈维：《同感、具身和人际理解：从里普斯到舒茨》，陈文凯译，《世界哲学》2010 年第 1 期。

② Max Scheler, "Wesen und Formen der Sympathie", in *Max Schelers Gesammelte Werke*, Band 7, Bern und Mtinehen: Francke Verlag, 1973, SS. 236－237, 转引自张浩军：《施泰因论移情的本质》，《世界哲学》2013 年第 2 期。

③ 舍勒：《同感现象的差异》，载刘小枫编：《舍勒选集》（上），上海三联书店 1999 年版，第 283 页。

④ 施泰因：《论移情问题》，张浩军译，华东师范大学出版社 2014 年版，第 55 页。

驳。在施泰因看来，移情最重要的一项特征就在于它的"非原初性"（non-primordiality），即移情者通过移情所感受到的他人的心灵状态，仍然是他人的，而不是我本人直接从外部世界的被给予性中获得的。[①]因此，移情并不是意味着，移情者将陌生主体的体验完全转变甚至合并为自我的体验，而是仅仅意味着，对这种体验的理解，以及对它原初具有的那种陌生性和距离感的确认。概言之，移情不等于内感知。但是，另一方面，移情也不等于外感知。因为，移情的内容对象是他人的痛苦或快乐等情感。而"痛苦不是一个东西，也不能像一个东西一样被给予我，即使我在痛苦的表情中意识到了它"[②]。在这个问题上，施泰因同意利普斯的看法，认为移情是对"陌生体验的一种'内在的参与'……在这个阶段，我们在陌生主体这边，与它一起转向它的客体"[③]。只不过，这个客体依然是陌生主体的客体，而不是我的客体。

　　通过上述梳理，我们发现，本节一开始所给出的那个直白的定义虽不为错，但仍需进一步界定和区分，才能更精确地把握"移情/同感"的主要特征：

　　（1）"移情/同感"不等于"知情"（cognition）。移情必须是一个行为者对于另一个行为者的情感的感受（sense）和体验（experience），而不仅仅是对后者的知晓（know）或理解（understand）。因为，当我面对一个愁容满面或是喜上眉梢的行为者时，我完全可以根据自己以往的经验或他人提供的教导而判断出该行为者处于怎样的情感状况，但同时，

---

　　① 施泰因说："当我正沉浸在他人的喜悦中时，我并没有感受到原初的喜悦。我所体验到的喜悦……依然只不过是想象的，没有现实的生命。而另一个主体则具有原初性，尽管我并没有体验到这种原初性；他的喜悦是原初的，尽管我并没有把它体验为是原初的。在我的非原初的体验行为中，我感到自己似乎被一个原初的体验行为所引导，虽然我没有体验到这个原初的体验行为，但它就在那里，在我的非原初的体验行为中显示自身。"参见施泰因：《论移情问题》，张浩军译，华东师范大学出版社2014年版，第33页。

　　② 施泰因：《论移情问题》，张浩军译，华东师范大学出版社2014年版，第27页。

　　③ 施泰因：《论移情问题》，张浩军译，华东师范大学出版社2014年版，第27页。

同样完全有可能的是，我对于他正在体验的那种痛苦或快乐无动于衷，内心并未激起明显的波澜。① 在这种情形下，我只是"知道"了他的情感，而根本没有"感受"到他的情感。

（2）"移情/同感"不等于"同情"（sympathy/Sympathie）。如前所述，同情是一个行为者对于另一个行为者的情感（尤其是痛苦）所表达的一种相应的情感反应（尤其是怜悯）。然而，这并不意味着前者就真的感觉到了后者的心理状况。或者说，"同情"这个概念从未承诺，实施同情的行为者必定就体验到被同情者的实际心理状况。② 如果有人以为，"我为别人的痛苦而感到痛苦"或"我为别人的快乐而感到快乐"才是移情，那也不准确。因为，我所感到的痛苦/快乐，很可能不是他所感到的那种痛苦/快乐。固然，我可以知晓他的痛苦/快乐，同时由于我与他之间存在某种亲密关系，我也可以因此为他感到痛苦/快乐，但是，这并不代表我就感受到了他的痛苦/快乐。比如，当我看到我的孩子在悲伤地哭泣时，我会觉得难受，可是，由于我并不知道他到底为什么而哭泣（假如他非常年幼，甚至还不能掌握语言），所以我实际上无法体会到他的痛苦的确切内涵。就算我后来得知他痛苦的原因（比如，找不到心爱的玩具），我也不一定就能体会到包含着这个意向内容的痛苦。概言之，我依然停留在"知晓"他的痛苦的层面上，而没有实际地"感受"到他的痛苦；尽管我也有一份"痛苦"，但这份"痛苦"不是他的，而是我的，是我"为了他"而产生的。

（3）"移情/同感"不等于"同一感"（feeling of oneness/

① 扎哈维:《同感、具身和人际理解：从里普斯到舒茨》，陈文凯译，《世界哲学》2010 年第 1 期。

② 斯洛特曾举例说："我可以同情别人的尴尬，对此表示同情，而不必觉得像是自己遭遇了这种尴尬，因此也就没有对他人的尴尬进行移情。" Michael Slote, "Moral Sentimentalism and Moral Psychology", in David Copp ed., *The Oxford Handbook of Ethical Theory*, Oxford: Oxford University Press, 2006, p. 227.

Einsfühlung）。由于上述情形——我的痛苦/快乐与他的痛苦/快乐分别是两种痛苦/快乐——意味着移情没有发生，因此，人们自然会认为，只有当我的痛苦/快乐与他的痛苦/快乐合而为一时，才是真正的移情。利普斯就称移情为一种"内在的参与"。在此过程中，"我们自己的'我'和陌生的'我'之间的区别就消失了，这两个'我'就变成了同一个'我'"，亦即，两者实现了"同一化"——"比如，当我观看一个杂技演员表演时，我被他的表演所深深地吸引，我'内在地'参与到他的表演中去，好像我就是这个杂技演员似的。只有当表演结束后，我逐渐从完整的移情体验中走出来并对我的'实在的我'进行反思时，我才会把杂技演员和我自己区分开来。"① 表面上看，这种解释既能说明"情感的转移"，也能说明"情感的共鸣"，似乎成为关于移情的最严格、最精确的定义。但是，即便抛开所谓的"同一感"的可行性与可能性不谈，也仍然存在一个棘手的问题——在这个过程中，要么是那个实施移情的"我"消失了，要么是那个被移情的"他"消失了。无论哪种情况，都意味着"移情"不再是一个用于指称"我"与"他"之间某种关系的概念，而是一个用于描述"我"与"他"混合而成的某个实体的概念。并且，通过这种混合，我虽然有所感受（而不仅仅是有所知晓），但感受到的其实是我从第一人称的视角所发现的"我的"痛苦/快乐，而不是我从第三人称的立场所发现的"他的"痛苦/快乐。②

（4）"移情/同感"不等于"共同感"（fellow feeling/Mitfühlung）。

---

① 张浩军：《施泰因论移情的本质》，《世界哲学》2013 年第 2 期。

② "你进入一间酒吧，欢乐的气氛扑面而来。我们所知的情绪感染，其显著特征之一就是，你确实获得了上述情绪。它被转移给了你，变成了你本人的情绪。甚至，你可以被他人高兴或愤怒的情绪所感染，而无须意识到他们是与你有别的个人。这恰恰使得情绪感染与移情（原文译作'会心'，下同。——引者注）有所不同。而对于移情，你所了解的体验仍然是他人的体验。关注点在他人，不在你自己……"参见扎哈维：《同感、具身和人际理解：从里普斯到舒茨》，陈文凯译，《世界哲学》2010 年第 1 期。

所谓"共同感"，根据舍勒的说法，是指不同的行为者对于同一个对象所产生的相同的或共同的感受。比如，"父母伫立于他们可爱的孩子的遗体旁，他们共同感受着'同一种'悲伤、'同一种'痛苦。这并不意味着：A 感受到的悲伤，B 也感受到了。此外，这也并不意味着，他们都知道他们正在感受这种悲伤。不，这是一种共同的感受"①。在这种情形中，虽然我和他在情感内容上存在广泛的一致，但这种一致性，在来源上，不是因为我与他发生情感转移，而是由于我和他都受到同一个对象的刺激所引发的。② 因此，这种一致性与其说反映出"我"与"他"之间的互动关系，不如说反映出两者之间的平行或相似关系。当然，我或许此时也会受到他的情绪感染，从而也能对他有所感受（而不仅仅是有所知晓）。但在根本的意义上，我的感受不是来自他。或者说，我所感受到的不是另一个行为者的情感，而是直接经由外界对象引起的我自己的情感。

综言之，鉴别和把握移情的关键在于回答如下两个问题：第一，一个行为者到底有没有"感受到"另一个行为者的情感状态（是"感受到"还是"知晓到"）？第二，如果有所感受，那么，这个行为者感受到的究竟是不是另一个行为者的情感状态（是"他的"还是"我的"）？

在上述第（1）种和第（2）种情形中，行为者只是"知晓"而没有"感受"到另一个行为者的情感；在第（3）种和第（4）种情形中，行为者虽然有所感受，但感受到的只是"我的"而不是"他的"情感。而真正的移情在于，一个行为者不仅能够感受到另一个行为者的情感，而且感受到的确实是对方的情感，而非自己的情感。正如施泰因所说："被移情的体验的主体不是进行移情的主体，而是另一个主

① 舍勒:《同感现象的差异》，载刘小枫编:《舍勒选集》（上），上海三联书店 1999 年版，第 285 页。译文有改动。

② 施泰因:《论移情问题》，张浩军译，华东师范大学出版社 2014 年版，第 38 页。

体"，"这两个主体是分离的，它们并没有被一种自同性的意识或一种体验的连续性所结合在一起"。① 在这个意义上，精确地说，移情只是要让我尽可能地"贴近"他，但不是要让我"等同"他，更不是要让我"重合"他。毕竟，"具有道德蕴含的'同感'现象乃是一种他人取向的感受"②。作为一种特殊的心理机制，移情的根本任务在于让我贴切而真实地体验他，通过感受的方式而非理智的方式来理解他。但此时，他仍然是独立的和实在的，我并不能通过移情所导致的融合或重合而"消灭"他。就此而言，在移情过程中焕发出来的那种基于感同身受的情感共鸣，仍是一种保持着行为者彼此之间距离的对象化关系。

二、移情的基础

如果移情是一个行为者对另一个行为者的情感状态的贴切式（而非重合式）感受，那么，首要的问题是：这种感受何以可能发生？当我说我对另一个人有所移情时，这究竟意味着"我把我自己'转移到'他那里从而感受到他的情感"，还是意味着"我把他'转移到'我这里从而感受到他的情感"？通过这两种不同的解释，我们将得到不同的移情概念。前者被称作"投射性移情"（projective empathy），而后者则被视为"感染性移情"（contagious empathy）。

斯密的移情概念典型地属于"投射性移情"。他说："通过想象，我们设身处地地想到自己忍受着所有同样的痛苦，我们似乎进入了他的躯体，在一定程度上同他像是一个人，因而形成关于他的感觉的某些想法，甚至体会到一些虽然程度较轻，但不是完全不同的感

---

① 施泰因：《论移情问题》，张浩军译，华东师范大学出版社 2014 年版，第 33 页。
② 陈立胜：《恻隐之心："同感""同情"与"在世基调"》，《哲学研究》2011 年第 12 期。

受。"① 在这个问题上，斯洛特清楚地意识到，斯密的移情概念的含义就在于："我们把我们自己置于那个我们打算加以赞同或不赞同的人的心中或位置上，并且，如果我们发现他们的行为与我们将会采取的行为非常相似，那么我们就赞同他们，反之则不赞同他们。"② 尽管斯洛特认为，斯密的观点存在问题——评价者用于评价对方的标准在于自己（处于那个位置时所可能采取）的做法。但很可能，他自己不如那个被评价者做得好。因此，仅仅因为被评价者与评价者的做法不一致便不能得到赞同，是不恰当的——但他似乎忘记了，斯密为了确保投射性移情的正确性，还预设了另一个前提，即"公正的旁观者"。也就是说，要实施正确的道德评价，评价者就不能简单地把自己"投射到"那个被评价者身上，而必须首先把自己"投射到"一个公正的旁观者身上，然后，携带着这位公正之人的感觉、观念和视野，再将自己"投射到"那个被评价者身上，洞察后者具有怎样的情感状态，进而将这种情感状态与公正之人在面对类似情境时所可能具有的情感状态进行比对，从而得出"赞同"或"不赞同"的结论。这说明，如果一个行为者仅仅希望了解另一个行为者的内心，那么，他进行一次投射性移情即可。然而，如果他对另一个行为者的内心不仅希望有所了解，而且希望有所评判，那么他必须进行两次这样的移情才行。③

---

① 亚当·斯密:《道德情操论》，蒋自强等译，商务印书馆1997年版，第6页。

② Michael Slote, "Moral Sentimentalism", *Ethical Theory and Moral Practice*, Vol. 7, No. 1 (2004), p. 5.

③ 现象学的移情概念似乎多数是投射性的。比如，利普斯"把移情描述为对陌生体验的一种'内在的参与'，这种参与和我们所描述的移情的更高的完成阶段是完全一致的，在这个阶段，我们在陌生主体这边，与它一起转向它的客体"。而胡塞尔的移情概念则意味着"在想象中将自己置于他者的视角以便理解他者"。类似的，施泰因也明确指出，"我的一个朋友眉飞色舞地来到我跟前告诉我他已经通过了考试。我通过移情把握到他的喜悦；当我自己投射到（hineinversetzen/projection）这种喜悦之中，我把握了事情的可乐性，现在甚至也拥有原初的喜悦"。参见（1）施泰因:《论移情问题》，张浩军译，华东师范大学出版社2014年版，第35、36—37页；（2）耿宁:《孟子、斯密与胡塞尔论同情与良知》，陈立胜译，《世界哲学》2011年第1期。

　　与之相比，休谟的移情概念则是指一种接纳性的心理体验过程。在他看来，移情是把他人心中的情绪转移到自己心中，而不是像斯密所说的那样，是把自己的心灵转移到他人身上，然后"在想象中"扮演他人并感受他人的情绪。因此，对移情者来说，他实际上经历的是一种"感染/传染"（contagion）的相对被动的心理过程，就如同"若干条弦线均匀地拉紧在一处以后，一条弦线的运动就传达到其余条弦线上去"那样，"一切感情也都由一个人迅速地传到另一个人，而在每个人心中产生相应的活动"。① 当然，这种心理感染的过程也并非那么简单或直接。它不是一个行为者的情感面向另一个行为者的直接给予，而是一个"他人的情感经由表达的效果—相应的观念—而后转为印象—最终激发我的情感"的复杂过程。他说："当我们同情别人的情感和情绪时，这些活动在我们心中首先出现为单纯的观念，并且被想象为属于他人的，正如我们想象其他事实一样。其次，还有很明显的一点是，对别人感情所发生的观念被转化为这些观念所表象的那些印象本身，而且那些情感就照着我们对那些感情所形成的意象发生起来。"② 概言之，在休谟这里，移情的本质是行为者以自身的情感和感受为基础而对他人的情感和感受的引入。它意味着，我们把别人的情感通过某种由观念到印象的还原，而在自己的情感中重新表现出来。

　　无论是"投射性移情"还是"感染性移情"，都属于特定的解释模型，旨在说明一个行为者何以能够感受到另一个行为者的情感状态。尽管它们的表述内容存在差别，但要想成功说明并促成行为者的移情活动，这两种解释模型都必须事先承认"想象"（image/conceive）的必要性。

---

① 休谟：《道德原则研究》，曾晓平译，商务印书馆 2002 年版，第 125 页。
② David Hume, *A Treatise of Human Nature*, Auckland: The Floating Press, 2009, pp. 494–495.

对于投射性移情来说，这似乎不言而喻。因为，斯密本人已经明确谈到过这一点。不仅如此，之所以需要"想象"，是因为真正的问题还在于，所谓的"设身处地"或"将心比心"（即把自己"投射到"对方那里），无论在经验上还是逻辑上其实都是不可能的。我既不可能把我的肉体，也不可能把我的灵魂"摆放"或"寄存"在你那里；我的心灵既不可能脱离我的肉体而存在，也不可能真的"嵌入"你的肉体而存在。除非诉诸"想象"，否则，我们之间永远不可能在任何意义上可以通过投射而实现同一。因此，"投射"与其说是一种针对实际发生的"转移"或"投放"心理过程的描述，不如说是一种隐喻，一种关于"想象"的隐喻——它在字面上虽然是说"我把自己置于他的位置上"，但它实质上却是说"我想象我把自己置于他的位置上"。在这个意义上，"投射"不过是"想象"的一种替代性说法。所以，投射性移情不可能不承认想象的重要性。

与之相比，休谟的移情概念由于描述的是一种受到感染的被动的心理过程，因此，它似乎并不像斯密的移情概念那样，特别强调行为者有意改换视角、主动设想自己处于他人处境的那种心理状况。但是，这不仅不代表，在休谟所说的移情中就不存在"想象"的位置，恰恰相反，"我们自身与任何对象的关系越是稳固，想象就越容易进行转移，越容易将我们在形成自我观念时所一直伴随的那种概念的活泼性传递到相关观念上去"[1]。可见，休谟的这种"感染性移情"虽然没有要求一个行为者在移情过程中整个地把自己想象为另一个行为者，但是，它却要求当前者感受到后者的情感时，他必须通过想象而将后者与关于这份情感的观念之间的隶属关系确立起来，以及，当前者领悟

---

[1]　David Hume, *A Treatise of Human Nature*, Auckland: The Floating Press, 2009, p. 493.

到后者的情感所蕴含的观念时，他必须通过想象而把这种观念同自己的情感观念联结起来。也就是说，"感染性移情"依然在某些重要的环节上需要"想象"这种心理能力来补充完成。①

对想象的承认，意味着我们对移情的解释处于一条经验化的进路上，即我们不是把移情解释为行为者之间心灵的神秘穿越或视角的神秘重合，而是把它理解为一个行为者通过某种经验的心理能力而对另一个行为者心理状况的感受与把握。尽管想象或多或少带有一定的猜测，不是百分之百的一致，但这恰好符合我们前面提到的"移情"定义及其基本特征，即移情所获得的始终是第三人称而不是第一人称的感受。因此，想象所蕴含的不确定性和不一致性，非但不足以否定移情，反而是一种正常的移情活动所必需的东西。不过，为了能让移情（无论是投射性还是感染性的）有效地在经验中运行，除了需要想象能力之外，还需要进一步的经验基础，即在移情者与被移情者之间存在类似的心理结构和类似的社会文化结构。如果两者缺乏类似的心理结构，或者，移情者与被移情者来自完全不同的社会文化环境，那么，即便移情者具备充分的想象能力，他也很难甚至不可能想象得出被移情者的心理状况，更谈不上感受得到后者的情感状态。

在这方面，休谟清楚地论述过"类似的心理结构"对于移情所具有的基础性意义。他说：

> 显而易见，自然在所有人中间已经保存了一种伟大的类似性，并且，我们在别人那里所能发现的任何情感或原则，在某种程度上，我们也都可以在我们自己身上发现一种平行关系。正如在身

---

① Rico Vitz, "Sympathy and Benevolence in Hume's Moral Psychology", *Journal of the History of Philosophy*, Vol. 42, No. 3(2004).

体的结构方面是如此，在心灵的结构方面也是如此。无论这些部分的形状或大小有多大差异，它们的结构和构成一般却是相同的。在它们的千差万别之间，仍然保存着一种非常显著的类似性；而这种类似性必定非常有助于我们进入他人的情感，并欣然加以接受。①

如前所述，一个行为者的情感，是他内心的欲望在受到外部刺激时呈现的一种伴随着快乐或痛苦的心理感觉。因此，另一个行为者要想真切地感受到前者的心理感觉，严格说来，就必须具备同样的或类似的欲望，必须能够被同样的或类似的外部刺激激发，由此才能产生同样的或类似的伴随着快乐或痛苦的心理感觉；至少，宽泛地说，他必须能够在自己的想象中重构前者的心理过程。否则，这个移情者便不可能理解，为什么前者会在遭受如此这般的外部刺激时会产生如此这般的伴随着快乐或痛苦的心理感觉；自然，他也就无法在自己的内心中体会到前者的情感状态。在休谟看来，为移情提供奠基的这种"类似的心理结构"，并不是什么先验设定，而是人们通过彼此之间的移情已经从经验上证明了的东西。人们的心灵是"互相反映的镜子，不但因为它们互相反映彼此的情感，而且因为激情、感受和意见的那些光线可以互相反射"②。因此，行为者之间只有具备类似的心理结构，才不仅能够解释，为什么不同的行为者会对同一种对象产生同样的感觉，而且能够解释，为什么他们彼此之间也会产生感觉的互通与

---

① David Hume, *A Treatise of Human Nature*, Auckland: The Floating Press, 2009, p. 492.

② David Hume, *A Treatise of Human Nature*, Auckland: The Floating Press, 2009, p. 562.

情感的共鸣。[①]

　　同样如前所述，行为者的欲望（特别是那些理性的欲望类型）是可以被社会文化结构塑造的。一个行为者也许可以感受到另一个肉体受到损伤的行为者的痛苦，也许可以感受到另一个处于饥寒交迫之中的行为者的痛苦，但是，他不见得能够感受到另一个失去了某种荣誉的行为者（比如，在奥运会上失去金牌的运动员）的痛苦。因为，对于这种类型的痛苦的类似体验，必须建立在移情者与被移情者对于"荣誉"拥有类似的价值判断的基础上。而这又必须以他们身处类似的社会文化并且接纳这种社会文化的塑造为前提。[②] 除非移情者跟被移情者一样认为，在奥运会上没有夺取金牌是件令人痛苦的事情，否则，只要移情者对奥运竞技持有不同看法而认为它仅仅是一个展现自

---

　　① 罗素在谈论"感觉的公共性"时，也表达出类似的看法。他说："感觉的公共性，并不在于拥有完全相似的感觉，而在于拥有或多或少相似的感觉，并且这些感觉是按照可识别的规律相互关联起来的。……在这些感觉中，相互关联的感觉是非常相似的，并且那些关联非常容易被人发现。但是，甚至最私人的感觉也同别人能够观察到的事物拥有某些关联。牙科医生观察不到你的疼痛，但他能看见导致这种疼痛的龋洞，并且即使在你没有告诉他的情况下，也能猜想你正在遭受痛苦。"参见罗素：《心的分析》，贾可春译，商务印书馆 2010 年版，第 101 页。更充分的经验证据来自现代心理科学，尤其是神经心理学的贡献："Rizzolatti 等人在包括人在内的灵长类动物的大脑中——一个被称为 F5 的区域发现了'镜像神经元'（mirror neurons），这些神经元在被试自己抓、咬某物以及看到别的同类个体有意图地抓、咬某物的时候都会被激活……当自己闻到、观察到他人因难闻的气味而产生的厌恶表情时，在被试的脑岛（insula）——尤其是前脑岛、杏仁核、前部扣带回会有明显的激活。""Singer 等运用 fMRI 比较了被试自身接受痛觉刺激与观察到他们的恋人接受痛觉刺激时脑区的激活情况，发现双侧前脑岛、前扣带回喙部、脑干和小脑在两种情况下均有激活。前脑岛和前扣带回的激活程度与个体的移情能力相关。"参见亓奎言：《神经伦理学研究的进展》，《自然辩证法通讯》2009 年第 5 期。

　　② 甚至涉及本能的快乐和痛苦，也可以被解释为建立在社会文化结构的基础之上。纳斯鲍姆说："婴儿一出生，他就会哭。而大人们，由于假定这种哭声是婴儿对于自己所处境地中并不习惯的寒冷和粗糙觉得痛苦而做出的一种反应，于是就赶紧安抚他。这种经常重复的行为就教会婴儿把痛苦当作一件坏事情——或者，更有甚者，教会他其中包含'坏'这层意思的痛苦概念，也教给他这个社会通常所认为的那些涉及痛苦的生活形式。"参见 Martha C. Nussbaum, "Non-Relative Virtues: An Aristotelian Approach", in Martha C. Nussbaum, Amartya Sen eds., *The Quality of Life*, Oxford: Clarendon Press, 1993, p. 254。

我的舞台，那么，他就很难体会到那位运动员丧失金牌而在内心涌现的痛苦。这说明，只有当移情者与被移情者不仅具备类似的心理结构，而且具备类似的社会文化结构时，两者之间的移情才更可能发生，并更有可能准确地发生。

三、移情的功能

就当前的美德伦理研究而言，谈论移情问题最多的当属迈克尔·斯洛特。在他的《道德情感主义》和《关怀伦理学与移情》等作品中，斯洛特分析了移情的本质与特点，论证了移情对于行为者实施正确的道德感知、道德判断以及道德行动的充分性和必要性。[①] 正是由于他的努力，越来越多的人意识到情感在建构美德伦理学进程中的重要地位，也进一步唤起人们对于休谟、斯密等 18 世纪道德情感主义者的移情概念的关注。按他自己的说法，斯洛特最早注意到移情问题，源于他的同事向他提到的一篇由保守主义的天主教思想家约翰·诺南（John Noonan）撰写的关于堕胎的文章。在该文中，诺南对堕胎提出的批判，不是基于人类胚胎的权利，而是基于对人类胚胎的移情。[②] 随后，斯洛特又从另外一些论述移情之道德重要性的心理学作品中获得更多的启发和经验证据。[③] 在他看来，移情之所以值得美德伦理学重点讨论，正是因为，移情被认为是一种促使有美德的行为者实施正确

①　参见(1) Michael Slote, *The Ethics of Care and Empathy*, New York: Routledge, 2007, pp. 13 - 20; (2) Michael Slote, *Moral Sentimentalism*, New York: Oxford University Press, 2010, chs. 1 - 3。

②　Michael Slote, "Sentimentalist Virtue and Moral Judgement: Outline of a Project", *Metaphilosophy*, Vol. 34, No. 1 - 2 (2003), p. 132.

③　参见(1) C. D. Baston, *The Altruism Question: Toward a Social-Psychological Answer*, Hillandale: Lawrence Erlbaum, 1991; (2) Martin Hoffman, *Empathy and Moral Development,* Cambridge: Cambridge University Press, 2000, chs. 2 - 4。

行动、提出正确评价的充分必要条件。①

现代心理学的经验证据表明，作为人类的一种情感能力和反应机制，移情能够帮助行为者直接并真实地体验到当下情境中另一个行为者的心理状况，尤其是后者的痛苦或快乐感觉（即情感），因此，一个具备成熟发达的移情能力的行为者将更容易、更自然地实施关心他人的行为。这就是所谓的"移情－利他假设"（empathy-altruism hypothesis）。"它的意思是，对他人的关心是由成熟的移情所推动的，并且依赖于成熟的移情。"② 或者说，它意味着，"如果某人发展足够的移情，能够表示赞同和不赞同的，能够体会其他行为者内心的感觉，那么，他们将会拥有一种相当发达的移情能力。同样的，那些已经发展出移情能力的人会对他人给予关心。因此，移情能力不仅使得我们表达赞同和不赞同，而且在一定程度上指引我们对我们所赞同和不赞同的对象有所作为"③。

根据这种假设，如果我是一个善于移情的美德行为者，那么，当我看到一位老人摔倒在地时，我的内心首先涌现的将不是一个基于知觉的判断"这位老人需要帮助"，而是一种基于移情的体验"我感受到他很痛苦"。此时，我自己被激发出来的那个用于构造实践目的的欲望，将不再是"我想要帮助老人"，而是"我想要避免痛苦"。显然，后者将比前者更具激发性，因为后者与人类的生存本能相关，而前者

① 参见（1）Michael Slote, "Sentimentalist Virtue and Moral Judgement: Outline of a Project", *Metaphilosophy*, Vol. 34, No. 1-2 （2003）; （2）Michael Slote, "Moral Sentimentalism", *Ethical Theory and Moral Practice*, Vol. 7, No. 1 （2004）; （3）Michael Slote, "Moral Sentimentalism and Moral Psychology", in David Copp ed., *The Oxford Handbook of Ethical Theory*, Oxford: Oxford University Press, 2006。

② Michael Slote, "Moral Sentimentalism", *Ethical Theory and Moral Practice*, Vol. 7, No. 1 （2004）, p. 6.

③ Michael Slote, "Moral Sentimentalism", *Ethical Theory and Moral Practice*, Vol. 7, No. 1 （2004）, p. 12.

则需要进一步诉诸某个更高维度的规范命题加以论证。在这个意义上，"移情在决定一个人能否感受到他人之悲痛或需要并因而采取有利于后者的利他行为中发挥着决定性的作用"①，他会因为更加切身地感受到对方的痛苦（而不仅仅是对方处于困境的事实），而更加直接地表达出对他人的关心、怜悯并实施相应的行动。斯洛特甚至更激进地认为，既然"对他人的道德关心"就是美德，那么，美德就不可能不基于移情，美德的本质就在于"根据人类的移情功能而对他人实施的关心"。②

不仅如此，移情的心理机制还可以解释，为什么行为者在表达这种关心和利他行动时往往呈现出一定的偏倚性或等差性，即对视野以内的人的关心要超过对视野之外的人的关心，对人类的关心要超过对动植物的关心，以及对因为自己的主动行为而导致的结果的关心要超过对因为自己的放任行为而导致的结果的关心。③ 这是因为，对任何个体来说，移情都建立在伦理生活的经验基础上，而伦理生活总是在时间、空间和因果性上以层次性的方式展开的，因此，行为者移情的敏感度就会有一种亲疏之别——越是朝夕相处、越是交往频繁的对象，越是与我们当下的处境相关、越是与我们自身的行动相关的对象，我们也就越是了解和熟悉他们，越是容易感受到他们的感受。所以，人类的关心和利他行为所表现出来的等差性或偏倚性，是与人类移情的

---

① 陈真：《论斯洛特的道德情感主义》，《哲学研究》2013 年第 6 期。

② Michael Slote, "Moral Sentimentalism", *Ethical Theory and Moral Practice*, Vol. 7, No. 1 (2004), pp. 6 - 7.

③ 斯洛特分别称之为"知觉的直接性"（perceptual immediacy）、"时间的直接性"（temporal immediacy）和"因果的直接性"（causal immediacy）。Michael Slote, "Sentimentalist Virtue and Moral Judgement: Outline of a Project", *Metaphilosophy*, Vol. 34, No. 1 - 2 (2003), pp. 133 - 137.

自然必然性相关的。①

此外，除了有助于一个人作为行为者去实施关心和利他行动，移情还可以帮助另一个人作为评价者而对上述行为者的行为做出恰当的评判。斯洛特说：

> 当我，作为评判者或非人的观察者，通过移情而感觉到一个行为者展现在给定行为中的那份温暖时，那么，我所感觉到的那份衍生的或映射的温暖，就是一种指向该行为或指向作为该行为的实施者的那个行为者的赞同的感觉；并且，类似的，当行为者的行动没有展示出温暖/温柔，我这个观察者的移情就会把这种与行为者内心的温暖相反对的状态呈现或反映为一种冰冷的感觉，或者说，不赞同的寒冷的感觉。②

根据这种移情理论，当一个行为者关心别人时，他会将对方的快乐或痛苦的感觉"迁移到"自己的心中，感受到对方的真实感觉，因而，他的关心是一种移情式的关心/关怀（empathic concern/caring）。斯洛特认为，在这个过程中，该行为者的心理状态具有一种可被称作"温暖"（warm）或"温柔"（tenderness）的性质。但是，旁观者或评价者若要正确地领会行为者的用意，并且意识到"对他人的关心"是一种值得赞同的善或正确，那么，他们也必须具备相应的移情能力并加以恰当的运用。也就是说，评价者之所以给出赞同的评价，并不是他通过将关怀的行为同某种普遍的理性原则或逻辑前提进行比对而得

① Michael Slote, "Sentimentalist Virtue and Moral Judgement: Outline of a Project", *Metaphilosophy*, Vol. 34, No. 1 - 2 (2003), p. 133.

② Michael Slote, "Sentimentalist Virtue and Moral Judgement: Outline of a Project", *Metaphilosophy*, Vol. 34, No. 1 - 2 (2003), p. 138.

出的结论，而是他同样通过移情，在自己心中感受到了行为者的内心温暖，从而在自己心中涌现出来的一种暖意使然。如斯洛特所说，当"一个人非常无私地对待另一个人，并且表达出一种关心他人福祉的温暖，我在他们身上所感受到的这种温暖也温暖了我。这种温暖能够传递到我这里。因此，当我向一个充满关怀或仁慈的行为者进行移情时，他们在对待别人时所感到的那种基于移情的温暖关心，也能在我自己身上有所体验和反映。对于该行为者在实施针对他人的行动时内心所感的这种移情体验，就是我所认为的赞同。赞同就是对一个行为者展示给他人的那种温暖的移情式关心的移情式反映"[1]。正是一个行为者通过针对其行为对象的移情而表达出来的温暖和关心，解释了为什么另一个评价者也会通过针对这个行为者的移情而产生温暖的心理感觉。[2] 恰恰是这种温暖的心理感觉的自然涌现，宣告了评价者对行为者的赞同态度。

　　相应的，假如一个行为者面对（某个需要帮助的）行为对象没有发生移情，从而没有表达出移情式的关心，这个行为者的内心便处于"温暖"匮乏的状态。此时，另一个运用移情能力的评价者所感受到的，只能是这个行为者"内心的那种冷漠、恶毒、淡然、自私的品质"[3]，亦即，那种被称为"寒冷"（cold）的心理感觉。它意味着，评价者已经对行为者移情缺失的心理状况给出了否定评价。斯洛特相信，"不赞同就是一种寒冷的感觉"；评价者通过对行为者实施移情而感到的寒冷，一方面既是他对这个行为者的心理状态的把握，另一方

---

[1]　Michael Slote, "Moral Sentimentalism", *Ethical Theory and Moral Practice*, Vol. 7, No. 1 (2004), p. 8.

[2]　Michael Slote, "Moral Sentimentalism", *Ethical Theory and Moral Practice*, Vol. 7, No. 1 (2004), p. 11.

[3]　Michael Slote, "Moral Sentimentalism", *Ethical Theory and Moral Practice*, Vol. 7, No. 1 (2004), p. 11.

面也恰恰是他自己对这个行为者表示不赞同的那种感觉的反映。①

　　综言之，对于重视感觉、情感等心理要素的美德伦理学来说，移情不仅可以被行为者运用于具体的行为对象从而促成正确的道德行动，而且可以被评价者运用于具体的行为者从而得出正确的道德评价。②这一点不仅对于道德情感主义适用，对于亚里士多德主义也同样适用。因为，在亚里士多德主义框架内，一个有美德的行为者完全可以凭借有效的移情，对当下情境（特别是当下情境中的人）有更贴切的了解，从而合理地激发自己的欲望，展开实践推理，并恰当地采取行动或给予评价。所以，我们不能因为在当前讨论中，移情问题更多涉及道德情感主义的语境和资源，就认为它仅限于（斯洛特倡导的）情感主义的美德伦理学。恰恰相反，正如我们在第十一章将要表明的那样，如果缺乏对行为者的理性、欲望等其他心理要素的综合论述，缺乏对行为者及其生活背景的实践考虑，那么，仅凭道德情感主义关于移情的说明，不足以为美德伦理学提供充分的行动指南和评价方案。在这个意义上，"移情"概念必须被增补进亚里士多德主义的美德伦理学版本中，从而在完善后者的同时，也让自己找到更大的用武之地。

---

　　① Michael Slote, "Moral Sentimentalism", *Ethical Theory and Moral Practice*, Vol. 7, No. 1 (2004), p. 8.

　　② 相对于那种用于行动过程的移情，用于评价过程的移情是"二阶移情"，即对行为者是否移情的移情。"尽管对行动及其行为者的赞同和不赞同……涉及移情，但是……这里所涉及的移情却是对于该行为者的移情或缺乏移情的移情。……一个移情的道德评价者或观察者将会把握行为者的这些特征，并且在自己身上将它们分别体现为赞同和不赞同。"参见 Michael Slote, "Moral Sentimentalism and Moral Psychology", in David Copp ed., *The Oxford Handbook of Ethical Theory*, Oxford: Oxford University Press, 2006, p. 234。

第九章　意图的所指与所托

无论是移情还是知觉，都是促使行为者把握当下情境的具体情况的心理要素。在实践过程中对它们的运用，能够帮助行为者激活那些被蕴含在自身品质中的一般欲望，从而塑造一个适用于当下情境的具体欲望，形成具体的行动目标。通过对这种行动目标的实现手段进行实践三段论的慎思，行为者将会推理得到一种具体的行动方案。这一方面可以解释，为什么亚里士多德主义美德伦理学的实践理性能够更大限度地容纳情感、欲望等非理性因素；但另一方面也意味着，亚里士多德主义美德伦理学的实践三段论，最终还需证明自己的结论部分（即那个具体的行动方案）足以构成行为者的真实有效的意图（intention）。只有当行为者的意图真实有效，其行为才是出于意愿的（voluntary）；而为了确保意图的真实有效，行为者必须具备饱满坚定的意志（will）。这些在亚里士多德本人那里仅仅部分涉及而并未展开的道德心理概念，如今成为亚里士多德主义美德伦理研究中绕不过去的关卡。因此，如何从美德伦理视域出发，恰当地理解和引申这些概念，使之与亚里士多德主义相契相融，这正是当代学人所必须处理的课题。

一、意图与意向

要理解"意图"，必须首先理解"意向"。在西方文献中，"意图"

与"意向"其实是同一个词（intention）。因此，汉语学界在转译和讨论这个概念时，常将两者混用或等同。然而，两者实际存在着细微但不可忽视的差别；并且，这种区别绝不仅是汉语内部的语词之别。即便在西学语境中，使用 intention 这个概念的学者也往往需要通过某些说明或限定来区分该概念的不同所指。在这个意义上，与其说我们无法找到一个确定的汉语语词来完美对应 intention 概念，不如说，"意图"与"意向"的并立存在恰好反映出汉语能以一种更为精确的表达方式来揭示并区分这个概念本具有的复杂内涵。

关于心灵与对象之间的意向关系，在亚里士多德那里就已有所讨论。① 但是，"意向"或"意向性"（intentionality）却不是被亚里士多德而是被现代心理学家运用的概念，它们构成了现代学者分析心理活动与心理现象的基石。② 在 19 世纪 70 年代，德国心理学家布伦坦诺（Franz Brentano）专门将"意向性"用于设定心理现象的本质特征。他说：

> 所有心理的东西都有一个共同特征（不幸的是，它常常被"意识"这个术语所误导）：凡心理现象都处于这样一种关系之中，即它必须指向一个对象，这种关系被称为"意向的"关系。意向关系所指向的某物，不一定是实际存在的，而是被作为一个对象呈现的。没有听，除非某物被听；没有信，除非某物被信；没有希望，除非某物被希望；没有渴望，除非某物被渴望；没有愉悦，除非某物被愉悦；等等。所有其他的心理现象也是如此。③

① Aristotle, *Rhetoric*, trans. by W. Rhys Roberts, in Jonathan Barnes ed., *The Complete Works of Aristotle*, Vol. 2, Princeton: Princeton University Press, 1991, 1378a32.

② 李忠伟：《亚里士多德与布伦塔诺论意向性》，《中国现象学与哲学评论》2015 年第 2 期。

③ 布伦塔诺：《伦理知识的起源》，许为勤译，《贵州大学学报（社会科学版）》2003 年第 1 期。

这种观点并非空穴来风。因为 intentionality 概念的拉丁文渊源"intentio"（动词形式"intendere"）的本意，就"与射箭有关，意指将箭射向或指向靶子的活动"①。布伦塔诺承认，"心灵的这种内居性（Einwohnubg）"在亚里士多德那里已被论及，而中世纪的经院哲学家也早已指出，"被思考的对象意向地存在于思维者中，被爱的对象意向地存在于爱者中，被欲求的对象意向地存在于欲求者中"。② 但是，布伦塔诺的贡献在于，他明确通过"意向性"这个概念而表明了这一点。

在布伦塔诺看来，精神或心灵的活动不可能是无对象的，它们必定以这样或那样的方式有所指涉。也就是说，任何心理状态都必定针对、指向或涉及某种对象。在布伦塔诺看来，表象（presentation）、判断（judgement）以及（包括欲望在内的广义的）情感（emotion）是呈现意向性的三种基本的心理形式。③ 行为者的内心要么是通过表象的方式而对某个对象予以直观的把握，要么是通过判断的方式而对某个对象的存在或属性予以肯定或否定的断言，要么是通过情感的方式而对某个对象做出喜好或厌恶、快乐或痛苦的反应。无论哪种心理现

---

① 李晓进:《西方哲学中意向性话题的嬗变脉络和发展动向》，《中山大学学报（社会科学版）》2012 年第 5 期。

② 布伦塔诺:《从经验立场出发的心理学》，郝亿春译，商务印书馆 2017 年版，第 106 页。

③ "第一个层次，即笛卡尔的 ideae，也就是最广义的观念，或者，我们也可以把它们称作表象。它包括具体的直观表象，这些具体的直观表象通过与该概念相一致的感官被给予我们……第二个层次，即笛卡尔的 judicia，也就是判断。……其特性是：除了某一确定对象的观念或表象之外，还有指向那个对象的第二个意向关系。这个意向关系，要么是肯定的要么是否定的，要么接受要么拒绝。如果一个人说'上帝'，那么他是在表达上帝这个观念；但是如果他说'上帝存在'，那么他是在表达他相信上帝。……第三个层次是情感，这是在情感这一术语最广泛的意义上使用的。这些情感不仅包括当人们想到一个对象时心中所升起的禀好（inclination）与厌恶（disinclination）的最简单的（心理倾向的）形式，也包括建立在我们的信念基础上所体验到的快乐或难过的情绪反映，还包括涉及目的与手段的高度复杂的情感现象。"参见布伦塔诺:《伦理知识的起源》，许为勤译，《贵州大学学报（社会科学版）》2003 年第 1 期。

象，都是要"把自己指向某物"①。因此，指向性（referenceness）或关于性（aboutness）乃是意向性概念的基本内涵。用布伦塔诺的话来说："每一心理现象都被一种东西所标识，中世纪经院哲学家称这种东西为关于一个对象的意向的（心理的）内存在，我们也可以将之称为——虽然还有些模棱两可——关涉一种内容、指涉一个对象（这里不应被理解为一种实物），或将之称为一种内在对象性。每一心理现象自身都包含作为对象的某物，尽管其方式不尽相同。在表象中总有某物被表象，在判断中总有某物被肯定或否定，在爱中总有某物被爱，在恨中总有某物被恨，在欲求中总有某物被欲求，如此等等。"②

　　布伦塔诺关于"意向性"的理解深刻影响后人。作为他的学生，胡塞尔更深刻地从心灵建构意向关系的方式的角度（而不是从心灵指涉意向对象的心理形式的角度）区分了意向性的不同类型。在胡塞尔这里，"有三种意向性概念：心理学意向性，它相当于感受性；'观念I'中的意向性，它由诺耶玛（Noema）-诺耶思（Noesis）（意向对象和意向作用）的相关关系制约"；以及，具有生产性和创造性的"真正构成的意向性"。③ 其中，第一种意向性意味着，行为者承认心灵之外的世界的独立存在，心灵是通过接收和感应外界——亦即，对外界进行表象——而完成对外界的指向，并建构起心灵与世界之间的意向关系。与之相比，第二种意向性没有做出这样的预设，而是意味着，行为者的意向活动或意向作用具有优先地位，意向对象正是通过意向活动或意向作用得以确立。在这个意义上，意向对象以及心灵与世界

---

① 海德格尔：《现象学之基本问题》，丁耘译，上海译文出版社 2008 年版，第 71 页。
② 布伦塔诺：《从经验立场出发的心理学》，郝亿春译，商务印书馆 2017 年版，第105—106 页。
③ 胡塞尔：《纯粹现象学通论·法译本译者导言》，李幼蒸译，中国人民大学出版社2014 年版，第 463 页。

之间的意向关系，将更大程度地依赖于作为心理现象的意向活动本身。相较而言，第三种意向性对于意向对象的建构性或构造性更为主动。在这种意向关系中，心灵所指向或关涉的对象主要是通过心灵本身的能动性而构造呈现出来的。胡塞尔相信，意向关系"或者就是表象，或者建基于作为其基础的表象之上"，"如果一个东西没有被表象，那么它就不能被判断，也不能被欲求，不能被希望和被惧怕"。① 换言之，只有在心灵表征或构造了对象之后，才会"出现与对象相关的情感行为和欲求行为等等。这里有一个意识的先后顺序，它不一定是时间的，然而却是逻辑的先后顺序：首先有表象的行为，而后才有情感行为和欲求行为。具体地说，我们首先要看见某物，而后才会产生对它的喜欢或不喜欢的感觉，想拥有或不想拥有的欲念，如此等等"②。

其实，当布伦塔诺根据心灵指向对象的具体方式来划分意向性时，

---

① 胡塞尔：《逻辑研究》（第2卷），倪梁康译，上海译文出版社1998年版，第411页。

② 倪梁康：《东西方意识哲学中的"意向性"与"元意向性"问题》，《文史哲》2015年第5期。同样的，（早期的）海德格尔也特别重视意向性的现象学意义。"他在1925年《时间概念历史导引》的讲座中，把意向性看作是现象学的三个决定性发现之首：意向性、范畴直观和先天的原初意义。此后，他在为胡塞尔《内意识时间现象学讲座》所写的'编者引言'中还指明，通过胡塞尔的分析，意向性获得了'不断增强的根本澄清'。在海德格尔看来，胡塞尔的意向性分析瓦解了近代以来主客体关系思维模式的统治地位，以现象学的方式解决了认识论的难题。他用一座桥与一条河的比喻来形象地说明前现象学的认识论与现象学的认识论在认识的理解方面的根本差异：'就其本质来说，可认识者与认识者向来一体地取决于同一个本质基础。我们不可把两者分离开来，也不能要求孤立地找到它们。认识并不像一座桥，能够在某个时间一劳永逸地把一条河的两个自在现成的河岸连接起来；而不如说，认识本身就是一条河，它在流动之际首先把河岸创造出来，并且以一种比一座桥向来所能做到的更为原始的方式使两个河岸相互面对。'（海德格尔：《尼采》（上卷），孙周兴译，商务印书馆2002年版，第556页。）在这里，认识并不是在已有的主客体的两岸之间构建起来的一座桥梁，认识本身即一条河流，这条认识之河在流动中创造出两岸，亦即创造出构成两岸的意向活动和意向相关项。"参见同上。或者说，"所有的认知对象只有当认知活动指向它时，它才成为对象，而并非本来就是客体……人也只有在认知活动中开始认识对象时才成为认知主体的，否则它不是认知的主体。所以，认知的对象和认知的主体都是认知活动构建的……没有认知活动就无所谓认知的主体和对象。认知性认识的这种特性就是许多哲学家和心理学家所说的意识或认识的'意向性'"。参见江畅：《德性论》，人民出版社2011年版，第364页。

这就已经表明，意向性是复数的，不是单数的。也就是说，尽管心灵与世界之间必定形成意向关系，但这些意向关系之间却有所差异。它们不仅是层次上的差异，更是方向上的差异。其中，表象和判断是一个行为者接纳和反映外部世界（或者按照现象学的说法，至少是被给予的现象）的心理产物。在这种意向关系的建构过程中，行为者更多地表现为一种被动或承接的角色；行为者的心灵通过这种意向关系所完成的任务，就是尽可能如实地接纳和反映意向对象的本来面目。因此，这种意向性是接纳性（receptivity）和反映性的（reflectivity）。它们呈现的是一种从世界到心灵的作用方向（经验或现象作用心灵），以及，一种从心灵到世界的适配方向（心灵合乎经验或现象）。

与之相比，欲望和情感则更多地表现为投射性（projectivity）和决断性的（decisiveness）。当一个行为者形成某种欲望时，这不仅意味着他的心灵在涉及或指向某个对象，而且意味着，他的心灵是在以一种试图改造这个对象的方式涉及或指向它。在一定程度上，情感同样如此。因为，当行为者表达某种情感时，他不可能不对这份情感所指向的那个意向对象"是好是坏""是想趋近它还是想远离它"做出一种能动反应。所以，欲望和情感的意向性，并不在于如实地接纳和反映意向对象的本来面目，而在于准确地传达和施加意向主体的自我意见。这种意向性呈现的是一种从心灵到世界的作用方向（心灵作用经验或现象），以及，一种从世界到心灵的适配方向（经验或现象合乎心灵）。只有这样的意向性，才堪称"意图"——它不仅包含心理活动所指涉的对象，而且包含心理活动主体的愿望与企图。

所以，当我们说一个行为者"有意图"时，其含义不仅是，他在内心形成了特定的指向和目标，而且是，他在内心形成了特定的实践指向和实践目标，即不但指向某个对象、事件或某种状态（有所指），而且试图改变这个对象、操作这个事件或实现这种状态（有所图）。

所以，与一般的意向不同，意图所蕴含的指向性或关于性，不是简单地"包含"或"涉及"某个对象，而是"针对"和"作用于"这个对象，试图对它施加某种力量或要求，希望使它获得某种调整或改造。在这个意义上，意图不是一般的意向，而是意向的一种特殊形式。在经验上，"我意图"（I intend to）不是与"我发现"（I find）或"我认为"（I think）的心理状态（即表象或判断）相关，而是与"我想要"（I want to）或"我意欲"（I desire to）的心理状态（即欲望）相关。

　　意图之所以涉及欲望，是因为它在本质上是一种关于行动的意向性。[①] 当布伦塔诺区分意向性的不同类型时，他就已经意识到，包括欲望在内的广义情感的意向性既存在于偏好与厌恶之中，也存在于喜悦与悲伤、希望与担忧之中，更存在于每一个意志的行动之中。[②] 如果行为者不打算通过行动来改造对象，不打算让对象迎合或符合自己的想法，那么，他也就谈不上有什么意图可言。所以，意图一定是关乎行动的意图。换言之，意图必定与行动相关，从而与行为者试图改变世界的欲望及其活动相关。安斯库姆明确指出："当一个人说'我打算做这样的事情'时，我们会说这是对意图的一种表达。我们有时也会把一个行动说成是有意图的，而且我们还会问，做这件事是有什么意

---

　　① 罗素说："任何一种精神事件——感觉、意象、信念或情绪——都可以引起一连串的行为；除非被打断，这串行为会继续下去，直到某种或多或少具有确定性的事态得以实现。……产生这样的一个事件链条的属性被称为'不适'；这个链条末端的精神事件的属性被称为'愉悦'。……这个链条终止于一种静止的状况，或终止于一种只倾向于维持现状的行为的状况。静止的状况得以在其中实现的事态被称作这个链条的'意图'，并且最初的包含不适的精神事件被称作一种'欲望'，即对带来静止的事态的欲望。"参见罗素：《心的分析》，贾可春译，商务印书馆2010年版，第62页。
　　② 布伦塔诺：《伦理知识的起源》，许为勤译，《贵州大学学报（社会科学版）》2003年第1期。

图。在每一种情况中，我们都运用了一个'意图'的概念。"① 在这个意义上，意图（而不是一般意义上的意向）"被理解成心灵与行动的一种连接"，或者说，"意图就是一种与行动有关的心理状态。……（它）反映的是行动者的心灵机制中关于实践的一种承诺"②，而不是关于认知的一种承诺。

在安斯库姆看来，"意图"表明一个行动不是无中生有或无的放矢的。当一个行为者能够声称自己的行动"有意图"时，这意味着他能够有条理地回答别人向他提出的有关行动理由的问题。安斯库姆说："是什么把有意图的行动与无意图的行动区别开来？我建议的答案是，它们是那些我们可以对其提出具有特定意义的'为什么？'问题的行动；这种意义在于，如果对它的回答是肯定的，那么，这就为行动提供了一种理由。"③ 安斯库姆相信，对于这个问题的回答如果仅仅是"我就是要"，那就"根本不存在专门的有意图的行动这个概念"④。因此，"对意图概念或出于意愿的行动来说，除了'我就是做了'这种回答之外，关于那个'为什么'的问题，有其他的答案，乃是不可或缺的"⑤。而行动理由便是这样一种"其他的答案"。对安斯库姆来说，正是行动理由的存在，构成了行为者的意图，使得他的行动变得可解释，成为一种与行为者的主体性与能动性更加密切相关的事实。

因此，在一年后发表的那篇重要论文《现代道德哲学》中，安斯

---

① G. E. M. Anscombe, *Intention*, Cambridge, MA.: Harvard University Press, 1957, p. 1.

② 张巍:《意图的形而上学》,《自然辩证法通讯》2015 年第 2 期。

③ G. E. M. Anscombe, *Intention*, Cambridge, MA.: Harvard University Press, 1957, p. 9.

④ G. E. M. Anscombe, *Intention*, Cambridge, MA.: Harvard University Press, 1957, p. 32.

⑤ G. E. M. Anscombe, *Intention*, Cambridge, MA.: Harvard University Press, 1957, p. 33.

库姆进一步阐述道，现代道德哲学的症结恰恰在于未能在行动理由亦即行为者意图的问题上提供合理的回答：一方面，它们忽略了因文化背景变迁而导致的行为者心理结构改变的事实，仍然固守某些已然丧失心理基础从而缺乏实践有效性的规则伦理概念；另一方面，它们又压缩了某些依然活跃并实际发挥作用的心理机制，遮蔽了那些事实上存在且本应得到澄清和发扬的美德伦理概念。安斯库姆说："在今天的哲学中，我们需要解释，'一个不公正的（unjust）人怎么就是一个坏的（bad）人'。……但是，这种解释只有在我们具备了恰当的心理哲学知识后才能完成。因为，用于证明不公正的人就是坏人的论据，需要把公正描述为一种'美德'。"现代道德哲学虽然同意"不公正的人是坏人"，但由于它们消解了美德理论，因而导致该命题"在哲学上存在一条鸿沟……它需要由我们关于人类本性、人类行为、美德品质的类型，以及最重要的，关于人类繁荣的描述填补起来"①。

在这个意义上，安斯库姆的努力不仅是为了区分行动的有意图或无意图，而且是为了筛选并厘定一种被认为更真实地反映行为者心理状况的意图方案。在安斯库姆这里，意图并不是什么神秘的东西，更不是亚里士多德主义美德伦理学不可触及的东西。就其基本形态而言，它依然表现为实践推理的大前提与小前提的叠加。② 只要亚里士多德主义美德伦理学考虑行动问题并且提供自己的实践推理方案作为行动的理由，那么，它就能够容纳这个概念并为之赋予特定的说明。

---

① G. E. M. Anscombe, "Modern Moral Philosophy", *Philosophy*, Vol. 33, No. 124 (1958), pp. 4 – 5.

② Robert Audi, "Intending", *The Journal of Philosophy*, Vol. 70, No. 2 (1973).

二、意图与意愿

意图是促成和解释行动的心理原因。一个有意图的行动，不仅是行为者在心理上特定意向的结果，而且是行为者通过诉诸一定理由而做出合理抉择的表现。在逻辑上，意图可以被表述为实践三段论的结论；在实践上，意图则构成了行为者的动机。人们通常以为，无论行为者的意图包含何种内容，重要的在于，这种意图必须是行为者自己的意图。也就是说，意图必须反映行为者的意愿，必须是行为者出于意愿的或自愿的（ēkoūsion，英译 voluntary）心理状态，而不能是与行为者意愿无关的或不自愿的（akoūsion，英译 involuntary）产物。[①]根据这种观点，"意愿"似乎是一个比"意图"更严格的概念。它意味着，只有当一个人在不仅具有行动的理由，并且还是心甘情愿的情况下，他的行动才是出于意愿的。

然而，这种看法其实给"意愿"或"出于意愿"附加了过多的内容。在亚里士多德那里，一个行为是出于意愿的，还是并非出于意愿的，有一个简单明确的区分标准——行为的始因或本原（archē）究竟是在行为者的内部还是外部。

亚里士多德说，一项行为若"其始因是外在的，而那个正在行动或正在感觉这种情绪的人对此无能为力，比如说，如果他被一阵风卷走，或者，被一些强行抓他的人带走"，那就是并非出于意愿的被迫行为。[②] 这类行为的共同特征在于，"始因在当事者自身之外而他对此无

---

① Philippa Foot, *Virtues and Vices and Other Essays in Moral Philosophy*, Berkeley: University of California Press, 1978, p. 8.

② Aristotle, *Nicomachean Ethics*, trans. by W. D. Ross, in Richard McKeon ed., *The Basic Works of Aristotle*, New York: Random House Inc., 2001, 1110a1 – 4.

能为力"①，并且，这种"无能为力"完全是由自然的或物理的外部力量造成的。可以说，在这里，亚里士多德"采取了一个极端严格的标准"，即"行为者必须对行动毫无贡献；也就是说，他必须没有移动自己身体的任何部分"。② 因此，可以举例说，（1）由于车辆急刹车而导致我踩到别人的脚，或（2）他人搬动我的脚去踩踏别人，就属于这样的情况。然而，值得注意的是，在这类情况中，行为者不仅并非出于意愿，更是没有任何意图。因为在我踩到别人的脚之前，我压根就没有考虑过要不要踩他的脚，根本就没有形成这方面的念头或打算，自然也就没有任何意图可言。正是由于我没有任何关于踩脚的意图，所以，踩脚这个行为对我来说才"并非出于意愿"。

"并非出于意愿"的行为不限于"被迫的"行为。亚里士多德指出，"出于无知的"（by reason of ignorance）行为也应当被包括在内。③所谓"出于无知"，在亚里士多德看来，不是对"什么东西是善的"这类普遍知识的无知，而是对"行为的环境和对象"这类特殊知识的无知。后者包括"对他自己是谁，他在做什么，他在对什么人或什么事物做什么的无知，有时，还包括对用什么手段（例如，什么工具）去做、为了什么目的（例如，他可能认为他的行为将保护某个人的安全）去做，以及以什么方式（例如，是温和的还是激烈的方式）去做的无知"④。比如，（3）我也许完全知道不应当踩别人的脚，给别人造

---

① Aristotle, *Nicomachean Ethics*, trans. by W. D. Ross, in Richard McKeon ed., *The Basic Works of Aristotle*, New York: Random House Inc., 2001, 1110b4.

② Susan Meyer, "Aristotle on the Voluntary", in Richard Kraut ed., *The Blackwell Guide to Aristotle's Nicomachean Ethics*, Malden: Blackwell Publishing Ltd., 2006, p. 146.

③ Aristotle, *Nicomachean Ethics*, trans. by W. D. Ross, in Richard McKeon ed., *The Basic Works of Aristotle*, New York: Random House Inc., 2001, 1109b35 − 1110a1.

④ Aristotle, *Nicomachean Ethics*, trans. by W. D. Ross, in Richard McKeon ed., *The Basic Works of Aristotle*, New York: Random House Inc., 2001, 1111a3 − 7.

成无谓的痛苦，但此时，我并不知道在我脚下的就是别人的脚，还以为它是一块椭圆形的石头。在这种情况下，尽管从第三人称（旁观者）的角度来看，我确实踩到了他的脚，但从第一人称（我自己）的角度来看，我却不存在任何要踩他的脚的念头或打算。也就是说，在我的心中，只有"我想要踩这块石头"的意图，没有"我想要踩这只脚"的意图。因此，仅就"我踩他的脚"（而不是"我踩这块石头"）这个行为而言，在我这里仍找不到任何始因。人们可以说，我是出于意愿去踩一块石头，却不能说，我是出于意愿去踩他的脚。在这里，同样是因为"无意图"，才导致这种行为是一种"并非出于意愿"的行为，而且（更具体地说）是一种"无意愿"的行为。

亚里士多德进一步指出，"出于无知"不等于"处于无知"（in ignorance）。① 前者是行为者难以避免因而"不能负责的无知"，而后者却是行为者本可避免，因而是一种"应当负责任的无知"。② 沿用上述例子，我们可以说：（4）如果我是因为喝醉了酒或粗心大意而踩了别人的脚，便属于"处于无知"的情况（因为我本可以避免喝醉，本可以不那么粗心大意）。对于这种情况，处于醉酒状态或疏忽状态的我同样没有产生任何想要去踩别人脚的意图，所以，此时发生的踩脚行为同样并非出于我的意愿。除此之外，还有一种情形，即（5）出于本能（比如，梦游）。在这种情形中，行为者愈发谈不上有任何自觉的意图。因此，我们也就更不可能在一个梦游者这里发现任何促成其行动的内部原因并判定该行为是出于意愿的。

概言之，如上五种"并非出于意愿的"行为的共同点在于，行为

---

① Aristotle, *Nicomachean Ethics*, trans. by W. D. Ross, in Richard McKeon ed. , *The Basic Works of Aristotle*, New York: Random House Inc. , 2001, 1110b24 - 25.

② Aristotle, *Nicomachean Ethics*, trans. by W. D. Ross, in Richard McKeon ed. , *The Basic Works of Aristotle*, New York: Random House Inc. , 2001, 1113b30 - 1114a3.

者在实施这些行为时，其内心并未形成任何实际的意图；它们的出现不是基于行为者的内部原因，而是由各种各样的外部原因导致的。在这个意义上，因"无意图"而导致的"并非出于意愿的"行为，甚至谈不上是一些"违反意愿的"（anti-voluntary）行为，而只是一些"缺乏意愿的"（non-voluntary）行为。它们的出现与行为者的意图无关，从而与行为者的意愿无关。就此而言，我们可以说，"无意图"则"无意愿"，意图是意愿的必要条件。

在亚里士多德看来，既然并非出于意愿的行为无法在行为者这里找到原因，那么，它们似乎"可以得到原谅，有时还可以得到怜悯"[1]。然而，问题在于，"能够满足这个外因标准的'行动'看起来根本不是行动"[2]。因为"除非在这行为中包含有一个可识别的人的目的，除非当事人知道在某种描述情况下他正在干什么，除非我们能够在他的行为中觉察出某些准则，否则，那就根本不是行为，而仅仅是一个躯体运动，或许是一个本能反应"[3]。换言之，我们之所以需要为人的行动谋求一种来自心理的而不是物理的说明，就是因为，唯有如此，我们才能把一个行动称作"行动"（action），而不是一个单纯的"动作"（act）或"移动"（move）。[4] 对亚里士多德主义来说，区分"出于意愿的行动"和"并非出于意愿的行动"虽然十分必要，但讨论的重点仍然在于前者。因为，只有出于意愿的行为，才能成为伦理学分析与评价的对象。

---

① Aristotle, *Nicomachean Ethics*, trans. by W. D. Ross, in Richard McKeon ed., *The Basic Works of Aristotle*, New York: Random House Inc., 2001, 1109b32.

② Susan Meyer, "Aristotle on the Voluntary", in Richard Kraut ed., *The Blackwell Guide to Aristotle's Nicomachean Ethics*, Malden: Blackwell Publishing Ltd., 2006, p. 146.

③ 麦金太尔:《伦理学简史》，龚群译，商务印书馆 2003 年版，第 111—112 页。

④ 乔纳森·巴恩斯编:《剑桥亚里士多德研究指南》，廖申白等译，北京师范大学出版社 2015 年版，第 264 页。

　　所谓出于意愿的行为，用亚里士多德的话来说，就是行动的始因在行为者自身之中、能够展示和体现行为者的主体性与能动性的行为，即那些"在一个人自身能力范围之内的，他并非不知道谁会是行为对象、会使用什么手段、会有什么后果（例如，他要打谁，用什么东西打，以及，造成什么后果）的情况下所做出的行为"[①]。这说明，一个行动是否出于意愿，本质上取决于行为者是否具备相关的意图。行为者具备行动理由从而具备并践行了自身意图的行为，就是一个出于意愿的行为。在这个意义上，我们可以说，"有意图"则"有意愿"，意图构成了意愿的充分条件。

　　意图是意愿的充分条件。这意味着（1）只要一个行为是行为者意图的践行，那么，无论该意图是否恰当或正确，这个行为都是"出于意愿的"。在亚里士多德看来，假如一个行为者具备优良的内在品质和卓越的慎思能力，那么，他所形成的意图将构成恰当的行为理由；一旦行为者将该意图转化为行动，我们便可以说，他"出于意愿地"实施了一个有美德的行动。[②] 然而，同样的道理也适用于"有恶德的行动"；或者说，那些"有恶德的行动"同样也是出于意愿的行动。比如说，如果我是一个品行不端的人，那么，我会仅仅为了从中取乐而故意甚至精心筹划去踩别人的脚。在这种情况下，正是由于我在内心有一个踩脚的意图，所以，踩脚的行为才成为一个出于意愿的行为。也正因为这种行为是一个"出于意愿的"行为，所以，实施该行为的行为者才可以被谴责。这再次说明，一个行为是否出于意愿，只跟它是否源于行为者的意图相关，而跟它源于行为者的何种性质的意图

---

　　① Aristotle, *Nicomachean Ethics*, trans. by W. D. Ross, in Richard McKeon ed. , *The Basic Works of Aristotle*, New York: Random House Inc. , 2001, 1135a23 – 26.

　　② Aristotle, *Nicomachean Ethics*, trans. by W. D. Ross, in Richard McKeon ed. , *The Basic Works of Aristotle*, New York: Random House Inc. , 2001, 1113b2 – 4.

无关。

其实，不仅有美德/恶德的行为是出于意愿的，在亚里士多德看来，就连美德/恶德品质本身也是出于意愿的。"因为我们自己就是我们品质状况的部分原因"①，我们的品质很大程度上是我们自觉抉择的结果。就像培养自己的美德而使自身成为一个公正或节制的人必定建立在"我想要成为什么样的人"这种意图的基础上一样，成为不公正或不节制的人也同样如此。② 毕竟，"不公正或放纵的人一开始可以不变成这样的人，因此，他们是出于意愿地变得不公正或放纵"③。概言之，在亚里士多德的美德伦理学中，不仅美德行为或恶德行为的始因在于行为者的意图（因而是出于意愿的），而且，美德或恶德这些品质本身的始因同样在于行为者的意图（因而同样是出于意愿的）。在此意义上，说"美德与恶德以及它们的产物都是值得赞赏或指责的"④，也就不足为奇了。

意图是意愿的充分条件，还意味着（2）只要一个行为是行为者意图的践行，那么，无论该意图是否是行为者心甘情愿的抉择，这个行为都是"出于意愿的"。用亚里士多德的例子来说，一个行为者在亲人被当作人质时，为了保全亲人生命而不得不遵循要挟者的命令所采取的行为，或者，一个行为者在船只遇到暴风雨时，为了保证船只

---

① Aristotle, *Nicomachean Ethics*, trans. by W. D. Ross, in Richard McKeon ed., *The Basic Works of Aristotle*, New York: Random House Inc., 2001, 1114b23－24.

② 亚里士多德认为："说一个做事不公正或行为放荡的人并不想成为不公正的人或放荡的人，这是不合理的。如果一个人并非无知，却做着会使他变得不公正的行为，那就必须说，他是自愿地变得不公正。"Aristotle, *Nicomachean Ethics*, trans. by W. D. Ross, in Richard McKeon ed., *The Basic Works of Aristotle*, New York: Random House Inc., 2001, 1114a10－13.

③ Aristotle, *Nicomachean Ethics*, trans. by W. D. Ross, in Richard McKeon ed., *The Basic Works of Aristotle*, New York: Random House Inc., 2001, 1114a21－22.

④ Aristotle, *Eudemian Ethics*, trans. by J. Solomon, in Jonathan Barnes ed., *The Complete Works of Aristotle*, Vol. 1, Princeton: Princeton University Press, 1991, 1223a9.

安全而不得不扔掉船上货物的行为，就属于这类情况。我们如果沿用上面的例子，那么也可以说，当一个人在受到类似外在压力胁迫，不得已踩了另一个无辜者的脚时，同样属于这种情况。

根据亚里士多德的观点，这是出于意愿的行为中更复杂的一种情形，即既出于意愿又违反意愿的"混合型"（mixed）行为。这里所谓"违反意愿"，意味着如果在没有如此外部压力的条件下，行为者肯定不会形成关于这些行为的意图；他此时之所以做出这种选择，完全是不得已为之，违背了他在正常情况下的意图和意愿。然而，从另一方面看，尽管这些行为是在外部压力下产生的，但它们毕竟经由行为者的意图而发生，而不是由这份压力直接导致。换言之，发动他的肢体去行动的那个始因，依然在他自身之中。虽然我们相信，"该行为者一旦脱离上述胁迫的压力便不会形成这种意图"将是事实，然而，"该行为者处于上述胁迫的压力而形成了这种意图"却同样是事实。在这个意义上，混合型行为仍是因为奠基于行为者的意图，所以"更接近于出于意愿"的范畴。①

不仅如此，亚里士多德还指出："在做某事取决于我们的情况下，不做也取决于我们；当'不'取决于我们的时候，'是'也一样。因此如果做某事，这是高贵的，取决于我们，那么不做，也就是坏的，也取决于我们。如果不做某事，这是高贵的，取决于我们，那么做，也就是可耻的，也取决于我们。如果做高贵和可耻的行动取决于我们，不做它们也同样如此，而这就是好与坏的意思，那么卓越和卑劣也就取决于我们。"② 所以，如果我们打算承认，在受到外部压力威胁的情

---

① Aristotle, *Nicomachean Ethics*, trans. by W. D. Ross, in Richard McKeon ed., *The Basic Works of Aristotle*, New York: Random House Inc., 2001, 1110a10 – 11.

② Aristotle, *Nicomachean Ethics*, trans. by W. D. Ross, in Richard McKeon ed., *The Basic Works of Aristotle*, New York: Random House Inc., 2001, 1131b7 – 14.

况下，行为者做出勇敢或高尚的决定是值得赞赏的出于意愿的行为，那么，在同样的外部压力条件下，行为者如果没有做出这种行为，而是听命于要挟者或是匆忙地扔掉货物，就同样也是出于意愿的行为——只不过是一种值得谴责（至少是不值得赞扬）的出于意愿的行为。亚里士多德明确告诫人们，如果"只谴责外在事物而不责怪我们太容易被它们俘虏"，如果"只把高尚行为的原因归于自己，把卑贱行为的原因归于快乐"，那是"很荒唐的"。①

　　因此，关于"混合型"行为，与其说行为者违背了自己的意愿，不如说行为者其实违背了自己通常倾向的意图。我们有理由假设，当外界无压力时，行为者能够顺畅地把自己的意图表达出来，并转化为一个出于意愿的行为。但是，当外界有压力特别是有巨大压力时，行为者常常不能那么顺畅地表达它，而是不得不用新的意图来替换它，进而把这个新的意图表达出来并转化为另一个出于意愿的行为。此时，行为者的新意图依然是真实的，他的行为也依然由于新意图的存在而是一个出于意愿的行为。也就是说，意图构成意愿的充分条件，这一点并未被否定。只不过，此时所表达的意图显然已经不同于甚至背离了该行为者如果在无压力的条件下将会形成的那种意图了。面对这种情况，真正值得考虑的，不是如何切割意图与意愿之间的关系从而试图在扭转意愿上下功夫，而是如何让行为者培养出更加坚定饱满的意志，使他们即便面对外在压力的胁迫也依然能够坚持自己一以贯之的意图。意志的饱满或坚定，对于行为者坚持并实现自己的真实意图来说，有着不可替代的作用。

---

　　① Aristotle, *Nicomachean Ethics*, trans. by W. D. Ross, in Richard McKeon ed., *The Basic Works of Aristotle*, New York: Random House Inc., 2001, 1110b15 - 16.

三、意图与意志

严格说来，亚里士多德并未使用过"意志"这个概念。[①]　即便是如今时常讨论的亚里士多德伦理学的"意志软弱"（weakness of will）问题，在他本人那里，也只是一种被称作"不自制"（akrasia，英译 incontinence）的品质。相应的，被后人理解为亚里士多德关于"意志"的直接讨论，在他本人那里，用的也只不过是"自制"（enkrateia，英译 continence）这个概念。[②]

相比之下，古希腊社会的普遍态度似乎并不重视这个问题："希腊人由于他们那明白无误的唯理智论不那么看重意志，在他们的语言中，一个表达意志的词汇也没有。"[③]　这里的原因可能在于，古希腊思想家对理性的力量普遍信任，认为道德问题足以通过理性原则的发现和理性能力的发挥来解决。因此，他们似乎并未过多考虑，当一个行为者通过运用实践理性而获得行动的理由从而形成意图时，他是否还需要其他心理环节的辅助和参与，才能保证其意图的连贯与稳定，进而确保其意图真正转变为现实的行动本身。[④]　这些对其他古希腊哲学家来说似乎不成问题的问题，恰恰构成当代学人为亚里士多德主义美德伦理学引人并论证"意志"概念的必要契机。

一般来说，意志是指行为者确认、坚持并实现自身意图的心理机

---

① David Furley ed., *Routledge History of Philosophy*, Vol. 2, London: Routledge, 1999, p. 111.

② 文德尔班:《古代哲学史》，詹文杰译，上海三联书店 2009 年版，第 263 页。

③ 策勒尔:《古希腊哲学史纲》，翁绍军译，山东人民出版社 1992 年版，第 146 页。

④ 参见（1）柏拉图:《普罗泰戈拉》，载《柏拉图全集》（第 1 卷），王晓朝译，人民出版社 2002 年版，第 470、484 页；（2）柏拉图:《美诺》，载《柏拉图全集》（第 1 卷），王晓朝译，人民出版社 2002 年版，第 502、533 页。

能，"是人为了达到一定的目的，自觉地组织自己的行为，并与克服困难相联系的心理过程"[1]。与意识相比，意志更鲜明地与行为者"欲求某事，选择和决定行动根据并依此采取行动的能力"有关，亦即，更直接地同行动相关。[2] 在这个意义上，意志与意图就意向关系而言是一致的，即它们都不是对外在现象的反映、吸纳或整理，而是面向现象的主动投射，都呈现出改造世界和影响生活的实践要求。换言之，"意志是人所特有的，是意识的能动作用的集中体现"[3]，它体现出强烈的目的性和主动性。

然而，与意图相比又有所不同的是，意志不仅蕴含行为者内心的实践指向，而且意味着行为者内心对这个指向的巩固与坚守，意味着行为者对其意图的推动和转化。作为一种较高级的思维形态，意志不仅是行为者试图采取行动的心理预备阶段，而且，这种心理预备阶段必须随时接受行为者的反思与认定。如果我们仅仅在表象上观察到一个行为被发出，而行为者自身却并无清醒的自我反思或确认，那么，我们是无法对其意志表示认同的。所以，意志除了必需的目的性和主动性，还蕴含着一种不可或缺的反身性或反思性。这些方面共同构成了意志的本质，即自由。

实际上，当意志概念最初出现时，它所表达的基本含义就是与"必然"相对的"自由"。一般认为，最初使用"意志"概念的是古罗马的伊壁鸠鲁主义者卢克莱修，是他最先把伊壁鸠鲁的"原子偏斜"学说所蕴含的"自由"明确地归属于"意志"，进而将意志刻画为具有一种冲出自然状态的自我决定力量的东西。卢克莱修说："我们正是

---

[1] 黄希庭、郑涌:《心理学十五讲》，北京大学出版社 2014 年版，第 236 页。

[2] 尼古拉斯·布宁、余纪元编:《西方哲学英汉对照辞典》，人民出版社 2001 年版，第 1070 页。

[3] 黄希庭、郑涌:《心理学十五讲》，北京大学出版社 2014 年版，第 236 页。

借着这个自由的意志而向欲望所招引的地方迈进，同样地，我们正是借这个意志而在运动中略为偏离，不是在一定的时刻和一定的空间，而是在心灵自己所催促的地方。因为无疑地在这些方面乃是每个人的意志本身给予发端，从那里开始，透过我们所有的四肢，新开始的运动就流遍全身。"①

在基督教传统中，意志的自由属性也得到充分的承认。奥古斯丁在《论自由意志》中说，正是有了自由意志，人才会将之加以滥用而违背上帝的指令。这种"滥用"与"违背"恰恰说明，人的想法和选择可以超出上帝的意志。这是人之"罪"的始源，也是人间各种罪恶的原因。② 因此，"意志自由"在基督教语境中并非一个突兀的异端，相反，它是一个必需的环节：它为"原罪论"谋求奠基，为人间的罪恶锁定来源，把人降低到一个有限的、有罪的、有待拯救的地位，从而为上帝的惩恶促善的权威地位确立依据。如果意志不是自由的，那么，人既不会因为做了善事而受赞扬，也无须因为行了恶事而遭惩罚；试图"警告我们要忘却低等之事而力求永恒之事，弃恶而从善"③，也变得毫无意义。此外，奥古斯丁还相信，自由意志的存在为人神之间的关系设定了一个开放的场域：上帝赋予人意志自由，是为了使其可以过一种符合神意的正当生活。人虽然可以成为上帝的选民，但并不意味着人已经被选定上天堂，而是获得了一个可以上天堂的"机会"。一个人是朝向上帝还是背向上帝，是进入天堂还是跌入地狱，在于他

---

① 北京大学哲学系编译：《西方哲学原著选读》，商务印书馆 1999 年版，第 207—208 页。

② 参见（1）奥古斯丁：《独语录》，成官泯译，上海社会科学院出版社 1997 年版，第 193、196 页；（2）奥古斯丁：《恩典与自由》，奥古斯丁著作翻译小组译，江西人民出版社 2008 年版，第 41、44 页。

③ 奥古斯丁：《独语录》，成官泯译，上海社会科学院出版社 1997 年版，第 158 页。

自己"意志的功德"。① 所以，基督教必须承认意志自由，才能使其神学体系保持融贯并在更大程度上维系上帝的权威。

　　真正确立意志及其自由在经验世界中重要位置的，仍是启蒙时代的道德筹划。只有到了这个时候，意志所蕴含的自由属性才摆脱了神学的意义，而完全作为一种与人类经验行动相关的心灵能力得到证明。洛克说："任何主体只要有一种能力来思想自己的动作，只要能选择它们的或进行或停止，那他就有一种名为意志的那种官能。因此，意志不是别的，只是那样一种能力。"② 而康德更加充分地讨论了意志的类型和功能。他将意志区分为两种：一是指受感性经验影响的一般理性的意志③；二是指不受感性经验影响的以纯粹理性为根据的意志，即善良意志。康德指出，道德行为必然是由善良意志支配的行为。意志之所以是善良的，是因为意志具备一种自行寻求理性指导、遵循理性的纯粹要求、摆脱自然界的必然性支配、摆脱人类生活的经验欲求支配，从而使自身成为善良意志的性质和能力——自由。康德说："自由的概念，一旦其实在性通过实践理性的一条无可置疑的规律而被证明了，它现在就构成了纯粹理性的，甚至思辨理性的体系的整个大厦的拱顶石……（自由）这个理念通过道德律而启示出来了。"④

　　意志必须是自由的，行为者的意图才能被说成是"他的"意图；任何反映在意图之中的道德要求若不是建立在意志自由的基础上，若

---

　　① 奥古斯丁:《独语录》，成官泯译，上海社会科学院出版社 1997 年版，第 103 页。
　　② 洛克:《人类理解论》（上），关文运译，商务印书馆 1959 年版，第 212 页。
　　③ "意志这个概念，我完全是从我的内经验中得出来的，而我的意志之是否得到满足，是根据我所要求的对象之是否存在的。因此，意志这个概念是根据感性的，而这与至上存在体的这种纯粹概念是完全不相容的。"参见康德:《任何一种能够作为科学出现的未来形而上学导论》，庞景仁译，商务印书馆 1977 年版，第 146 页。
　　④ 康德:《实践理性批判》，邓晓芒译，人民出版社 2003 年版，第 2 页。

不顾及行为者的意志自由所蕴含的多种可能性，都将难以成立或难以为继。更重要的是，意志还必须是坚定而强悍的，行为者的意图才能得到坚守和执行。毕竟，从形成意图到真正付诸行动，其间仍然存在一定距离。即便形成了意图，行为者也不一定坚持或施行该意图，除非他还具备一种不为其他力量干扰或胁迫的坚强意志。也就是说，一个纯粹的意图绝不等于一个具体的行动，如果行为者不能够凭借自己的意志把前者转化为后者，那么，意图就永远只是意图而已。在这个意义上，意志意味着将意图转化为行动的某种推动力和执行力，以及，与这种转化过程相伴随的克服、坚持与控制。① 用现代心理学的话来讲，这就是意志控制的过程——"意志控制必然要消除实现目的的过程中的内部障碍和外部障碍"，"只有克服了这些障碍，意志的控制作用才能贯彻到底，实现预定目的"。②

　　如前所述，"意志"概念没有出现在亚里士多德的文本里，但这不代表亚里士多德的伦理学没有讨论过"意志"这种心理环节，更不代表亚里士多德主义美德伦理学无须考虑诸如"意志软弱"的反驳，或是无须论证"意志坚强"的必要。只不过，亚里士多德是通过关于"不能自制"和"自制"的讨论来处理这方面问题的。在亚里士多德看来，"不能自制"和"自制"虽然跟美德和恶德一样同属于人的品质，但"我们既不能把这两类品质等同于美德和恶德，也不能把它们当作完全不同的东西"③。准确地说，两者正是行为者心理结构中能够实际影响意图之效用的那种意志状态。因而，在现代研究的语境中，

---

① 冯契主编：《哲学大辞典》，上海辞书出版社 2001 年版，第 235 页。
② 黄希庭、郑涌：《心理学十五讲》，北京大学出版社 2014 年版，第 262 页。
③ Aristotle, *Nicomachean Ethics*, trans. by W. D. Ross, in Richard McKeon ed. , *The Basic Works of Aristotle*, New York: Random House Inc. , 2001, 1145a36 - 1145b1.

两者甚至往往被等价地译作"意志软弱"和"意志坚强"。①

　与苏格拉底和柏拉图相比，亚里士多德当然承认意志软弱的存在。②不仅如此，基于古希腊社会的理智传统，亚里士多德也承认意志软弱产生于无知。不过，这种无知不是苏格拉底和柏拉图所认为的对普遍原则的无知，而是对当下情境的无知——行为者误解甚至根本没有理解当下的特殊情境，没有实际运用关于当下情境的特殊知识，没能将普遍的道德要求同当前的实际情况结合起来，所以才会出现"明明知道应当做 A但却没有做 A"的状况。③然而，这种理解只是亚里士多德在讨论意志

---

　① 意志软弱者的实践推理无法取得实际效果，因为他的行动最终与实践推理的结论相反。而意志坚强者虽然最终使得自己的行动与实践推理的结论相同，但却在内心经历了一番痛苦的挣扎抑或悲壮的较量。克劳特说："意志软弱者和意志坚强者以某种方式看到了他们的目标以及在此时此地应该做的事情，因此，他们要比那些在目的上犯错的人更好；但与此同时，因为欲望或情感的影响，有些东西反对他们对此时此地应该做什么的认识。在意志软弱者那里，这个反对的要素将他引向了行动。"参见 Richard Kraut, "Introduction", in Richard Kraut ed., *The Blackwell Guide to Aristotle's Nicomachean Ethics*, Malden: Blackwell Publishing Ltd., 2006, p.8。

　② 李义天：《美德伦理学与道德多样性》，中央编译出版社 2012 年版，第 91—92 页。

　③ Aristotle, *Nicomachean Ethics*, trans. by W. D. Ross, in Richard McKeon ed., *The Basic Works of Aristotle*, New York: Random House Inc., 2001, 1146b34－1147a10. 对于这样的情况，显然，只要行为者正确地运用理性，搞清楚当下的真实情况，那么意志软弱就可以被克服。所以，在这种条件下，意志软弱仍是一个关于理性"无知"的问题，它可以在理性层面得到解释和解决。类似的处理方式还可以在黑尔和戴维森等人那里发现。黑尔认为，行为者的理性判断足以给他带来一个采取相应行为的意志，除非他并非真的以为 A 最好，而仅仅是由于大多数人都这样认为，他只是附和他们罢了。黑尔认为，这说明，行为者之所以会表现出来"知道应当做 A 但却没有做 A"的状况，根本的原因在于，他其实没有接受"应当做 A"的知识，或者说，他仅仅是伪装的接受，而实际上他对于"应当做 A"仍处于无知的状态。对他来说，他在理性上所真正知道并且相信的也许是"不应当做 A"或"应当做 B"。因此，他的那个支配着实际行动的意志是跟他真正接受的知识相一致的，所以谈不上有"软弱"可言。在《意志软弱何以可能》一文中，戴维森同样认为，意志软弱的产生根源在于行为者的理性缺陷：他看不到他的所有考虑其实指向 A，看不到他其实没有做 B 的充足理由。戴维森的结论是，意志软弱虽然可能，但它只能是非理性的产物。一旦理性的缺陷得到修复，他就不会让自己的意志再受到非理性状态的支配。参见 (1)R. M. Hare, "Weakness of Will", in L. Becker, C. Becker eds., *The Encyclopedia of Ethics*, 2nd ed., New York: Routledge, 2001; (2)William Frankena, "Hare on Moral Weakness and the Definition of Morality", *Ethics*, Vol. 98, No. 4(1988); (3)Donald Davidson, （转下页）

软弱时所提及的第一种原因。但真正引起亚里士多德兴趣的，其实是他所注意到的第二种原因。亚里士多德发现，有的行为者确实会出于情感或欲望而违背自己的最佳判断，去做他自己明明知道是错误或恶的事情。这至少意味着：第一，意志软弱的人拥有正常的实践理性，他并不缺乏知识（既不缺少关于普遍的知识，也不缺少关于特殊的知识）。相反，他能够做出恰当的实践推理，并得出适宜的结论充当自己的行动选项。第二，他知道自己的某些情感或欲望同实践理性的结论相反对，而且，它们往往表现为一种在道德上缺乏合理性的负面力量。第三，尽管如此，他仍然无法保持克制，而是最终屈从于情感或欲望的引导，放弃了自己经过实践推理得到的那个适宜的结论。① 第四，意志软弱不是出于权衡或选择，而是直接受制于情感或欲望的牵扯。也就是说，行为者的意志最终表现出来的那个倾向，并不是另外一次实践理性的推理结果，也不是在理性的结论和情感或欲望的诉求之间进行了一番孰优孰劣的计算或比较而做出的决定。对此，亚里士多德明确指出，"不是出于选择，而是违背其选择与判断而这样做的人，就被称为意志软弱者"②。因此，如果说意志软弱确实是道德实践的一个难题，那么，它的最大难点倒不在于行为者陷入了理性方面的无知，而在于它真实地揭示出情感或欲望的难以驯服，以及，理性在此时束手无策而任其宰割的窘况。所以，导致意志软弱的根本原因，既不是单纯的理性，也不是纯粹的欲望或情感，而是它们之间相互拉扯的紧张关系。换言之，不是"欲望"，而是"欲望碰巧遭到了正确理性的反

（接上页）"How Is Weakness of the Will Possible", in *Essays on Actions & Events*, Oxford: Clarendon Press, 1980。

　① Aristotle, *Nicomachean Ethics*, trans. by W. D. Ross, in Richard McKeon ed., *The Basic Works of Aristotle*, New York: Random House Inc., 2001, 1145b10.

　② Aristotle, *Nicomachean Ethics*, trans. by W. D. Ross, in Richard McKeon ed., *The Basic Works of Aristotle*, New York: Random House Inc., 2001, 1148a9 - 10.

对",使得行为者表现出意志的软弱。①

亚里士多德进一步地界定了严格意义上的意志软弱和类比意义上的意志软弱,以及意志软弱的两种形式:"一种是冲动,另一种是孱弱。因为有些人虽然有所慎思,但由于他们的情感而无法坚持其慎思的结论,另一些人则是因为受感情的支配而根本没有进行慎思。"② 在这两者之间,由于孱弱之人是明确违背了已经发生的实践推理,而冲动之人实际上还没有来得及违背,因此,前者更加符合意志软弱的定义。也就是说,一个严格意义上的意志软弱者不是因为单纯的冲动而过度地追求肉体的快乐,而是因为他的孱弱而过度地追求这种快乐。意志软弱者之所以值得批评,不是因为他的实际行动违背了正确的逻各斯,而是因为他本可以不违背,但却由于受到情感或欲望的影响而最终放弃了正确的逻各斯。当然,在非常微弱的积极意义上,当意志以这样一种软弱的方式来偏离理性的指令时,也恰好体现出意志的相对独立和自由——任何来自理性的论证或要求都不能消除意志"离它而去"的那种可能性。就此而言,意志软弱其实是意志自由的一种表现,只不过是一种消极的表现。所以亚里士多德才说,意志软弱者是一个做出正确的判断之后又"出于意愿地做卑贱的事"③ 的人,"因为他在某种意义上既知道他在做什么,也知道他这么做是为了什么"④。所以,略带反讽的是,如果我们期待甚至迫切要求伦理学必须建立在

---

① 卢华萍:《苏格拉底与亚里士多德论意志软弱》,《外国哲学》第17辑,商务印书馆2005年版,第106页。

② Aristotle, *Nicomachean Ethics*, trans. by W. D. Ross, in Richard McKeon ed., *The Basic Works of Aristotle*, New York: Random House Inc., 2001, 1150b19 – 22.

③ Aristotle, *Nicomachean Ethics*, trans. by W. D. Ross, in Richard McKeon ed., *The Basic Works of Aristotle*, New York: Random House Inc., 2001, 1146a7.

④ Aristotle, *Nicomachean Ethics*, trans. by W. D. Ross, in Richard McKeon ed., *The Basic Works of Aristotle*, New York: Random House Inc., 2001, 1152a15 – 16.

意志自由的基础上，那么我们就必须同时接纳意志软弱在伦理世界中的存在。①

　　然而，无论意志软弱表现出多么丰富的案例，也无论意志软弱在多大程度上蕴含着意志自由，在亚里士多德看来，它最多是给行为者的实践推理造成困扰，但不会与"实践智慧"攀上任何关系。因为，一个真正具有实践智慧的人不会遭遇意志软弱的难题——"一个人不可能同时既有实践智慧又不能自制。"② 原因在于，一方面，根据美德的统一性，具有实践智慧的行为者同时也具备所有的伦理美德，后者作为行为者的实践理性与情感或欲求所达成的良好关系，（在理论上）不可能带来与他的实践理性相背离的那些坏的情感或恶的欲望。这意味着，对于一个具有实践智慧的行为者来说，即便是意志坚强者（自制者）所经历的那种理性战胜情感或欲望的心理过程也都未曾体验过，更不用谈他会像意志软弱者（不能自制者）那样，让自己的理性屈服于情感或欲望了。另一方面，正如亚里士多德所说，"一个人具有实践智慧不仅是要知道，而且是要有能力做，但意志软弱者（不能自制者）却做不出来"③。这再次说明，作为美德伦理学的卓越的实践理性模式，实践智慧并不像其他实践理性概念，仅仅意味着纯粹理性的实

---

　　① 杨国荣教授也意识到"意志软弱"在这方面的积极意义。他说："作为实践过程中的一种现象，意志软弱既在本体论的层面折射了现实存在所蕴含的多重可能性，又在观念之域体现了个体意向、意欲的可变动性。……如果现实的存在境域不包含任何可能性，个体的意向也不存在可变性，则行动从选择到实施便仅仅具有一种定向，其形态也相应地呈现必然性。就此而言，否定意志软弱不仅将导致忽略现实境域中的多重可能性以及个体意欲的可变性，而且在逻辑上意味着消解与可能性相联系的行动过程的偶然性。行动中的可能向度与偶然之维一旦被略去，则行动便往往容易被赋予某种'命定'的性质。这种理解很难视为对行动的合理把握。"参见杨国荣：《论意志软弱》，《哲学研究》2012 年第 8 期。

　　② Aristotle, *Nicomachean Ethics*, trans. by W. D. Ross, in Richard McKeon ed., *The Basic Works of Aristotle*, New York: Random House Inc., 2001, 1152a7.

　　③ Aristotle, *Nicomachean Ethics*, trans. by W. D. Ross, in Richard McKeon ed., *The Basic Works of Aristotle*, New York: Random House Inc., 2001, 1152a8－9.

践运用，而是包含着施以行动的意志环节。对于一个真正具备并运用实践智慧的人来说，凭借意志，将自己通过实践推理的结论所形成的意图，从观念的东西立即转化为实践的东西，这并不是一件困难的事。相应的，如果一个行为者没有采取合乎其推理结论所形成的那种意图的实际行动，那么，他所运用的实践理性是否足以被称为实践智慧，就将变得十分可疑。因此，对美德伦理学来讲，意志软弱并不是一个根本的难题。它不会给那些已经具备实践智慧的美德之人构成麻烦，而顶多是给那些正在学习和效仿美德之人的人带来困扰。但是，面对这种困扰，并且在接受困扰的过程中逐步成长，变得不再被它所困扰，却是任何一个试图达到美德之人高度的行为者所不得不经历的磨炼。

概言之，如果缺少意志，那么意图就可能无法由心理状态转变为实践状态；如果缺少自由的意志，那么意图就可能无法充分反映行为者的心理状态；如果缺少自由而坚定的意志，那么行为者的意图就可能被消解或取代，更谈不上反映行为者的优良品质或实践智慧。对于亚里士多德主义的美德伦理学来说，当它建构自身的心理基础时，不仅需要意志的出场，更需要自由而坚定的意志出场。一个有实践智慧的行为者要在自由的意志中展示自身的优良品质、运行自身的实践理性，更要让坚强的意志为由此形成的正确意图保驾护航，使得行为者的那些经由实践智慧而形成的包含着正确意图的行动方案真正化为现实。

第四部分　困难、挑战与辩护

　　亚里士多德主义美德伦理学对理性、欲望、知觉、情感、移情、意志等行为者心理要素及其功能的重视，虽然可以勾勒一种关于美德行为者将会如何行动的道德心理学说明，但是，无论批评者的反对还是支持者的担忧都表明，它在心理议题上的论述仍然存在不少困难，面临诸多质疑。其中，有的问题是这种美德伦理学自身的内部不充分或不完整造成的，有的则是来自这种美德伦理学外部的传统难题或新近挑战。具体而言，主要涉及如下三个方面：（1）作为理性模式的实践智慧的有效性问题，即它如何证明自己通过欲望和知觉所构建的那个表现为"目的-手段"的实践慎思结构是合理的，又如何证明这种极其依赖行为者内在品质的实践理性模式能够为行为者提供正当、明确、有效的行动指南。（2）作为感觉机制的情感和移情的有效性问题，即它们如何保证行为者凭借感性心理反应而获得关于当下情境的精确信息，又如何保证行为者在获得这些信息之后采取正确的行动。（3）作为哲学知识的道德心理学的有效性问题，即在现代心理科学的背景下，美德伦理学的心理表述是否可以得到经验证明，是否可以直面现代心理科学提出的物理主义挑战与情境主义挑战进而给予有效回应。

第十章　实践智慧的困境

作为亚里士多德主义美德伦理学所设定的实践理性模式，实践智慧被认为能够引导行为者在具体情境中做出恰当的反应和正确的行动。行为者从欲望所提供的目的出发进而确定具体行动方案的实践推理被视作实践智慧的主体部分。然而，这种实质上体现为工具理性的"目的-手段"结构，往往被认为至少存在两方面瑕疵：第一，只考虑手段能否满足目的，却不反思目的本身是否合理；第二，只考虑手段能否满足目的，却不在意用于满足目的的手段是否合理。虽然亚里士多德主义的美德伦理学为了保证行为者能够采取正确的行动而提供了一个完整的实践理性的展开过程（而非仅限于实践推理），但是，所有这些都依赖于行为者本身是一个"好人"或"有实践智慧的人"。在这个意义上，亚里士多德主义美德伦理学似乎并没有给出一种正确行为的充分指南，而只是给出一种合乎正确行为的行为者条件。更不用说，这种条件又经常通过与正确行为之间的循环论证而加以说明。这些都是令美德伦理学的批评者颇为不满之处，因此亟须澄清和辩护。

一、工具理性的瑕疵与行动指南的缺席

如前所述，实践智慧可以被理解为实践理性的卓越状态。它与人的活动相关，而与那些永恒不变的自然事物或神圣事物无关。更具体

地说，它与人类活动中的"实践"（praxis）事务相关，而与人类活动中的"制作"（poiēsis）事务无关。亚里士多德说，"实践智慧同人的事务相关"，一个具有实践智慧的人就是"一个能够通过实践推理而实现人所能获得的最高善的人"。① 所以，实践智慧必定需要以特定的实践推理模式（实践三段论）表现出来，这是实践智慧的一个基本特征。

　　亚里士多德相信，人的实践始终指向某个目的，因此，实践智慧意味着一种目的论的实践推理。进一步地，在亚里士多德看来，目的或者是由自然赋予的，或者是由努斯提供的，或者是由习俗养成的优良品质确立的。所以，实践智慧的任务就不是对目的进行计算或构思，而是对实现目的的手段进行考虑或推理。② 这样的推理就被称作"慎思"——"慎思的对象不是目的，而仅仅是手段"③，"任何其他人慎思的也不是他们的目的。他们是先确定一个目的，然后考虑如何以及通过什么手段达到目的；如果看起来有几种手段，那么他们就考虑哪种手段能够最容易和最好地实现目的，而如果只有一种手段，那么他们考虑的就是怎样利用这一手段去达到目的，以及，这一手段又需要通过什么手段来获得"④。如果行为者施行了"好的慎思"，那么，他在很大程度上就具备了实践智慧。因为，"好的慎思就是对于达到一个

---

　　① Aristotle, *Nicomachean Ethics*, trans. by W. D. Ross, in Richard McKeon ed., *The Basic Works of Aristotle*, New York: Random House Inc., 2001, 1141a17 - 24, 1141b6 - 14.

　　② "伦理德性既通过每一个行为来养成，又能帮助我们确定每一个行为的正确目的，而实践智慧作为一种特殊的理智德性，其意义就在于为我们计虑达到每一具体目的的正确手段，并且这种计虑要以对生活的总体良善的周全考虑为坐标。"参见徐长福：《实践智慧：是什么与为什么》，《哲学动态》2005 年第 4 期。

　　③ Aristotle, *Nicomachean Ethics*, trans. by W. D. Ross, in Richard McKeon ed., *The Basic Works of Aristotle*, New York: Random House Inc., 2001, 1112b35.

　　④ Aristotle, *Nicomachean Ethics*, trans. by W. D. Ross, in Richard McKeon ed., *The Basic Works of Aristotle*, New York: Random House Inc., 2001, 1112b15 - 19.

目的的手段的正确的慎思，这是实践智慧的真正内涵"①。甚至，在有的地方，亚里士多德还直接将实践智慧等同于慎思："美德使我们指向正确的目标，而实践智慧则使我们采取正确的手段。"② 就此而言，实践智慧不仅意味着一种目的论的实践推理，而且意味着一种蕴含着"目的-手段"之工具理性的实践推理。

据此，评论者指出，"在亚里士多德那里，实践智慧的任务是要计算达成实践目的之实现的手段。实践智慧并不对目的进行计算；目的由努斯或理智直观提供。上述计算在一个具体命令形式的对一个目的的再次陈述中达到完成，而这是一个经过筹划使目的适应于具体环境的命令"，所以它"是灵魂的计算性的，亦即算计的或筹划的部分的德性"。③ 在这个意义上，实践智慧几乎不可能不带有工具性色彩，或者说，实践智慧不可能不表现为某种工具主义或程序主义的实践理性观念。

如果这就是实践智慧概念的主要内涵，那么，人们当然有理由担心，作为工具理性的实践智慧很可能会因为无力顾及目的的规范性，而成为那些并不恰当甚至颇为糟糕的目的的"帮凶"。因为，任何一种蕴含"目的-手段"的工具主义的实践理性观念都会"把实践理性限定到欲望产生或实现的'程序'、机制上来加以界定。换句话说，理性仅仅能够用来考量非工具欲望的实现过程，而不能用来表征欲望本身"④。因此，它至少蕴含着如下缺陷：

---

① Aristotle, *Nicomachean Ethics*, trans. by W. D. Ross, in Richard McKeon ed., *The Basic Works of Aristotle*, New York: Random House Inc., 2001, 1142b33.

② Aristotle, *Nicomachean Ethics*, trans. by W. D. Ross, in Richard McKeon ed., *The Basic Works of Aristotle*, New York: Random House Inc., 2001, 1144a7 - 8.

③ 罗森：《实践智慧或本体论：亚里士多德和海德格尔》，载聂敏里选译：《20 世纪亚里士多德研究文选》，华东师范大学出版社 2010 年版，第 446、449 页。

④ 亓学太：《理由、情感与道德的规范性》，《道德与文明》2010 年第 5 期。

第一，行为者的目的缺乏普遍的道德意义，只是个体的偶然的目标。如前所述，就心理基础而言，目的是经由行为者的欲望而构建出来的观念，而欲望的激发与现实化又基于行为者的品质。因此，通过这种方式所形成的目的，即使不是琐碎的，也是个别的，缺少一种规范的道德范畴所必需的普遍性、稳定性或统一性。就算亚里士多德主义的美德伦理学以"幸福"作为"目的"概念的最高规范性来源，也仍然不够。因为，如同康德主义认为的那样，当一个行为者出于对幸福目的的向往而行动时，他的关注焦点并不是他的行动是否道德正确或者是否满足了普遍的要求，而是该行动是否合乎他自身的生存利益。所以，不是行为自身的道德正确性，而是与他的个人生活有关的某些特殊价值，导致了他的行动。康德主义相信，既然实践智慧中的慎思过程必定要从一个特殊的目的出发，那么，它所蕴含的就只能是向往幸福的自爱准则，所体现的也必定是有条件的假言判断，而不是可普遍化的定言判断。[①] 在这个意义上，实践智慧本身就与"道德问题"缺乏相关性。正如芭芭拉·赫尔曼（Barbara Herman）指出的，那些常常出现在美德理论中的优良品质之所以在康德主义这里不值一提，"不是因为这些情感不够稳定强大，也不是因为它们本质上有偏向性"，而是因为它们不够普遍化；它们虽然"可经加强而成为习惯力量，还可经训练而给出公正的回应"，但它们只是运气不错，但很不确定地产生道德正确的行为。[②] 概言之，在实践智慧那里频频出现的偶然性或个体性等特征，恰恰被认为是真正的道德理论必须排斥的东西，

---

① 参见（1）康德：《实践理性批判》，邓晓芒译，人民出版社 2003 年版，第 48—49 页；（2）康德：《道德形而上学原理》，苗力田译，上海人民出版社 2002 年版，第 67—68 页。

② 芭芭拉·赫尔曼：《道德判断的实践》，陈虎平译，东方出版社 2006 年版，第 10 页。

更不用说拿它们来充当行动的目的了。

第二，行为者的目的根本就是道德败坏的，或者，至少是道德标准不够严格的。在这个问题上，尽管亚里士多德的实践智慧概念出现危险的概率比较低，但是，近代政治哲学尤其是马基雅维利学说体系中的实践智慧概念，却往往遭到这样的诟病。因为，后者更强调这一概念所蕴含的操作性和时机性，更倾向于"将实践智慧看作在复杂情境中（尤其是政治领域）寻找最佳决策、表现最佳品格的推理方式"①，而不论其道德的规范性与否。但是，在某种程度上，这种实践智慧概念的根源仍在于亚里士多德。因为，从一开始，亚里士多德就更多地强调实践智慧的手段之功，而甚于强调其目的之善。所以，一旦实践智慧概念中有关目的道德定性在特定的思想条件下遭到弱化或忽略，那么，马基雅维利式的主张就会迅速成为主流，而反对者的担心也便立即成为现实。

对目的概念之规范性提出质疑，还是比较直接的反对立场。与之相比，更深层次的是对目的概念之必要性的批判。因为，这涉及工具理性本身是否成立，涉及它能否作为实践推理的一种模型而继续存在。在这个问题上，批评者的基本态度是，道德行动虽然出于理由，但理由却不一定基于由欲望所构成的目的。也就是说，欲望是否必定参与行为者的道德心理，行为者是否必定是为了某种欲望而行动，这些都不是什么不证自明的东西。在那些更倾向于康德主义的批评者那里，这方面的反对意见尤为明显和突出。②

---

① 刘宇:《当代西方"实践智慧"问题研究的四种进路》，《现代哲学》2010 年第 4 期。

② 参见(1)Christine Korsgaard, *The Constitution of Agency: Essays on Practical Reason and Moral Psychology*, New York: Oxford University Press, 2008; (2) Michael Smith, *The Moral Problem*, Malden: Blackwell Publishing Ltd., 1994。

其实，即便欲望不能从实践智慧中被剔除，即便行为者必然出于某种（由欲望构成的）目的而行动，通过"目的-手段"的思维方式来确立行动方案，对亚里士多德主义美德伦理学来说，也未必就是好事。因为，承认目的在实践推理中的必要性，这首先就使美德伦理学面临着被归并于后果论的危险。如同托马斯·赫卡（Thomas Hurka）所说，既然亚里士多德主义的美德伦理学将幸福看作首要和自足的目的，那么，美德就必须仰仗幸福来论证自己的合法性。这样，在美德伦理学中，真正居于核心地位的就是幸福而非美德。于是，美德伦理学的任务就成了理解幸福，以及，美德用以增进幸福的方式。在这个意义上，美德要么只是帮助行为者获得幸福的东西，要么只是行为者获得幸福的体现；幸福概念的必然性和优先性决定了美德伦理学足以被划归于后果论之中。[①] 更何况，在承认目的不可或缺的前提下，行为者仍可能在选择手段时发生道德失误。

一方面，行为者会为了满足目的而"不择手段"。毕竟，在"目的-手段"的框架下，手段的第一要务不是其他，而是有效地实现目的。换言之，手段对于目的的服从性（服务性）与效率性（效果性）乃是摆在首位的要求，而手段的正确性与规范性则不会比它们更加优先。即使设定的是好的目的，也不能确保手段的正确性与规范性。因为，诸多的历史和现实教训告诉人们，为了实现一种在道德上得到证明和辩护的目的，行为者施行某些残忍或恐怖的做法，这种情况其实并不鲜见。而且，越是在道德正确的目的的名义下，越是不容易阻止或扭转行为者在手段选择问题上陷入歧途的危险。

另一方面，行为者会为了满足目的而"错择手段"。其中的一种

---

① Thomas Hurka, *Virtue, Vice and Value*, New York: Oxford University Press, 2001, p. 233.

典型错误是，行为者所选择的手段虽能满足眼前的目的，但却有损于长远的目的。比如，对一个具有慷慨品质的行为者来说，当他面对某个在财物方面处于匮乏的人时，他往往会施以慷慨的援助，其目的在于缓解被援助者当前的匮乏。毫无疑问，仅就满足这一目的而言，行为者的行动不仅富有成效，而且道德高尚。但是，缓解被援助者当前的匮乏，根本上是为了实现另一个更加长远的目的，即促成他们实现其美好生活的能力或机会，使之免于匮乏而形成趋向完善的身心状态。然而，如果慷慨的援助最终令被援助者安于现状、不思进取，甚至是使其将受到的援助视作慷慨之人理所应当的义务，那么，上述手段就不能得到证成。茱莉娅·德莱弗（Julia Drive）称之为"美德的认识论难题"。① 该难题的存在，使得看似简单的"目的–手段"的慎思过程，在复杂的情境变量和理性能力的有限性条件下体现出脆弱的一面。

所以，只要实践智慧被解释为"目的–手段"的慎思结构，只要它没有彻底摆脱工具理性的色彩，那么，批评者针对目的和手段两个维度的不确定性的质疑就不会停止。这既是因为，工具理性在逻辑上从来没有蕴含着关于目的与手段之规范性的承诺，也是因为，在心理上，"目的"其实源自行为者的欲望，而"手段"则取决于行为者的知觉。作为行为者的心理因素，欲望和知觉对行为者本人的存在状况和存在方式是极为依赖和敏感的。亚里士多德相信，当且仅当行为者具备良好的品质，他才会激发正确的欲望；当且仅当行为者拥有丰富的经验，他才会形成正确的知觉。所以，实践智慧的工具理性瑕疵不仅是由"目的–手段"这一结构本身的逻辑漏洞造成的，在很大程度上，更是由它所赖以建立的那些心理因素的个体性和特殊性所致。

其实，坦率地说，如果将实践智慧解析为具体的推理过程尚不足

---

① Julia Drive, *Uneasy Virtue*, New York: Cambridge University Press, 2001, p. 84.

以确保行动的正确性，那么，将行动标准更笼统地托付给所谓的"实践智慧之人"或"美德之人"，则似乎更不可能构成明确有效的行动指南了。而后者恰恰是亚里士多德主义美德伦理学最遭人诟病的那个关于正确行动的命题，即"一个行动是正确的，当且仅当，它是一位有美德的行为者在这种环境中将会典型采取的行为"[1]。

对于这个命题，首要的疑问便是：什么是"美德行为者"？谁才是"美德行为者"？批评者毫不客气地指出："在近来所谓'美德理论'中，最常见的错误就是将有美德的人当作有美德行动的标准或权威。说什么'有美德的/智慧的事情是有美德/智慧的人做的事情'，不管这是对是错，都是琐屑的。……如果将智慧或有美德的人做什么看作智慧或有美德的行动的标准，那是错误的。因为那并不是一个行动是智慧或有美德的标准。在通过慎思决定什么是有美德或智慧的事时，有美德或智慧的人毕竟不会问他们自己，有美德或智慧的人会怎么做。我们当然可以寻求建议和遵从权威……但这只是在回答做什么是最好的这个直接问题时，很多可以想象的技巧中的一个；在此诉诸'做什么是实践智慧的'，一般来说，对于回答这个问题并没有额外的帮助。"[2]

在这个意义上，亚里士多德主义美德伦理学对正确行动的规定几乎是空洞的。即便将上述命题中的"美德行为者"概念还原为更具体的"拥有优良品质的行为者"概念，困惑也依然没有解开。因为，"优良品质"本身也有待定义。批评者可以进一步质疑——什么是优

---

[1]　Rosalind Hursthouse, *On Virtue Ethics*, New York: Oxford University Press, 1999, p. 28.

[2]　Gavin Lawrence, "Human Good and Human Function", in Richard Kraut ed. , *The Blackwell Guide to Aristotle's Nicomachean Ethics*, Malden: Blackwell Publishing Ltd. , 2006, pp. 50 – 51.

良品质、哪些品质属于优良品质、美德伦理学用来筛选优良品质的检测方式是否合理等等。毕竟，美德清单以及用于界定美德的检测机制本身就受制于文化传统。如果一种美德伦理学"仅仅给出它们的清单，我们会担心那是不是正确的清单。如果它们给出的是它们的一种抽象检测方式，我们则可能担心，若有足够精巧的设计或更进一步的不同前提，那么这些检测方式会引出不同的结果"；这样，美德伦理学将会"使自身暴露在道德的文化相对主义，或更糟糕的，暴露在道德怀疑主义的威胁之下"。[①]

当然，亚里士多德主义美德伦理学对"美德行为者"的界定，可以不停留于"拥有优良品质"这层含义，而是把"美德行为者"定义为一种因具备实践智慧而有能力做出正确行动的人，从而能够直接演绎出"正确的行为"概念——毕竟，我们很难想象，一个实践智慧之人无法选择和实施正确的行动，或者说，我们很难想象，一个无法选择和实施正确行为的人堪称具有实践智慧。然而，这种策略却意味着，亚里士多德主义美德伦理学之所以能够用"美德行为者"来论证"正确的行为"，是因为它首先用"正确的行为"定义了"美德行为者"。显然，这样的循环论证不能让人满意，它只会更加暴露出亚里士多德主义美德伦理学在提供行为指南这个问题上的举步维艰。况且，就算我们跳出了这种循环论证，而对于何为"美德行为者"达成共识，即对他具有优良品质以及将会运用实践智慧达成共识，也仍不足以指导具体的行动。因为，在这种情况下，我们至多知道，美德行为者是公正、诚实或仁慈的实践智慧之人，他的行动是标准的公正、诚实或仁慈的行为，而我们也应该"像他一样"公正、诚实、仁慈地行动。可

---

　　① Rosalind Hursthouse, *On Virtue Ethics*, New York: Oxford University Press, 1999, p. 33.

是，如果我们本身缺乏美德或不够有美德，那么，仅从这些共识出发，我们也依然无法"像他一样"行动。就连赫斯特豪斯这样的新亚里士多德主义美德伦理学者也不得不感叹道："美德理论家告诉我们，一个完全有美德的行为者知道行动在什么情况下是诚实的，什么情况下是不诚实的，但是，对于缺乏他们的（假设拥有的）特殊洞察力的我们这些大多数人来说，又该如何行动呢？"① 由于将正确行动的标准置于行为者的内在心灵而缺少外在的操作指南，因此，亚里士多德主义美德伦理学所提出的美德要求确实让人难以理解和把握。尤其是对未成年人来说，要求他们准确地理解这些要求，意味着需要他们预先具备成熟恰当的知觉、欲望和推理能力，需要他们预先具有相当程度的洞察力、领悟力和判断力。就此而言，亚里士多德主义的美德伦理学的诸多概念都"太厚重了"②，不利于指导行为者（尤其是未成年人）实施正确的行动。

从另一方面讲，亚里士多德主义美德伦理学之所以被指责缺乏行动指南，还在于它没有像功利主义和康德主义那样通过规则来表达关于正确行为的规定。在后两者那里，规则不仅具有清晰的条理性，而且富含强硬的法典特征。康德主义与功利主义相信，自己有能力为行为者提供"法典式的"规则——它们可以构成一种在具体情形中用以决定什么是正确行为的决策程序，甚至是缺乏美德的人（但只要合乎理性）也能够理解并运用它们。③相比之下，亚里士多德主义不是直接

① Rosalind Hursthouse, "Applying Virtue Ethics", in Rosalind Hursthouse, Gavin Lawrence, Warren Quinn eds., *Virtues and Reasons: Philippa Foot and Moral Theory*, New York: Oxford University Press, 1995, p. 68.

② Rosalind Hursthouse, *On Virtue Ethics*, New York: Oxford University Press, 1999, p. 38.

③ Rosalind Hursthouse, *On Virtue Ethics*, New York: Oxford University Press, 1999, pp. 39 - 40.

针对行为者的外在行动而是针对行为者的内在品质提出规范性要求，因而，它就缺少这样明晰的关于做什么不做什么的法典式叙述。比如，亚里士多德主义美德伦理学不会要求行为者"不要撒谎"（don't lie），而是要求行为者"应该诚实"（should be honest）。显然，与"不要撒谎"的指令相比，"应该诚实"的劝告需要行为者首先理解什么是诚实，知道哪些行动属于诚实，并且，认可诚实的积极价值，以及，判断在当下情境中何种行动才算得上真正的诚实。毫无疑问，对于同样一个问题，美德伦理学需要行为者具备更多的理解能力、领悟能力和转化能力。因此，对大多数的行为者来说，从美德伦理学这里非但不能获得清楚的规则条例，而且还得花费更多的精力去进行甄别和判断（乃至日常的积累），这显然不是一件让人轻松的事情。

二、"目的-手段"的复杂关系

其实，不仅亚里士多德主义美德伦理学，宽泛地讲，任何规范伦理学所提供的实践理性模式都或多或少蕴含着"目的-手段"的工具理性。在这方面，功利主义自不必说。在它那里，人类所有行动都是也应当是为了追求最大功利后果而采取的行动。就此而言，功利主义考虑的不仅是"行为者怎样做出正确的行动"，而且是"行为者怎样做出行动"。从它的根本宗旨——满足"最大多数人的最大幸福"——出发，功利主义不仅要求行为者在行动之前就指向该目标，而且期待行为者最终能够通过行动而实现该目标。正是在这个意义上，功利主义才被视作一种比"目的论"更具经验性和现实性的"后果论"的典型；功利主义的实践理性模式具有更明显的工具理性特征。

康德主义虽然通常被认为在批判功利主义的过程中表现出鲜明的

反工具理性的理论特征——康德主义往往自信地认为，它所提出的行动方案不是为了实现任何目的或后果，而仅仅因为它可以构成一种所有理性存在者都能普遍接受的法则——但是，它至少在如下这个意义上仍与"目的-手段"的结构发生关系，即被康德主义所允许的一切就其本身而言即可成为普遍道德法则的行动方案，都必须满足"始终把人当作目的，而不是手段"这一要求，都必须以创造和实现"目的王国"作为根本目标。也就是说，在康德主义那里，尽管一个具体的行动是否正确，仅仅取决于它能否成为一条普遍道德法则而得到所有理性存在者的支持，但是，所有可普遍化的道德法则的正当性，却进一步取决于它们能否在实践中达到上述目标，即一种以人为目的的存在状态。在这个意义上，康德主义仍然体现出一定程度的工具理性特征。只不过，这种特征不是体现在行为者的具体行动上，而是体现在这些行动所符合的一般原则上。换言之，不是具体的行动而是行动背后的一般原则在作为手段而服务于某个目的。

因此，对实践理性的慎思模型而言，一定形式的"目的-手段"结构似乎是不可避免的。只不过，在功利主义那里，"目的"因为被奠定于人类的自然本性基础，所以就算不够合理，但也至少足够普遍；而康德主义的"目的"由于来自纯粹理性的规定，因而不仅是普遍的，而且是先验的。与之相比，亚里士多德主义的"目的"是通过行为者的具体欲望构成的，因而它们在拥有经验性和具体性的同时，也不能排除各式各样的不确定性和不合理性。在这个意义上，引起人们对亚里士多德主义的"目的-手段"慎思结构的真正担忧的，不是它们所蕴含的工具理性的性质，而是居于该慎思结构中的那个"目的"概念的个体心理根源。或者说，只要一个行为者的"目的"是由他的具体欲望构成的，而缺乏某种本体论或存在论层面的依据，那么，他的实践推理就极易暴露出前面所提及的工具理性瑕疵。

为了缓解这方面的困难，亚里士多德主义需要某种方法来设定目的的合理性，阐释目的与手段的辩证关系，以消除其慎思结构中的那些工具理性瑕疵。只不过，对于一个坚定的亚里士多德主义者来说，这些似乎根本就不成问题。或者说，在他看来，指责实践智慧具有某种程度的工具理性瑕疵，完全是批评者的误读。因为，亚里士多德明确指出，实践智慧所囊括的不是一般的慎思，而是好的慎思，即既能够正确地考虑达到一个目的的手段，又能够确保目的为善的那种慎思。他说：

> 具有实践智慧的人似乎有这样的特征：在关于什么东西对他自己来说是好的和有益的问题上，他能够思虑得好，但不是在某个特殊的方面思虑得好，比如说，不是关于哪些事物有益于健康或强壮，而是关于一般而论的生活得好。[1]

这句话再明显不过地说明，实践智慧本就蕴含"好的目的"。[2] 前者是后者的充分条件。即便实践智慧表现出一种谋求手段的慎思过程，那也是从一个好的目的出发而展开的慎思过程。也就是说，作为一种"正确的实践思考"，即"可以通过正确的推理由正确的前提迅速推出正确的结论"，实践智慧是"对相对于我们来说什么是善、恶的最高水平的认识，以及对经验事实的正确认识，还有做出关于如何迅速、可靠地把我们的一般道德知识运用到具体情境中的正确推理的能

---

① Aristotle, *Nicomachean Ethics*, trans. by W. D. Ross, in Richard McKeon ed., *The Basic Works of Aristotle*, New York: Random House Inc., 2001, 1140a25 – 28.

② John R. Wallach, "Contemporary Aristotelianism", *Political Theory*, Vol. 20, No. 4 (1992), p. 621.

力"。① 在这个意义上，实践智慧固然意味着一种慎思能力，"但若要成为一个完全的好人，他的目的就必须完全是好的目的，即幸福"②。亚里士多德相信，一个具有实践智慧的人，无论身处何种情境，归根结底总是以幸福作为最终目的而进行实践推理的。③ 因此，实践智慧并不"仅仅是欲望满足的配器员或日程管理员"④，它会对慎思过程的大前提——通过欲望而构建的目的——在一个最高的规范性层面有所要求；否则，这种慎思就不属于实践智慧。

在亚里士多德主义语境中，实践智慧之所以能确保行为者的慎思从"好的目的"开始，取决于如下两个基本信念。第一，美德的统一性。亚里士多德相信，作为理智美德的实践智慧与作为优良品质的伦理美德是统一的，因此，一个具有实践智慧的人必定同时具有伦理美德（否则，他就不成其为实践智慧之人）。又由于在亚里士多德那里，作为实践慎思的大前提，目的在根本上是由行为者的伦理美德决定的："美德与恶德分别会保存和摧毁最初的原则……如同假设在数学中的地位一样；在数学中，论证不会告诉我们什么是最初的原则，这里同样如此——把关于最初原则的正确意见告诉我们的，是自然的美德或由习惯养成的美德。"⑤ 因此，当一个有实践智慧的行为者处理实践事务

---

① 乔纳森·巴恩斯编:《剑桥亚里士多德研究指南》，廖申白等译，北京师范大学出版社 2015 年版，第 281 页。

② C. D. C. Reeve, "Aristotle on the Virtues of Thought", in Richard Kraut ed. , *The Blackwell Guide to Aristotle's Nicomachean Ethics*, Malden: Blackwell Publishing Ltd. , 2006, p. 205.

③ Tom L. Beauchamp, *Philosophical Ethics*, New York: McGraw Hill Book Company, 1982, p. 158.

④ Gavin Lawrence, "Human Good and Human Function", in Richard Kraut ed. , *The Blackwell Guide to Aristotle's Nicomachean Ethics,* Malden: Blackwell Publishing Ltd. , 2006, p. 73.

⑤ Aristotle, *Nicomachean Ethics*, trans. by W. D. Ross, in Richard McKeon ed. , *The Basic Works of Aristotle*, New York: Random House Inc. , 2001, 1151a15 – 19.

时，这已然意味着他具备伦理美德，他能够基于自身的伦理美德来获得关于实践推理之最初原则（即目的）的正确意见。第二，幸福的本质性。在亚里士多德眼中，追求好的目的乃至追求最高的幸福目的，是由人的本质和功能所决定的。而实践智慧之人则是那些能够自觉且卓越地实施这方面追求的人。所以，亚里士多德主义会推论说，"考虑到我们的自然、本质或功能，在这些目的中有一个可以说是我们无条件的绝对目的，即幸福——我们之所以追求其他目的，就是为了它，或者至少部分地是为了它"①。所以，只要我们确认了一个行为者具有实践智慧，也就能够确保他必定指向好的目的。

基于如上两点，可以发现，亚里士多德之所以说实践智慧考虑手段而不是目的，并不是因为实践智慧对目的的是非善恶毫不关心，而是因为实践智慧根本无须考虑目的的是非善恶，是因为它本来就只将善的东西作为目的，是因为它本来就只从好的目的出发进行推理。对一个实践智慧之人来说，在当下情境中，他所欲实现的那个行动目的的恰当性、规范性与合理性，已经由他的优良品质而得到保证了。在他这里，几乎不可能意识到或想象到还可以拿那些道德败坏的东西来作为目的。也就是说，一个实践智慧之人不会把目的的恰当性、规范性与合理性当作一个需要讨论的问题提出来并单独加以考虑。评论者指出，就像一个医生作为医生而无须考虑是否"应该治病救人"一样，一个实践智慧之人也无须纠结于是否"应该以善为目的"或者是否"应该以最高善（幸福）为最终目的"②。对他们来说，这些问题的

---

① C. D. C. Reeve, "Aristotle on the Virtues of Thought", in Richard Kraut ed., *The Blackwell Guide to Aristotle's Nicomachean Ethics*, Malden: Blackwell Publishing Ltd., 2006, p. 216.

② C. D. C. Reeve, "Aristotle on the Virtues of Thought", in Richard Kraut ed., *The Blackwell Guide to Aristotle's Nicomachean Ethics*, Malden: Blackwell Publishing Ltd., 2006, p. 205.

答案乃是无条件的明白无误——"不是说医生不能去考虑（目的）……而是说就他作为一个医生而言，他已经对治愈病患，或者至少尽最大努力治疗病人，具有实践旨趣。他不需要思虑是否应该有那种旨趣。"同样的，"我们不思虑目的"，也是因为，拥有一个特定的目的意味着要求我们"在合适的时候倾向于按照那个目的来行动，而不对那个目的本身是否恰当做进一步思虑"。[1]

不仅如此，实践智慧考虑手段而不是目的，还有一个原因，即目的本就是主要由其他东西来考虑，或者说，主要由其他东西来决定的。其中，至少包括我们前面已经提到的两个方面：（1）日常的伦理风俗和习惯（ethos）以及（2）正确的常识或有声望的意见（endoxa）。而后者往往是前者的表现形式之一，构成了前者的一部分。

按照亚里士多德的想法，具有实践智慧的行为者会将"幸福"设定为自己的（最终）目的。但"幸福"究竟是什么、包括哪些内容，即便是实践智慧之人对此也会有不同的意见。尤其是当这些行为者成长于不同的生活环境时，这种差异性便愈加明显。因为，"幸福"的观念内容，在根本上来自他们的伦理生活，是他们参与到伦理风俗和习惯之中，吸纳了有声望的意见和常识的结果。[2] 正如亚里士多德指出的，行动目的"不是由逻各斯所表述的，而是由正常的、通过 ethos 养成的（伦理）美德帮我们找到的"[3]。进一步地，伦理美德又"只有在一个被正确组织的政治共同体中才能得到充分实现"[4]。也就是说，

---

① 宝拉·高特里布：《实践三段论》，载理查德·克劳特编：《布莱克维尔〈尼各马可伦理学〉指南》，刘玮、陈玮译，北京大学出版社 2014 年版，第 235 页。

② Aristotle, *Nicomachean Ethics*, trans. by W. D. Ross, in Richard McKeon ed., *The Basic Works of Aristotle*, New York: Random House Inc., 2001, 1095b14 – 16.

③ Aristotle, *Nicomachean Ethics*, trans. by W. D. Ross, in Richard McKeon ed., *The Basic Works of Aristotle*, New York: Random House Inc., 2001, 1151a16 – 19.

④ John R. Wallach, "Contemporary Aristotelianism", *Political Theory*, Vol. 20, No. 4 (1992), p. 616.

目的受制于美德，而美德又奠基于习俗。一个有实践智慧的行为者的行为目的，正是沿着这条线索而恰当形成的。只有通过对伦理习俗的认可和吸纳，他才能确认，哪些道德要求在当前社会环境中得到接受和提倡，又有哪些价值诉求对他的幸福概念而言必不可少。在这个意义上，实践智慧虽然"是针对当下可欲求的行动过程的决断。但这个决断本身依赖于有关人类本性，因此有关人类事务的一般知识"①。而只有在生活共同体的一般伦理状况中，实践智慧之人才可以发现这种"一般知识"的完整内容。它们往往表现为那些公认的、有声望的常识或意见，并构成行为者运用实践智慧的背景。研究者相信："对于大多数有教养的人来说，亚里士多德的伦理学讲座或著作，并不是要让他们发生彻底的转变，通过论证从毫无德性变成充满德性，或者从没有关于德性的知识变成充分认清德性的本质；亚里士多德的目的更多的是要通过论证净化和强化他们之前已经拥有的正确意见，帮助他们更加坚定对'美好'或'高贵'事物的追求，从而使他们更加坚定地在追寻德性的道路上前进。"② 唯有以伦理习俗所提供的一般知识或意见作为道德行动的现实的前提条件，亚里士多德主义美德伦理学才能不加其他限定地说：实践智慧的功能仅在于发挥其筹划能力，通过实践慎思的方式而把一般性的意见具体规定为适用于当下处境的指令或建议。

其实，所谓"实践智慧考虑手段而不考虑目的"，也仅仅是一个相对的区分。因为，一方面，这里所说的"手段"，严格意义上，并不是指在因果性上与目的相关，但在存在论上与之独立的事物，而是

①　罗森：《实践智慧或本体论：亚里士多德和海德格尔》，载聂敏里选译：《20世纪亚里士多德研究文选》，华东师范大学出版社2010年版，第449页。
②　刘玮：《亚里士多德伦理学的两个起点：Endoxa与良好的教养》，《世界哲学》2011年第2期。

指"促进目的实现的东西"①。它不一定是纯粹外在于目的的，也可以是目的的内在构成。也就是说，那个被称作"手段"的东西本身就可能是"目的"的一部分。这样，在实现目的的过程中所涉及的任何东西，都可能成为"手段"的内涵——其中，既包括目的的构成方案，也包括使目的得以操作的分析方案。② 在这种情况下，与其说是涉及手段和目的之间的区分，不如说是涉及目的的部分与整体之间的区分。另一方面，如前所述，在亚里士多德主义的实践推理中，往往包含不止一个"目的-手段"的三段论，而是多个这样前后相继的三段论。因此，通常的情况是，对于某个三段论而言，其中的"目的"同时又构成了上一层级三段论的"手段"，而其中的"手段"又同时构成了下一层级三段论的"目的"。在这样两种意义上，实践智慧所考虑的"手段"本身就是"目的"的一部分。或者说，实践智慧考虑"手段"之际，也就是在特定程度上考虑着"目的"。这样一来，不仅"目的"不可能超脱于一个具有实践智慧的行为者所顾及的考虑范围之外，而且，就连"手段"也会因此受到该行为者的优良品质，从而受到那些明显具有规范性的伦理风俗的合理制约了。

三、美德伦理的行动指南

以亚里士多德主义为代表的美德伦理学对行动缺少清晰明确的指导原则，几乎成为当代伦理学界的一种普遍反映。批评者认为，"由于伦理美德的特殊本质，以美德为旨归的论证途径，对于道德困境只能

---

① Aristotle, *Nicomachean Ethics*, trans. by W. D. Ross, in Richard McKeon ed. , *The Basic Works of Aristotle*, New York: Random House Inc. , 2001, 1112b11 - 12.

② 宝拉·高特里布:《实践三段论》,载理查德·克劳特编:《布莱克维尔〈尼各马可伦理学〉指南》,刘玮、陈玮译,北京大学出版社 2014 年版,第 234 页。

给出数量有限的解决方案。当然，我们可以效仿道德榜样在那个情景中的所作所为，但问题在于，推测出道德榜样在我们的处境中是如何行动的并非易事"①。因为人们尚不清楚，亚里士多德主义美德伦理学所给出的那种"实践三段论究竟是表达了好人的实际推理过程，还是对行动或者动机所做的事后说明"②。甚至就连美德伦理学阵营的学者也意识到，"研究具体美德的文章数量不断增长——但是，据说，它们的关注点在于对道德心理问题展开细致的分析。它们恰恰没有把精力放到在人们眼中伦理理论本应处理的那个领域，也就是我们应该做什么、不应该做什么——即行动"③。

虽然亚里士多德主义的美德伦理学没有具体告诉人们"应当做什么"，但它至少告诉人们"应当怎么做"，即"像一个美德之人或实践智慧之人那样行动"④。因此，准确地说，这种美德伦理学不是没有给出行动指南，而是它给出的行动指南不够令人满意。批评者怀疑，将正确行动的标准置于"美德之人"或"实践智慧之人"，不仅使得该标准缺乏必要的稳定性和确定性，而且会使普通行为者难以把握、效仿和操作。所以，亚里士多德主义美德伦理学关于行动指南的表述，即便不是完全缺席的，至少也是充满缺憾的。人们很难理解：为什么这种美德伦理学"敢于"将一种特定的行为者类型，而不是将一种明确的实践规则作为行动的范导和尺度？

---

① Robert B. Louden, "On Some Vices of Virtue Ethics", in Roger Crisp, Michael Slote eds., *Virtue Ethics*, New York: Oxford University Press, 1997, p. 229.

② 宝拉·高特里布：《实践三段论》，载理查德·克劳特编：《布莱克维尔〈尼各马可伦理学〉指南》，刘玮、陈玮译，北京大学出版社 2014 年版，第 233 页。

③ Rosalind Hursthouse, "Applying Virtue Ethics", in Rosalind Hursthouse, Gavin Lawrence, Warren Quinn eds., *Virtues and Reasons: Philippa Foot and Moral Theory*, New York: Oxford University Press, 1995, p. 57.

④ Rosalind Hursthouse, *On Virtue Ethics*, New York: Oxford University Press, 1999, pp. 26 – 28.

首先，从根本上讲，这与美德伦理学对于伦理生活与伦理知识的定位有关。以康德主义和功利主义为代表的规则伦理学之所以在行动指南上显得清晰明确，是因为它们对"何为正确行动"这一问题做出了直接的回答，即它们的答案内容直接就是关于某种行为模式的描述。由于"模式"始终蕴含普遍性和稳定性，因此，它们的回答往往以"规则"的形式呈现出来。与之相比，以亚里士多德主义为代表的美德伦理学对"何为正确行动"的回答是间接的。因为，它所给出的并不是这样或那样的行动方式，而是一种可以实施该行动方式的行为者形象。表面上看，美德伦理学似乎有点"答非所问"，但是，这却反映出美德伦理学的一个关键信念，即在伦理生活和伦理知识中，总有一些东西要比单纯的行动更加重要。

亚里士多德主义的美德伦理学当然不反对康德主义者或功利主义者出于各自的道德立场而采取正确的行为——这毕竟要比做出不正确的行为好得多——但是，亚里士多德主义相信，除非行为者能够事先理解，在当前的伦理生活和伦理知识中什么才是"普遍的法则"或"功利最大化"，怎样的事实状态才是合乎"普遍的法则"或"功利最大化"，否则，他们的行为就不可能成为"正确的行为"。并且，只有当行为者稳定而真诚地理解上述问题，他们的这种"正确的行为"才会真正持续地出现。因此，对亚里士多德主义的美德伦理学来说，与其直接回答怎样的行为才是正确的行为，不如先搞清楚什么才是正确行为的主体基础及其存在境遇。① 后者虽然不那么直截了当，但却是

---

①　正如福特所说，我们"对于人类行为的评价依赖于特定的人类生活的基本特征"，而康德却"错误地认为，一个抽象的可用于理性存在者的实践理性的理念能够把我们都引向任何事情"。同样的，威廉姆斯也指出，现代的道德概念"忽略了周边的情况，而只看到它所聚焦的特殊判断。……切断了来自品质和心理或社会的决定性影响，从而把罪责和责任一点也不多、一点也不少地全都放在行为者自身贡献的最终的公平基础上"。参见(1) Philippa Foot, *Natural Goodness*, New York: Oxford University Press, 2001, p. 14; (2) Bernard Williams, "Morality, the Peculiar Institution", in *Ethics and The Limits of Philosophy*, London: Fontana Press, 1985, p. 194.

针对正确行为的一种"顶层设计"或"基础论证"。而在这背后，折射出的其实是这样一种关于伦理生活与伦理知识的态度或理念——"道德生活最好不要被看作是不断遭遇道德两难或道德不确定（虽然每个人的道德生活都肯定包含着这种时刻）的系列过程；更多的，它是一个长期追逐个人卓越的过程。因而，与这种追逐相匹配的行为指南，跟许多现代伦理理论家所设想的方式十分不同。美德伦理学主要帮助我们回答这样的问题：人类生活的何种特征必然有助于成就人的卓越？一个人应该努力发展怎样的品质特征？基于这些问题，美德伦理学当然没有办法在人们所可能遇到的一切有问题的处境中全都提供决断性的行为指南。而这不是它的目标。美德伦理学的任务，不是决断性地指导行为或实践困难，而是提出某些东西，它们更像是一个人为了跑步做好准备的那种恰当程序。"①

其次，与上一点相联系的是，对亚里士多德主义美德伦理学而言，"美德之人"或"实践智慧之人"本身就是正确行为的充分条件。也就是说，"美德之人"或"实践智慧之人"本身即蕴含"正确的行为"；他不可能做出不正确的行为，不可能选择正确行为之外的行动选项。因此，"美德之人"或"实践智慧之人"能否确保正确的行为，在亚里士多德主义这里，根本就不成为一个问题。这就如同，"理性的行为者"能否使得自己的行动准则同时成为一条可以普遍化的法则在康德主义那里不成为一个问题，"基于趋乐避苦的行为者"能否追求最大多数人的最大快乐在功利主义那里也不成为一个问题一样。毋宁说，真正值得亚里士多德主义认真对待的问题是，一个行为者如何才能成为"美德之人"或"实践智慧之人"，而不是，一个"美德之人"

---

① David Solomon, "Internal Objection to Virtue Ethics", *Midwest Studies in Philosophy*, Vol. 13, No. 1 (1988), p. 174.

或"实践智慧之人"如何才能做出正确的行动。对亚里士多德主义来说，一旦行为者成为真正的美德之人或实践智慧之人，那么，他采取正确行为便是顺理成章、水到渠成的。所以，反对者若想真的提出有杀伤力的质疑，那也应该针对行为者能否成为"美德之人"或"实践智慧之人"，而不应该针对"美德之人"或"实践智慧之人"能否实施正确行为。

况且，以"美德之人"或"实践智慧之人"作为"正确行动"的标准，并不一定导致又需要用"正确行动"再来界定"美德之人"或"实践智慧之人"的循环论证。比如，在赫斯特豪斯看来，亚里士多德主义美德伦理学无须通过返回"正确行为"，而是可以通过进一步陈列美德清单、采取亚里士多德主义关于内在品质的理解来解释"美德"——"美德就是诚实、公正、慷慨等品质特征"，或者"美德就是人们为了实现幸福、繁荣或生活得好所需要的品质特征"——就能够在一定程度上避开循环论证。① 不仅如此，我们还可以通过效仿"美德之人"或"实践智慧之人"的实际表现来搞清楚美德或实践智慧到底是什么、到底表现为何种状况，以及，由此产生的正确行为又是怎样的。② 即便我们自己缺乏美德，缺乏相应的理解力、洞察力和判断力，对"正确的行为"也缺少完整的认知，那也不影响我们可以向"美德之人"或"实践智慧之人"请教、学习和模仿，从而使自己步入一条从缺乏美德到拥有美德、从缺少相关能力到拥有相关能力的发展道路上。而这一切，不恰好正是我们每个人道德成长的真实过程和道德发展的一般规律吗？

----

① Rosalind Hursthouse, *On Virtue Ethics*, New York: Oxford University Press, 1999, p. 29.

② Rosalind Hursthouse, *On Virtue Ethics*, New York: Oxford University Press, 1999, p. 34.

再次，亚里士多德主义美德伦理学对正确行为的界定和指导虽然不具有明确的程序化特征，但这不代表它所提供的关于正确行为的规定和论证方案必定与"规则"格格不入。对照规则伦理学的法典化诉求，支持美德伦理学的人们可能不承认存在一套稳定适用的精致的决策程序，也不认为每个人都能同等熟练和恰当地运用该程序，但"他们仍然希望获得一系列的规则……而这样的规则只有在具备一定道德智慧的人手里才能得到正确、有效的使用；它不可能被完全机械地使用"①。在这个意义上，亚里士多德主义的美德伦理学并未认为，道德规则是"完全没用"的或"绝非必不可少"的。相反，这种美德伦理学实际上通过美德论术语而表达了某种特殊的规则，即美德规则（v-rule）。这些规则不是以条例而是以品质的形式表现出来，它们在保留道德要求的律令性质的同时，更仰赖行为者对其中内涵的理解和践行，懂得在什么条件和情境下运用什么样的规则才最为恰当。② 所以，有评论者指出，像安斯库姆这样的亚里士多德主义者"并没有真的建议我们完全放弃道德义务。假如有人遵循了她的建议，并用'不真诚的''不贞洁的'等等来代替'道德上错的'，难道这不就是对'行为者应当是真诚的、贞洁的''不真诚的和不贞洁的行为在道德上是错的，因为好的行为者都不会这么做'等说法的缩写而已吗？"③ 而赫斯特豪斯作为亚里士多德主义美德伦理学的当代代表人物则更加明白地指出："美德伦理学并不致力于提供任何规则或原则……在某种程度上，这显然是错误的。美德伦理学确实旨在从各种品质中间挑出什么

① Rosalind Hursthouse, *On Virtue Ethics*, New York: Oxford University Press, 1999, p. 57.

② Rosalind Hursthouse, *On Virtue Ethics*, New York: Oxford University Press, 1999, p. 36.

③ Robert B. Louden, "On Some Vices of Virtue Ethics", in Roger Crisp, Michael Slote eds., *Virtue Ethics*, New York: Oxford University Press, 1997, p. 203.

是美德、什么是恶德；把一个特殊的品质（比如诚实）设定为美德，把另一个特殊的品质（比如残忍）确认为恶德，这看起来就肯定是设立了'要诚实行动''不要残忍行动'的规则或原则。……这表明，人们喜欢用来总结美德伦理学的说法——即美德伦理学关心'是什么'而不是'做什么'——具有严重的误导性。"①

至于那些所谓"普遍的规则"，美德伦理学也没有完全否认。只不过，在美德伦理学看来，绝无例外的普遍规则所处理的往往是一些非常底线或极端的情境，其数量较少。因此，对于实现一种繁荣兴旺的生活来说，不仅是它们的作用不够显著或全面，而且，它们的地位也没有规则伦理学所夸耀的那么高，覆盖面也没有想象的那么广。②所以，人们与其把精力花在寻找和确证这类绝对的普遍原则上，不如去追求"那些具有非常普遍的使用范围、专一性和灵活性得到最佳结合但又并非适用于所有可能情形的美德规则、规则或原则"③。美德伦理学相信，"成熟的美德能够指导行为……至少它可以跟任何规则或原则具有同样多的特殊性和决断性"；甚至，"在特殊性和决断性方面，美德也许要比规则或原则更管用。因为美德体现了一种要比规则或原则通过其公式所体现出来的更复杂的洞察力"。④

最后，亚里士多德主义的美德伦理学之所以用"像美德之人或实践智慧之人那样行动"来界定"正确的行动"，甚至在很多情况下以

---

① Rosalind Hursthouse, "Applying Virtue Ethics", in Rosalind Hursthouse, Gavin Lawrence, Warren Quinn eds., *Virtues and Reasons: Philippa Foot and Moral Theory*, New York: Oxford University Press, 1995, pp. 66 - 67.

② F. F. Centore, "Review of On Virtue Ethics", *The Review of Metaphysics*, Vol. 56, No. 1 (2002), p. 179.

③ Rosalind Hursthouse, *On Virtue Ethics*, New York: Oxford University Press, 1999, p. 58.

④ David Solomon, "Internal Objection to Virtue Ethics", *Midwest Studies in Philosophy*, Vol. 13, No. 1 (1988), p. 176.

前者来取代后者，就是因为这种美德伦理学注意到"正确的行动"概念的局限性。因为，并不是所有的情境都蕴含着"正确的行动"，更不是所有的情境都蕴含着唯一的"正确的行动"。用赫斯特豪斯的话来说，在人类的伦理生活中，始终存在某些"不可解决困境"（irresolvable dilemma）。它们意味着，当一个行为者的抉择介于 x 和 y 之间时，他"缺乏道德根据可以更倾向于做 x 而不是做 y"①；即便该行为者不得不有所抉择，其抉择也仍然因为不具备压倒性的理由而仅仅是一种权宜之计。其中，如果 x 和 y 都是好的抉择，那么，这里就不止一个正确的行动；如果 x 和 y 都是不好的抉择，那么，这里就不存在任何正确的行动。前者被赫斯特豪斯称作"令人愉快的不可解决困境"（pleasant irresolvable dilemma），后者则被称作"令人沮丧的不可解决困境"（distressing irresolvable dilemma）。

"令人愉快的不可解决困境"表现为善与善之间的抉择。也就是说，虽然缺乏具有压倒性的合理依据来证明行为者究竟是应当倾向于 x 还是 y，但无论行为者怎么抉择，他所实施的行为"都是正确的行为、值得赞扬的行为"②。比如，当我为孩子买生日礼物却"不知该买什么"时的困境，就是一个令人愉快的不可解决困境。因为"从一大堆东西中为她购买任何一件，都同样地可欲，同样地可接受"，但"没什么道德依据可以让人更偏爱其中一件而不是另一件。一个人采取 x 行为，给她的女儿买了 a，而另一个人采取 y 行为，给她的女儿买了 b"③，两者都是正确的行为。尤其是在两个同样具有实践智慧的行为

---

① Rosalind Hursthouse, *On Virtue Ethics*, New York: Oxford University Press, 1999, p. 63.

② Rosalind Hursthouse, *On Virtue Ethics*, New York: Oxford University Press, 1999, p. 69.

③ Rosalind Hursthouse, *On Virtue Ethics*, New York: Oxford University Press, 1999, pp. 67 – 68.

者同处这类困境却又采取了不同行为时，就更加说明了这一点。因为，在这种条件下，无论他们实施怎样的行动，都是正确的行动；此时，继续强调必须确立某种行为指南以锁定唯一的正确行动，便没有了太大意义。在这样的情境中，亚里士多德主义的这种看似含混的说法——"像美德之人或实践智慧之人那样行动"——不仅足以指导一个行为者采取正确的行动，而且，还可以帮助这个行为者避免因为对于"正确行动"及其唯一性的执着而将其他人的抉择当作"错误的行动"加以误判。所以，赫斯特豪斯说："假使有两个美德之人，都具备实践智慧，尽管他们身处同一情境，但他们都认为对于他们应该怎么做有不同的意见，那么，这并不能推出，我们无法回答'在此类情境中什么才是正确的行动'这种问题。因为，核心的问题是'美德之人会怎么做'而不是'哪种行动正确'；如果美德行为者采取了不同的行动，那也是回答了前一个问题。"①

至于"令人沮丧的不可解决困境"，则是指行为者的行为选项 x 和 y 都非常糟糕，而他没有压倒性的依据来决定是选择 x 还是选择 y 的那种情境。比如，"是请求医生通过超常规的手段为他那已经没有意识的母亲再多延续一年的生命，还是现在就停止治疗"，就属于一个令人沮丧的不可解决困境。因为，无论行为者选择哪种方案，都会陷入困境并留下遗憾。所以，在这样的情境中，即便是具有实践智慧之人，也根本谈不上实施"正确的行为"。

与之相比，更严重的还有所谓"悲剧性的困境"（tragic dilemma）。在那里，行为者"无论做什么都是错的、都是不被允许

---

① Rosalind Hursthouse, "Applying Virtue Ethics", in Rosalind Hursthouse, Gavin Lawrence, Warren Quinn eds., *Virtues and Reasons: Philippa Foot and Moral Theory*, New York: Oxford University Press, 1995, p. 63.

的"①，而且，其行为选项的糟糕程度要比令人沮丧的不可解决困境中的行为选项严重得多，以至于"无论有意或无意，采取这些行为都将玷污或摧毁好的生活"，使其"生活永远染上污名"。② 就此而言，悲剧性的困境，乃是令人沮丧的不可解决困境的一种极端化表现——美德之人或实践智慧之人所面对的行为选项不仅令人沮丧，更会摧毁其生活，而他却缺乏充足的理由去选取其中一个而不是另一个。赫斯特豪斯坦承，在有些情境中，"即便是美德行为者也不可能出淤泥而不染。在这些（假定）无法做出任何美德选择的情境中，没有一种行为可以使人过得好"③。

可见，与康德主义或功利主义的规则伦理学非常不同的是，亚里士多德主义的美德伦理学对于伦理生活及其不确定性的认知程度，其实更为全面和深刻。后者承认，在这个世界上，总存在一些无法提供明确行动方案从而根本无法解决的困境。面对这种困境，继续强调"行为指南就是要找出正确的行动方案"，几乎是没有意义的。只不过，如果我们打算将糟糕的情况降到最低，并尽可能地做到问心无愧的话，那么，我们最好就要"像美德之人那样行动"（尽管这样的行动仍不是正确的行动），仅此而已。

概言之，通过对道德困境与行动指南之间关系的分析，尤其是通过对道德困境的严重性和极端性的承认，美德伦理学比规则伦理学更为自觉地意识到伦理生活的复杂性与伦理知识的局限性。在这方面，

---

① Rosalind Hursthouse, *On Virtue Ethics*, New York: Oxford University Press, 1999, p. 72.

② Rosalind Hursthouse, *On Virtue Ethics*, New York: Oxford University Press, 1999, pp. 74 – 75.

③ Rosalind Hursthouse, "Applying Virtue Ethics", in Rosalind Hursthouse, Gavin Lawrence, Warren Quinn eds. , *Virtues and Reasons: Philippa Foot and Moral Theory*, New York: Oxford University Press, 1995, p. 66.

美德伦理学者坦承，我们"不应该在断定是否存在不可解决的困境之前，就试图提供某种可以解决所有困境的决策程序"[①]；相反，"一种充分把握我们道德经验的规范伦理学将会体现如下事实，即我们真的无法解决其中的某些困境，它并没有打算告诉我们应该怎样解决它们"[②]。所以，美德伦理学的行为指南不是要表现为关于正确行为的必然有效的操作方法，而是要展示出正确行为得以产生的主体条件、边界与可能。

---

① Rosalind Hursthouse, *On Virtue Ethics*, New York: Oxford University Press, 1999, p. 18.

② Rosalind Hursthouse, *On Virtue Ethics*, New York: Oxford University Press, 1999, p. 67.

第十一章　感觉机制的局限

　　亚里士多德主义美德伦理学虽然可以为自己的实践理性提供适当辩护，但不足以打消全部顾虑。因为，在道德心理问题上，亚里士多德主义的突出特征不仅在于提供了一套独特的实践推理方案，而且在于，这套方案始终伴随着或裹挟着感性方面的东西。甚至可以说，这套方案的构成及其良性运作本身就依赖于行为者的感觉机制。这一方面表现在，有实践智慧的行为者将会在实施正确行动的同时恰当地体验到那些伴随着快乐或痛苦的感觉（情感）；另一方面则表现在，有实践智慧的行为者将会因为恰当地体验到别人的快乐或痛苦的感觉而促成自己的正确行动（移情）。但是，当美德伦理学的道德心理论述由于证明情感与移情的正当性而收获支持的时候，它也同时需要承担这些话题所招致的批评。因此，我们有必要从亚里士多德主义的基本立场出发，进一步回应针对这些感性心理要素的质疑与否定。

一、情感的不稳定与移情的不充分

　　将情感作为伦理学的心理基础之一，始终是一件有风险的事情。因为，情感确实属于行为者心理结构中虽然真实但却不能保证稳定性和明确性的心理因素。即便像亚里士多德主义这种引入并承认情感的重要地位的学说，对此也常常表现得十分谨慎。对它来讲，情感虽然具有重要的伦理意义，但这种意义不是无条件的，而要受到整个理论体系的约束。至于说那些从根本上就否定情感之伦理意义的理论立场（比如，斯多亚主义和康德主义），更是对情感表达了一种整体的不信任。在它们眼里，作为行为者在感觉层面的某种感受和反应，情感既不够普遍或稳定，也不够精确或高尚，还不够清晰或彻底；情感往往呈现出一种难以得到充分知识化或概念化的状态，更难以被用来有效地解释或指导那些正确的行动。即便是亚里士多德，如前所述，也只不过给出这样一个简单的定义："所谓情感，我指的是肉欲、愤怒、恐惧、信心、妒忌、愉悦、友善、憎恶、渴望、嫉妒、怜悯，总之，它们伴随着快乐和痛苦。"①

情感虽然因其"伴随着快乐或痛苦"而与一般的感官感觉有所不同，但是，它仍然属于一种感觉。因此，它同样拥有感觉所拥有的基本特征，即具体性。这种性质不仅体现在感觉所指涉的对象总是事物的具体性质或具体事物本身，更显著的，它体现在感觉的实施者或接受者必定是也只能是这个或那个具体的行为者。在这个意义上，可以说，恰恰是感觉在主体上的具体性，才成就了它在意向内容上的具体性。对于这一点，亚里士多德主义并不陌生。因为，强调感觉的极端特殊性，以至于否认感觉的可公度性乃至可传达性，是当时希腊智者所津津乐道的一种典型观念。在他们看来，"人的感觉与语言是异质的，语言不是感觉，人说出的词语不能等同于颜色或声音等感觉，一个人不可能用语言将自己的感觉表达出来；而且，各个人的感觉也是异质的，即使假定人们能够用语言将自己的感觉表达出来，也不能传

① Ingram Bywater ed., *Aristotelis Ethica Nicomachea*, Cambridge: Cambridge University Press, 2010, pp. 29‒30.

递给他人，为他人所理解，因为他人心里没有与之相同的感觉"①。

如果行为者对于同一种颜色、形状、声音、气味、味道等物理现象都缺乏共同的感官感觉，那么，他们对于同一种实践情境或伦理事态将会产生差异巨大的心理感受，就更不足为奇了。这一方面是因为，作为外在刺激的实践情境或伦理事态本来就比单纯的物理现象更复杂，不同的行为者所接受的对象信息常常是片段的或局部的（况且，这些片段之间几乎不可能构成完全相等的知觉图像）；另一方面则是因为，如前所述，形成情感的一项必要条件是行为者自身的欲望范围。这种具有鲜明个体色彩的心理因素决定了，即使不同的行为者接受同样的刺激，形成同样的知觉，也不代表他们会体验到同样的伴随着快乐或痛苦的感觉，即情感。因此，如果情感被用作理解和评判当下情境道德要求的重要判据，甚至是被用作构成当下行为目的并做出相关抉择的心理基础，那么，批评者就不可避免地担心，情感将导致"正确"与"善"等伦理观念丧失稳定性。在这个意义上，即便情感对于人类生活而言是不可消除的，但是，它对于建构一种普遍确定的道德理论来讲却是不足为训的。

当然，缺乏普遍的稳定性，似乎还不是情感在伦理知识体系中所映射出来的最严重的缺陷。真正让批评者产生怀疑的是，作为一种本质上仍属于感觉范畴的心理要素，或者说，作为一种以感性的方式来接受外界的刺激并给出伴有快乐或痛苦的心理反应，情感在内容上即使不完全反对理性，也不会是完全合乎理性。更准确地说，既然情感的本质仍属于感觉，因此，只要缺乏理性的足够训练或教养，那么，情感就会沿着行为者的本能或利害的通道来表达自身。对那些追求理性高贵的理性主义者来说，这是情感一旦被放松约束便会自甘堕落的

① 周晓亮：《试论西方心灵哲学中的"感受性问题"》，《黑龙江社会科学》2008 年第 6 期。

"向下"本性的典型体现，亦是情感缺乏稳定性的又一重要表现。所以，在《斐德罗篇》和《国家篇》中，柏拉图根本没有为情感的积极意义留下多少位置。① 从这种立场看来，"情感，至少是其中的某些，尤其是肉欲，就好比需要被更高的（毫无同情的）理性控制、强迫、支配甚至奴役的动物"②。它们只是肤浅、低劣和野蛮的象征，并由此使人类灵魂的整体结构也沦为一种"受压抑的野兽模式"③。就连亚里士多德自己也承认，情感存在一种容易陷入"过度"与"不及"的脆弱倾向；并不是每种情感都具有适度的状态，因为"有些行为与情感，其名称就意味着恶"④。

与之相比，斯多亚主义者对情感的贬低更加强硬。在他们看来，情感完全建立在一种错误的观念基础上。根据斯多亚主义，行为者的认识源自对事物的印象以及由此形成的信念。其中，行为者有关事物是否存在以及如何存在的那些事实信念，通常是可以接受的，但是，他们关于事物是善还是恶的那种价值信念，却完全属于主观臆断。斯多亚主义相信，被人视为善或恶的事物实际上只是价值中立，既无所谓"善"，亦无所谓"恶"；"善"与"恶"仅仅是行为者出于自身对该事物的偏爱或不偏爱的情感而给它们贴上的标签，因此，它们本质上是一种人为的分割。然而，一旦这种分割被当作客观的东西规定下

---

① 参见（1）柏拉图:《斐德罗篇》，载《柏拉图全集》（第 2 卷），王晓朝译，人民出版社 2002 年版，第 168 页；（2）柏拉图:《国家篇》，载《柏拉图全集》（第 2 卷），王晓朝译，人民出版社 2002 年版，第 418—424 页。

② Rosalind Hursthouse, "The Central Doctrine of the Mean", in Richard Kraut ed., *The Blackwell Guide to Aristotle's Nicomachean Ethics,* Malden: Blackwell Publishing Ltd., 2006, p. 110.

③ Julia Annas, *Platonic Ethics, Old and New*, Ithaca: Cornell University Press, 1999, p. 13.

④ Aristotle, *Nicomachean Ethics*, trans. by W. D. Ross, in Richard McKeon ed., *The Basic Works of Aristotle*, New York: Random House Inc., 2001, 1107a8.

来，便会进一步强化和固化行为者因其偏爱或不偏爱而形成的那些快乐或痛苦的感觉（即情感）。所以，在斯多亚主义这里，与理性相比，情感不仅低劣，而且虚假；不仅情感本身，而且连同其信念基础，都是需要被抛弃的幻象。换言之，对一个真正的斯多亚主义者来说，他不仅要消除一切情感，而且必须要从根源上加以彻底地清除。①

受斯多亚主义的影响，康德主义对情感的拒斥更为人熟知。在康德那里，基于感觉的情感和基于本能的肉欲被直接斥之为"感性的冲动"。它们是人类在经验的生存维度上所表现出来的"病理的特征"，不但层次不高，而且混乱和矛盾，因此绝不可能构成一种普遍必然的道德的形而上学基础。对康德而言，如果一定要说在道德领域中有什么情感是合法的，那也只能是这样"一种通过智性的根据起作用的情感"，即"对道德律的敬重"；它是"我们能完全先天地认识并看出其必然性的惟一情感"。② 只不过，作为智性层面的情感，"敬重很难说是一种愉快的情感"③，因为伴随着它的那种道德意志"并非仅仅是没有感性冲动参与的意志，而是甚至拒绝一切感性冲动并在一切爱好有可能违背这法则时中止这些爱好的意志"④。在康德眼里，敬重感之外的那些情感始终是杂多与脆弱的代名词，是损害和败坏行为者纯粹理性动机的元凶。⑤ 因此，为了达到确立道德法则的目的，理性的行为者

---

① Brad Inwood ed., *The Cambridge Companion to the Stoics*, Cambridge: Cambridge University Press, 2003, pp. 260 - 265.

② 康德:《实践理性批判》，邓晓芒译，人民出版社 2003 年版，第 101 页。

③ 康德:《实践理性批判》，邓晓芒译，人民出版社 2003 年版，第 106 页。

④ 康德:《实践理性批判》，邓晓芒译，人民出版社 2003 年版，第 99 页。

⑤ 克里斯汀·科斯嘉说:"似乎存在许多东西能够给一个既有的理性考虑的动机效应带来干扰。愤怒、激情、沮丧、分心、哀恸、生理或心理疾病，所有这些东西都能够使我们做出不理性的行动，也就是说，未能对那些我们所持有的理性考虑做出动机层面上的反应。"参见 Christine Korsgaard, "Skepticism about Practical Reason", *Journal of Philosophy*, Vol. 83, No. 1 (2001)。

就必须将敬重感之外的一切情感当作"前进中的阻力"加以排除和克服。①

　　作为一种伴随着快乐或痛苦的感觉，情感之所以不能稳定地符合理性的预期，根本上是因为情感受制于行为者的欲望。如前所述，只有行为者具备一定的欲望，他才会对出现在他面前的感觉对象 P 产生快乐（如果他"想要 P"，或者，如果他认为"P 是好的"）或不快乐（如果他"不想要 P"，或者，如果他认为"P 是坏的"）的感觉。相反，如果缺乏相应的欲望，那么，即便他面对该事物，也不会生成任何伴随快乐或痛苦的感觉。而这里的关键问题在于，行为者的欲望范围是较为广泛的，行为者的欲望类型也是不一而足的。谁也无法确保，理性的行为者会在不同的情境中始终保持理性的欲望。谁也无法排除，理性的行为者在不同的情境中就不会展现出非理性的欲望。毋宁说，不是情感的属性（感觉）而是情感的基础（欲望），使得情感会在理性与非理性之间发生摇摆。

　　情感的不稳定和不可靠，自然影响到移情。因为，移情本身就是一种特殊的情感体验机制和反应机制，移情所涉及的内容也本来就是各类主体的情感——无论是行为者对行为对象的痛苦或快乐感觉的移情（道德行动），还是评价者对行为者的温暖或寒冷感觉的移情（道德评价），皆是如此。只不过，两者的差别在于：（1）当移情与道德行动相关时，行为者既有可能实施移情，也有可能没实施移情。但是，当移情与道德评价相关时，评价者却始终需要实施移情，才能完成评价。（2）当移情被用来促成道德行动时，行为者从行为对象那里感受到的，主要是行为对象内心的快乐或痛苦的感觉（尤其是痛苦的感觉）；而当移情被用来促成评价者的评价时，评价者从行为者那里感受

---

① 康德:《实践理性批判》，邓晓芒译，人民出版社 2003 年版，第 103 页。

到的，则主要是行为者内心的温暖或寒冷的感觉。前者（快乐或痛苦的感觉）反映的是行为对象与当下情境之间的关系，以及行为者与行为对象之间的心理联系，而后者（温暖或寒冷的感觉）反映的则是行为者自身的品质程度，以及评价者与行为者之间的心理联系。（3）根据"移情-利他"假设，移情被认为是关心他人的充分必要条件，即实施了移情的行为者必定会对他人表示关心，从而采取正确的行动，而未能实施移情的行为者的行动则不可能对他人表示关心，从而采取错误的行动。在这个意义上，道德上的正确与错误，严格说来，不取决于行为者是否采取了关心他人的行动，甚至不取决于行为者是否对他人有所关心，而取决于行为者是否在心理上实施了移情。但为了辨识这一点，又进一步依赖于评价者对行为者的移情。换言之，一个具有移情能力的行为者通过自己"是否移情"而呈现道德上的正确和错误，然而，又是另一个具有移情能力的评价者通过自己的"移情结果"而确认了这种正确与错误。行为者和评价者各自凭借这种特殊的情感体验机制以及由此得到的情感反应内容，共同为道德正确和错误概念提供了一种情感主义的奠基，同时也为道德正确的行动提供了一种充分必要条件。

然而，移情的功能在道德实践中真的如此强大吗？事实上，无论是对通过移情而采取的正确行动，还是对通过移情而做出的正确评价而言，移情都不可能像美德伦理学想象或期待的那样，构成它们的充分必要条件。这里的批评也许针对的主要是情感主义的美德伦理学，但它并非不适用于亚里士多德主义的美德伦理学。相反，如果亚里士多德主义想要充分容纳并有效运用移情这种感觉机制但同时又避免它的短板，那么，它就必须认真考虑移情的如下缺失：

首先，移情并不构成正确行动或正确评价的必要条件。这一点对康德主义和功利主义等规则伦理学来说，几乎是自明的。因为，在它们看来，实施正确的道德行为或做出正确的道德评价，最需要的（甚至唯一需要的）就是，发现和遵循某种普遍的、理性的道德原则。只要通过将现有的行动选项或评价选项与这种理性原则相比对，行为者就能获得关于正确行为或正确评价的答案。因而，在此过程中，行为者应当聚焦于理性法则的确认或事实后果的计算上，而无须费心劳神地了解或体验另一个行为者的心理状况，特别是他们的感觉或情感状况。① 这些理性主义立场更愿意相信，相比于理性，在本性上更不稳定的情感往往是模糊的、矛盾的乃至虚假的；它们需要被清除，至少也需要被清理。因此，奠基于并且作用于人类感觉或情感反应的移情，对康德主义或功利主义的正确行为概念来说，不但是不必要的东西，更是应当极力避免的东西。

同样的，对亚里士多德主义来说，移情尽管可以得到接纳，但它似乎也并不是什么必不可少的心理基础。在亚里士多德那里，真正重要的事情在于，行为者要判断当下情境的具体状况并采取适度的抉择。在这个过程中，尽管亚里士多德主义并不排斥移情，更不排斥行为者之间的情感沟通与互动，但是，对亚里士多德主义而言，良好的知觉或直觉已经足以帮助行为者做到上述这一点。更何况，只要这位行为者保持敏感充沛的怜悯之心，即始终具有对他人施以同情的美德，那么，就算他在有些情况中没有实施移情，没有体验到行为对象的内心情感（而仅仅限于对事实的知觉），那也不至于影响或阻碍他，使他无法表现对他

---

① "道德正当性也未必一定只有通过移情作用才能确定。我们正当的赞同态度未必就一定是移情作用的结果。比如，我赞成不许作弊未必就必须通过移情，我也许纯粹是通过对作弊所产生的一系列不良后果的理性分析而赞同不许作弊。因此，移情所引起的赞同态度也不是道德正当和正确道德判断的必要条件。"因此，斯洛特的论证"只是建立在听者的偶然的心理状态或心理联系的基础上，而不是前提和结论的必然的逻辑关系上。对于一个理性但缺少移情心的人来说……斯洛特的论证逻辑上依然是无效的"。参见陈真：《斯洛特是如何从"是"推出"应当"的?》，《伦理学研究》2016 年第 4 期。

人的关心或同情。这说明，亚里士多德主义的美德伦理学无须承诺"同情必定基于移情"的观点。[①] 相反，只要它把"同情"列入一个美德之人所必备的优良品质清单，那么，它就可以为一种"无须移情的同情"预留空间。况且，无论是从动机上还是从后果上讲，"无须移情的同情"并不见得就比"基于移情的同情"要加拙劣或糟糕。在亚里士多德主义的视野中，只要他对他人的同情或关心是饱满深切的，那么，一个仅仅感知或察觉到（但没有感受或体验到）他人内心痛苦的美德行为者，就仍然有理由也有动机去展现正确行为。[②]

其次，移情也不构成正确行动或正确评价的充分条件。虽然斯洛特以为，一旦行为者通过移情而感受到行为对象内心的快乐或痛苦的感觉，他就会对后者施以关心或同情，以及，一旦评价者通过移情而感受到行为者内心的温暖或寒冷的感觉，他就会表明赞同或不赞同的态度从而给出正确或错误的评价，但是，斯洛特却忽略了从"实施移情"到"采取正确行动/做出正确评价"之间的其他环节或必要条件。也就是说，从行为者/评价者实施移情到他们真正采取正确行动或做出正确评价，这中间并非那么轻松自然、顺理成章。

一方面，移情并不必然促成正确的行动。毕竟，将移情视作行为者采取关心或同情他人等正确行为的充分条件，这是建立在"移情-利他假设"基础上的。而这个假设，从哲学意义上来讲，仅仅是一个"假设"；即便得到心理学的经验支持，它也仍然无法消除其"可证伪性"的经验性质。也就是说，只要"移情-利他假设"不能得到完全的证实，那么移情就不能被断言为正确行动的充分条件。不仅如此，

---

① Martha C. Nussbaum, *Upheavals of Thought: The Intelligence of Emotions*, New York: Cambridge University Press, 2001, pp. 328 – 334.

② Martha C. Nussbaum, *Upheavals of Thought: The Intelligence of Emotions*, New York: Cambridge University Press, 2001, pp. 314 – 320.

在批评者看来，当一个行为者通过移情而感受到行为对象内心的快乐或痛苦的感觉时，这仅仅意味着，移情可以帮助该行为者更精细、更体贴地理解当下情境的状态或处境（尤其是体验到身处其中的其他人的心理状态或处境），但它并未承诺，这个行为者必定就会因此做出恰当的情感反应，形成正确的欲望，进而采取正确的行为。换言之，移情确实可以让行为者对某些事实（尤其是那些关于其他行为者的心理状况的事实）的觉察变得更敏感、更真实——在这个意义上，移情无疑是对行为者的知觉能力的有益补充——但是，除非该行为者本身就是一个具有恻隐之心、怜悯之心，愿意甚至乐意去帮助他人的人，否则，即便他"能够"感觉到他人的痛苦，也不代表他就"想要"给予他人关心或支援。

这再次说明，移情只负责向行为者提供当下情境中行为对象的感觉或情感状况，但是，行为者对这种状况将会做出怎样的反应，或者说，当这种状况被转移到行为者内心时将会激发他的何种欲望，在根本上，这仍取决于行为者自身的品质是否优良。假如行为者本就是一个冷漠乖戾甚或邪恶嗜血之徒，那么，即便他能够感受到眼前这位行为对象的痛苦，他也绝不会做出任何关心他人的举动。[①] 在这个意义

---

① "安德里亚·普吕斯（Andrea Plüss）提出了反对意见。其一，同感有可能引起一个人的攻击行为。也就是说，人们正是由于同感，由于具有与他人一同进行感受的能力，才使其反应具有了攻击性。比如，一个性无能者，如果他从妓女的表情和言行中感受到了对他的嘲讽或不满时，他很有可能恼羞成怒，对这个妓女进行打骂，甚至虐杀。其二，同感也有可能使一个人强化其攻击行为，如果'我'很受借由同感所感知到的他人的痛苦，那么'我'就有可能不仅不会因此停止或收敛'我'的伤害行为，反而会变本加厉地伤害他。比如，我们常常在文学或影视作品中看到，一个施虐狂如果不能将自己投射到他人的处境中去，或者说，如果他不能对他人的感受产生共鸣，那么他就可能并不享受他的施虐行为。因此，同感不仅是亲社会行为的前提，而且也可能被用来折磨或者控制他人。鉴于同感既有可能从动机上引发道德行为，也有可能引发不道德的甚至违法犯罪的行为，所以，普吕斯认为，我们应该把同感理解为一种'中立的'现象。也就是说，同感本身与道德无涉。"参见张浩军：《同感与道德》，《哲学动态》2016年第6期。

上，移情就跟知觉一样，仅仅是为行为者的实践推理提供合适的小前提。只有"加上"那些经由优良品质所塑造的正确的欲望作为大前提，才可能确保正确行动的实施。所以，"移情不是万能的，它可以为我们提供行为的初始理由，但需要（至少有时需要）实践理性的帮助或矫正"①。

另一方面，移情也不必然导致正确的评价。按照"移情-利他假设"支持者的说法，道德正确与错误的划分和判定所依据的，是评价者的赞同或不赞同的态度；而这种赞同或不赞同的态度，又取决于评价者通过移情而在自己的内心所感受到的那份温暖或寒冷的感觉；而这份温暖或寒冷的感觉，在根本上，来自他的评价对象（即那个行为者）在实施行为时内心究竟是处于温暖（呈现移情式的关心）还是寒冷（没有呈现移情式的关心）的状态。② 然而，这条论证线索至少面临如下两个问题：

（1）评价者通过移情所感受到的那份源自行为者的温暖或寒冷，不足以保证评价者会相应地表示赞同或不赞同。因为，这其中还取决于评价者是否认同行为者的这份温暖或寒冷，或者说，取决于评价者与行为者在"移情式的关心"这个问题上是否具有价值一致性。假如评价者虽然感受得到但并不认同行为者的温暖，那么，他就不会把后者的浓浓暖意当作一件值得赞同的事，反而有可能认为这位行为者是在"做作""显摆"或"浮夸"。同样的，假如评价者虽然感受得到但

---

① 陈真：《论斯洛特的道德情感主义》，《哲学研究》2013 年第 6 期。

② 斯洛特说，当"一个人非常无私地对待另一个人，并且表达出一种关心他人福祉的温暖，我在他们身上所感受到的这种温暖也温暖了我。这种温暖能够传递到我这里。……当我的感觉反映出那个行为者向别人所展示的那种温暖关心时，我心中的这份温暖就是对于该行为者或其行为的赞同"。而"不赞同是一种寒冷的感觉。……因此，通过关注或观察一个远远没有对他人施以温暖的移情式关心的人，我能够感到寒冷，而这种寒冷就是我内心的不赞同的感觉"。参见 Michael Slote, "Moral Sentimentalism", *Ethical Theory and Moral Practice*, Vol. 7, No. 1 (2004), p. 8。

却可以接受行为者内心的寒冷，那么，他也不会从这份寒冷中得出任何不赞同的评价，相反，他可能为行为者的冷漠甚至冷血拍手称快。之所以会出现这样的情况，一方面固然与评价者自身的品质有关，另一方面也与评价者与行为者之间的社会地位或社会立场的差异有关。而这些因素，对移情来讲，都是不可更改的既定事实；评价者对行为者的任何一次移情，都是建立在这些因素的基础上的。所以，要想确保评价者在感受到行为者的内心温暖或寒冷的感觉时，能够恰当地表达出赞同或不赞同的态度，就必须首先确保评价者自身是一个品质优良（至少心智正常）的人；并且，如果可能的话，还要确保评价者与行为者之间的社会立场乃至价值立场是基本一致的。

（2）就算评价者通过移情所感受到的那份源自行为者的温暖或寒冷，经过增补上述必要条件，而确保评价者表达出相应的赞同或不赞同的态度，那也不一定能够确保评价者在评价问题上做出正确的判断。因为，行为者此前实施的针对行为对象的移情，以及，由此生发的温暖的移情式的关心，都可能是建立在对他人的感觉或情感状况误判的基础上的——比如，一个行为者错误地感受了行为对象的痛苦（后者其实并不痛苦，只是伪装痛苦），那么，在这种条件下，即使该行为者心生暖意，对后者表示关心，而评价者对行为者的这份温暖关心同样有所移情而感到温暖，我们也不能因此断言"这个行为者关心他人的行为是一个正确的行为"。毕竟，这个行为者并没有真实地揭示当下情境的事实状况。所以，严格来说，该行为者的移情及其利他行为，在这个情境中就不是一个恰当的行为。在移情失误的情况下，评价者所感受到的内心温暖以及他由此表达的赞同态度，依然不足以定义"何为正确"或"何为错误"。

诚然，人类也许天生就具备一定的移情能力，但没有哪个人天生就具备成熟的移情能力。因此，发生错误的移情并不足奇。^① 然而，真正的问题倒不在此，而在于这个问题实际上引出了一个更为深刻的困惑，即移情是否真的可能。假如"错误的移情"意味着移情者与被移情者之间的"视差"，那么，那些"正确的移情"就真的意味着移情者与被移情者之间实现了完全的"契合"吗？虽然倡导移情理论的美德伦理学者，凭借诉诸哲学心理学和经验心理学的某些证据而对此保持乐观，但是，正如现象学家提醒的那样，"我唯一对其拥有直接且非推论的知识的心灵是我自己的心灵"，而不是你的心灵；你的心灵，严格说来，并"没有在任何直接意义上呈现或者显现给我"。对于你的心灵及其内在体验而言，只有你自己"才在这些体验的自身显现中体验这些体验，绝对本原地体验这些体验"，而我只是在某种程度上有所体验而已。^② 假如人们在诉诸经验证据之后也不过发现，"你到达你的情绪状态的途径是直接的，无须任何中介，我到达你的情绪状态的途径则是间接的。当你喜悦时，你无须借助证据或观察的帮助，而我即使看见你的表情也看不到你内心'欣喜若狂'。我只有通过观察你的行为来推断你的情绪状态，而行为与情绪是两种不同的事物。尽管由于某些类型的神经活动与某些类型的心理活动是相互关联的，从而使得我们能够基于对大脑的活动的观察来推测心灵的状态。但是除了我们自己的心灵之外，我们还是无法观察或测量心灵本身的那些状态"^③，那么，移情莫非只是想象或虚构？

---

① 移情是"一个人如何把握他的同类的精神生活的方法。作为一个信徒，他也以这种方式把握爱情、愤怒和他的神的意旨；神只能以这种方式理解人的生活。作为全部知识的拥有者，神不会误解人的体验，而人则会误解彼此的体验"。施泰因：《论移情问题》，张浩军译，华东师范大学出版社2014年版，第34页。

② 扎哈维：《同感、具身和人际理解：从里普斯到舒茨》，陈文凯译，《世界哲学》2010年第1期。

③ 费多益：《情绪的哲学分析》，《哲学动态》2013年第10期。

二、重申情感的合法地位

认为情感在道德上是一种缺乏普遍性或稳定性的心理机制，并不为错。因为情感的产生依赖于行为者的（1）生理基础、（2）认知程度以及（3）欲望范围，而这些东西全都"个性十足"。不仅如此，情感还必定以"具体的情感"为形式而出现。这一方面表现为，行为者情感的意向内容包含的必定是某个具体对象，它受到的是这个具体对象的表象或意象的激发；另一方面表现为，在一个情境或时间点上，行为者只能体验和表现一种情感（即便在那种所谓"百感交集"的情境中，行为者也只可能是"一会儿哭，一会儿笑"，而不可能是"同时既哭又笑"）。因此，哲学家把情感理解为一种极具个体性和特殊性的东西，毫不奇怪。

但是，如果因为缺乏普遍性或稳定性，就认为情感是一种不可交流的、不可比较的，甚至是值得质疑的不真实的道德心理反应，却又过于极端。这种批评蕴含着现代道德哲学的一种"普遍主义预设"，即将普遍性等同于真实性或客观性，认为只有普遍的东西才是真实有效的东西，而道德哲学就是要谋求和建构一种普遍确定的道德原则。可是，经验表明，这种预设并不成立。实际发生的道德现象和道德活动并不需要行为者做出普遍主义承诺。就像托马斯·内格尔（Thomas Nagel）指出的那样，"某人感到他必须信守诺言或照料孩子，则不是因为客观地考虑那是一件好事。当然我们做的有些事是由于这样的理由，但是义务背后的动机里必定有一种更为个人的观点。推动你的是你自己与其他人或机构或社会的关系，而不是对最好的总结果的不带感情的关心"①。而

---

① 内格尔：《人的问题》，万以译，上海译文出版社 2004 年版，第 143 页。

且，在亚里士多德主义的美德伦理学看来，现代道德哲学的最大失败及其最需加以矫正的地方，恰恰就在于这种实质上受到基督教律法传统影响的普遍主义诉求。因为，该诉求忽略了伦理学的本质特征，即伦理学只能用一种粗略和概要的方式说明其真理。伦理学的前提和结论都只是针对在大多数情况下成立的那些情况，而这完全是由人类行动和价值本身的性质造成的。①

固然，情感的个别性与特殊性意味着，不同的行为者在同一情境中会形成不一样的认知图像，从而做出不一样的心理反应。但是，"不一样"（different）并不等于"不一致"（incoherent）。因为，面对同一对象或现象，只要行为者身处同样的文化传统并持有类似的欲望结构或价值观念，那么，就算他们的情感反应不尽相同，也只是量的区别，而不是质的差异。换言之，情感的个别性与特殊性所带来的差异性究竟深刻到什么程度，这依然取决于情感的产生基础。比如，在我们这样的社会中，当看到老人摔倒时，有的人可能觉得痛苦，有的人也许显得冷淡，但很少会有人在心中生出兴奋的情绪——除非后者来自一个完全不尊重、不同情老人的文化传统，或是具有一种非常态的心理状况。这就好比，面对一盘水煮鱼，有的人也许觉得这道菜很辣，有的人觉得一般辣，但很少会有人觉得这道菜完全不辣甚至是甜的。像这样完全不一致的情形，事实上，人们更多会把它归为特例或是直接断言最后这个人的味觉有问题，而不会认为这种情形构成了对于我们既有感觉系统的充分反驳。概言之，我们不能简单地理解情感的个别性与特殊性，而必须考察它们所体现的程度与范围，看看它们是不是已经将情感引入到了一种混乱不堪而难以言说的地步。如果事实并

---

① Chris Bobonich, "Aristotle's Ethical Treatises", in Richard Kraut ed., *The Blackwell Guide to Aristotle's Nicomachean Ethics*, Malden: Blackwell Publishing Ltd., 2006, p. 26.

非如此，那么，不同行为者所具备的那些不尽相同的情感状态，就依然处于一个富有弹性的可以公度的区间内。

况且，即便出现极端对立的不一致，也无法否定这些情感的真实性。因为，这只不过说明——延续上面的例子——当发现老人摔倒时，真的会有些人感到兴奋。虽然我们对于这样的反应会感到不可理解，但那依然是某种尽管鲜见却并非不可能的（与我们非常不同的）行为者所表现出来的尽管（对我们而言）荒诞但却真实的心理状况。这时，关键问题不在于他们的情感与我们的情感之间有何种不一致，而在于他们的情感与我们的情感之间究竟何者更可靠。在亚里士多德主义看来，答案显然是后者。因为，"我们的"情感更符合人类实践的一般状况，更匹配人类生活的一般伦理风俗。在这种条件下，纵然"他们的"情感是真实的，那也是"坏人的"情感，而不是"好人的"情感。所以，在面对诸种不一致的情感时，"我们"始终会做出孰先孰后的判断，而不会因此不知所措，更不会因此就放弃对于"正确"或"善"的持守。更何况，真正决定道德领域的"正确"与"善"观念内涵及其稳定性的，不是行为者的情感反应，而是行为者的伦理生活。如果伦理生活已经拥有某种稳定的"正确"与"善"观念，那么，即便行为者在涉及此类观念的某个实践情境中表现出情感的不一致，也不会影响前者的稳定性，进而不会影响到我们去建构一种普遍的道德理论。相反，如果伦理生活本就蕴含多种道德立场，那么，就算行为者的情感反应往往表现得很类似，若想在理论上确立一种普遍有效的"正确"与"善"观念，也不是件容易的事。概言之，在根本上，是伦理生活而不是情感反应，制约着一种普遍确定的道德理论的成立是否可能。

其实，亚里士多德自己也注意到，情感不能确保行为者在道德上处于高尚的位置。真正能够胜任这项任务的，仍是实践的理性。因此，他明确地将出于理性的行动同出于情感的行动区别开来①，并指责那些不能自制者因为受到情感的摆布而未能按照正确的逻各斯去行动②。不仅如此，他还多次指出，年轻人就典型地属于根据情感的指使而生活的群体，所以，他们会经常犯错。③亚里士多德清醒地意识到，"一般地说，情感似乎并不听从逻各斯"④，它们往往受制于行为者的情绪偏好甚至原始本能（肉欲和意气）。所以，情感既不等于也不承诺美德。

然而，这里的关键问题在于，在亚里士多德主义这里，情感根本无须承诺更无须等于美德。因为，亚里士多德的定义清楚地表明，情感只是行为者受到外在刺激而在内心形成的那种伴随着快乐或痛苦的心理感觉，它是被动性的和接受性的；而美德则是在情感反应的基础上，通过反思和行动而形成的稳定的心理结构，它是能动性的和投射性的。前者作为刺激条件下的被动反应，（在程度上）既有可能表现得过度，也有可能表现得不及，（在根据上）既有可能是出于最为原始的感官本能，也有可能是出于容易偏激的欲望观念，所以，它当然蕴含着杂多、脆弱乃至堕落的道德风险。相比之下，美德仅仅是情感得以适度表现的那种状态——用亚里士多德的话来说就是，我们同情感之间好的关系。⑤ 毕竟，一个行为者要想形成和表达情感，这很容

① Aristotle, *Nicomachean Ethics*, trans. by W. D. Ross, in Richard McKeon ed., *The Basic Works of Aristotle*, New York: Random House Inc., 2001, 1117a3 – 8.

② Aristotle, *Nicomachean Ethics*, trans. by W. D. Ross, in Richard McKeon ed., *The Basic Works of Aristotle*, New York: Random House Inc., 2001, 1151a21 – 23.

③ Aristotle, *Nicomachean Ethics*, trans. by W. D. Ross, in Richard McKeon ed., *The Basic Works of Aristotle*, New York: Random House Inc., 2001, 1095a9, 1128b20.

④ Aristotle, *Nicomachean Ethics*, trans. by W. D. Ross, in Richard McKeon ed., *The Basic Works of Aristotle*, New York: Random House Inc., 2001, 1179b29.

⑤ Aristotle, *Nicomachean Ethics*, trans. by W. D. Ross, in Richard McKeon ed., *The Basic Works of Aristotle*, New York: Random House Inc., 2001, 1105b25.

易,"但是要对适当的人,以适当的程度,在适当的时间,出于适当的动机、以适当的方式做这些事,那就不是每个人都做得到,也不容易做得到了"①。根据亚里士多德的观点,为了在接受外部刺激时能够做出适度的情感反应,行为者必须预先通过教化、反思和行动来塑造自身的品质,以形成(潜在的但随时可以被激活的)合理的欲望范围。所以,就其与情感的关系而言,美德的本质在于行为者以正确的方式来激发和对待情感,使情感能够获得正确的运用。在这个意义上,美德不仅是情感的特定表现,而且是行为者对情感的处理模式的体现(同样,恶德也是如此)。亚里士多德说:

> 美德与恶德不是情感。因为我们不是由于我们的情感,而是由于我们的美德或恶德而被称作好人或坏人的。而且,我们也不是由于我们的情感,而是由于我们的美德和恶德而受到表扬或谴责的(因为,一个人不是因感到恐惧或愤怒而没被表扬,也不是因仅仅感到愤怒而受到谴责,而是因以某种方式发怒而受到谴责)。况且,我们感到愤怒或恐惧并不是出于选择,而美德则是选择的模式,涉及选择。进一步地,当我们讨论情感时,我们说一个人被感动,但是当我们讨论美德与恶德时,我们则不说他被感动,而说他被置于某种状态之中。②

这说明,亚里士多德虽然不像柏拉图、斯多亚学派或康德那样几乎全盘否定情感的积极意义,但是,他还没有达到将情感"送上神

---

① Aristotle, *Nicomachean Ethics*, trans. by W. D. Ross, in Richard McKeon ed., *The Basic Works of Aristotle*, New York: Random House Inc., 2001, 1109a26 - 28.

② Aristotle, *Nicomachean Ethics*, trans. by W. D. Ross, in Richard McKeon ed., *The Basic Works of Aristotle*, New York: Random House Inc., 2001, 1105b30 - 1106a6.

坛"的地步。在亚里士多德这里，情感与那些毫无疑问地被视为正确或高尚的东西之间，依然存在着清晰的区别：一方面，美德要比单纯的情感更加属于能动性的产物；另一方面，亚里士多德并没有忽视情感所蕴含的杂多、脆弱乃至堕落的风险，也没有将情感一下子就从"美德的标志或表征"拔高为"美德的源头或起点"。研究者指出，"亚里士多德取消了在确定道德价值时义务和倾向的分离。在他的论述中，一个道德上正确的行动应该是带有倾向，但不是因为倾向而做的。……亚里士多德把一个行动相应的倾向视为标准，以此来决定某个特定的行动是否真正合乎德性，而不只是碰巧符合恰当的标准。不过，倾向并不是行动本身的充分决定因素"，因为真正充分的决定因素在于"一个特定的行动是否与恰当的规则和标准相一致"。①

只不过，与柏拉图主义、斯多亚主义和康德主义相比，亚里士多德主义为情感能够走上一条上升的通道提供了更明确的机会，为它能够在伦理学中获得合法的正当地位而不至于沦为那种需要被克制或排除的障碍物预留了更充分的空间。毕竟，"把伦理情感作为一个主要伦理主题，是亚里士多德伦理学理论的一个主要贡献。……亚里士多德经常强调德性不仅关涉人的行为，也涉及人的情感。我们做什么、怎么做固然很重要，但在做事情的过程中情感的感受也同样重要。伦理德性的培育的过程不仅仅是要告诉人们什么事情是值得做、应该做的，更包括伦理情感的培育。伦理学是关于良好生活的艺术，也包括良好感受。对于亚里士多德来说，德性不仅是正确行动的品质，而且也是正确情感的品质"②。

---

① 多罗西娅·弗雷德：《亚里士多德伦理学中的快乐与痛苦》，载理查德·克劳特编：《布莱克维尔〈尼各马可伦理学〉指南》，刘玮、陈玮译，北京大学出版社 2014 年版，第282 页。

② 余纪元：《亚里士多德伦理学》，中国人民大学出版社 2011 年版，第 83 页。

在这个意义上，与其说，亚里士多德主义的美德伦理学承认情感始终处于一种卓越或高尚的位置，不如说，它承认情感将会在某些条件下必定处于这样的位置。而这不仅意味着（1）情感亟须接受良好的教化和塑造（因为它不够完善），而且意味着（2）情感能够接受良好的教化和塑造（因为它可以获得完善），更意味着（3）情感（在美德之人那里）必将接受良好的教化和塑造（因为它构成了美德的伴随物）。① 这样，情感的道德性质就不再是固定的或静态的，而是充满变化与生长性的。相应的，情感的合法地位也就不是在理论体系的哪一个层面上停留，而是贯穿于道德实践整个富有弹性的复杂状态之中。赫斯特豪斯提醒我们，人们之所以"常常表扬美德伦理学，特别是在批评康德义务论的时候，就是因为美德伦理学为情感的道德意义提供了一种比其他伦理思路更好的论述"②。

至于说情感与理性之间错综复杂的纠缠关系，更是一个似是而非的问题。因为这种质疑从一开始就混淆了情感所蕴含的理性成分与情感（可能被认为具有）的理性属性。在一般情况下，情感当然蕴含着理性成分。行为者对外部刺激的理性认知越明确、越丰富，他的情感由此获得激发的可能性便会越大，其强度也会越高。但是，具有理性认知的成分不足以使情感在本质上从一种感觉类型转化为一种认知活动。因为，认知活动的实质是，行为者在接受对象事物的表象之后对该表象实施的分析、归类或理解，而情感反应的实质则在于，行为者在接受对象事物的表象之后对该表象与行为者之间利害关系的评判和反馈。前者的产物是（可以清晰描述的）事实命题，而后者的产物则

---

① Aristotle, *Nicomachean Ethics*, trans. by W. D. Ross, in Richard McKeon ed., *The Basic Works of Aristotle*, New York: Random House Inc., 2001, 1095a10 – 14, 1109b1 – 7.

② Rosalind Hursthouse, *On Virtue Ethics*, New York: Oxford University Press, 1999, pp. 18 – 19.

是伴随着快乐或痛苦的（往往不可描述的）主观感觉。因此，拥有理性认知的成分，不是情感被归为理性范畴的充分条件。

况且，情感完全可以独立于甚至对立于理性而存在。一方面，并不是所有情感都基于理性认知而完成。比如，仅仅具有感觉能力的动物和婴儿无法形成清晰的认知判断，也缺乏明确的价值观念，但它们仍可以对周边那些可能增进或阻碍其目的实现的对象表达出恐惧、恼怒、悲伤、快乐等情绪。原因就在于，它们具有（本能的）欲望范围。另一方面，"试图用理性让自己摆脱仇恨或怒气或情欲的情感，通常是相当无用的"，因为"情感需要用一种不同的方式来控制，需要经过接受长期的规训"。① 根据亚里士多德的观点，这种训诫更多来自伦理习俗的熏陶："用逻各斯来改变那些长期以来已经融于品质的特征是不可能的，至少是困难的。……虽然我们可以预测，逻各斯与教育不是对所有人都有效，但是，学习者的灵魂必须首先通过习惯来培养，使之追求高尚的爱与恨，就像土地需要先耕耘再播种一样。"② 这不仅说明，情感的塑造往往需要采取一种不同于理性的方式，而且说明，在行为者能够操持成熟的理性认知活动之前，人们就已经可以对其情感加以制约和教化了。

所以，从整体上讲，情感仍会跟理性保持一定的距离，而被归入非理性的心理要素之列。当然，想要认同和接受这一点，还需要我们对"非理性"及其相关概念做出一种抛弃偏见的、心态平和的理解。要知道，批评者之所以会在这个问题上感到纠结，总希望能通过为情感"注入"理性的成分而将其"拔高一点"，就是因为他们常常持有

① 乔纳森·巴恩斯编:《剑桥亚里士多德研究指南》，廖申白等译，北京师范大学出版社 2015 年版，第 288 页。

② Aristotle, *Nicomachean Ethics*, trans. by W. D. Ross, in Richard McKeon ed., *The Basic Works of Aristotle*, New York: Random House Inc., 2001, 1179b17‒18, 23‒26.

"一个糊涂哲学假设"，即"以为人的感性低于理性，而且感性是人的
动物性方面而理性则真正是人的精神方面"。然而，真正的问题"是
我们根本就缺乏与我们的理性水平相配的感性和感情"，是我们没有真
正体会到，即便是来自感觉机制的那些非理性的东西，也具有正确和
恰当的方面。[①]

三、有效移情的必要条件

其实，移情所面临的指控，可以被分为两种类型：一种类型是，
对于移情本身的可能性与必要性的全盘否定；另一种类型是，虽然承
认移情是可能的或必要的，但是仍对移情的充分性和有效性提出质疑。
前者主要围绕"移情在实践过程中是否可能""移情在实践推理中是
否必要"等问题展开。而后者则主要围绕"'移情-利他假设'是否成
立""移情是否足以保证正确的行动或恰当的评价"等问题展开。在
这里，既会有康德主义、功利主义提出的批评，也会有亚里士多德主
义提出的意见。毕竟，当前美德伦理学研究中呈现的移情理论，更多
的奠基于道德情感主义的资源，而不是来自亚里士多德主义的立场。
但是，这并不代表前文所论及的批评意见就错置了对象，更不意味着，
亚里士多德主义提出批评，就是为了跟康德主义或功利主义一样远离
或消解移情。毋宁说，立足于亚里士多德主义的美德伦理学立场，我
们既需要反驳康德主义和功利主义对移情的否定，也需要增补和改进
现有的移情理论，以一种亚里士多德主义所可能同意的方式来完善并
接纳它。

首先，就"移情的可能性"而言，的确，无论从心灵哲学还是从

---

① 赵汀阳：《论可能生活》，中国人民大学出版社 2004 年版，第 272 页。

心理科学的角度，我们都无法为移情这种心理现象提供百分之百的证据或证明。即便不诉诸任何经验证据或先验假设，而仅仅从概念上讲，一个行为者对另一个行为者的心理状态的体验或感受，也绝无可能完全等同于他对自己的心理状态的体验或感受。后者始终是自反性的，是第一人称的，而前者则是对象性的，是第三人称的。因此，在批评者看来，所谓的"设身处地"或"将心比心"，所谓的"将我置放于他那里"或"将他的感觉转移到我这里"等等关于移情的说法，要么是些虚构的想象，要么不过是些为了便于理解的隐喻之辞罢了。

然而，现在的问题是：就算移情者通过移情所获得的感觉体验不完全等同于被移情者本身的心理状况，又怎样？这意味着移情将会沦落为一种毫无意义的东西吗？答案是否定的。因为，（1）除非我们把对心灵的真实的体验方式仅仅限定为"自我体验"这样一种方式，或是，把第一人称的体验方式"先验地"设定为优先于第三人称的体验方式，否则，我们便不能断言"移情"是不真实或不可取的。[①]（2）即便移情者所获得的心理内容与被移情者的原始心理内容不一致，那也要比那些通过"以己度人"的想象或"自以为是"的猜测而得到的心理内容真实得多，更要比那些对他人抱以冷漠或鄙视，以至于连想象或猜测都懒得去做的人强上百倍。想象与猜测虽同属体验他人内心的能力或方式，但它们具有"先入为主"的局限性。而一个善于移情的人，由于其目的是感受他人的心灵，因此他会尽可能地让自己的心灵保持开放，让自己在移情的过程中尽可能地接近对方，从而恰恰可以避免"过于主观"的缺陷。（3）移情者所获得的心理内容与被移情者的原始心理内容的不一致，自然也意味着它与被移情者通过

---

① 扎哈维：《同感、具身和人际理解：从里普斯到舒茨》，陈文凯译，《世界哲学》2010年第1期。

自我体验而获得的内容不一致。"正是由于这一差别，正是由于这一不对等，我们才能够宣称，我们所体会的心灵是他人的心灵。……如果我能够像我通达我自身的体验一样通达他人的意识，他人就将不再是他人，而成为我自身的一部分。"① 也就是说，恰好是因为这种不能完全等同的差异性，我们才可以说，我通过移情得到的是"他的"心理状况，而不是"我的"心理状况。毕竟，移情的根本任务，如前所述，仅仅在于让我贴切地"体验"他，而不是要让我"等同"他，更不是要让我"重合"或"消灭"他。

其次，就"移情的必要性"而言，康德主义或功利主义的批评意见似乎在一定程度上也成立。因为，只要我是一个康德主义者或功利主义者，那么，我就完全可以出于理性的道德理由去实施那些正确的行为，而无须诉诸对他人的心理状况（尤其是他人的感觉或情感等非理性的心理状况）的体验。甚至，就连并不排斥情感因素的亚里士多德主义者，在一般情况下，也往往凭借"知觉"所形成的判断，而不是凭借感性的"体验"所获得的感觉来理解他人的处境和状态。这些处境和状态，在内容上，既可以涉及也可以不涉及与他人心理有关的信息。所以，行为者确实可以通过其他渠道来实施正确的行为。

然而现在的问题是：行为者诉诸的其他渠道是否就比"移情"这条渠道更加便利或畅通？答案似乎也是否定的。因为，（1）在情感主义美德伦理学看来，"关心他人的基础就在于人类的移情"这个命题及其背后的"移情—利他假设"，完全可以也已经得到了大量经验证据的支持。② 所以，"如果你具备足够的移情，以至于你可以在内心中反

---

① 扎哈维：《同感、具身和人际理解：从里普斯到舒茨》，陈文凯译，《世界哲学》2010 年第 1 期。

② Michael Slote, "Moral Sentimentalism", *Ethical Theory and Moral Practice*, Vol. 7, No. 1 (2004), p. 12.

映出某个行为者针对他人所表达的那种移情式的关心，那么，基本上你的移情就是充分发达或相当充分发达的，而任何一个正在按照这种方式发展移情能力的人，将会根据'移情-利他假设'而对他人表示关心"①，乃是一种建立在经验基础上因而难以撼动的信念。不仅如此，（2）情感主义的美德伦理学还相信，"情感主义可以利用一种关于充分发展的人类移情的理想状况来解释并且在某种程度上证明常识的直觉"；而"移情关怀的美德伦理学，毋宁说，就像所有基本的道德观念一样，都必须根据它的直觉准确性以及那些关于由此衍生的具体例证的断言的准确性来检测"。② 换言之，在是否（更加）符合类道德生活的直觉和常识的意义上，体验他人的感觉或情感，显然要比判断他人的理性地位或自然偏好能够更加有效地促动行为者。毕竟，人类心理经验表明，"以情动人"始终要比"以理动人"具有更直接、更强大的激发性。（3）即便是对亚里士多德主义的美德伦理学来说，那些发挥和运用移情能力的美德行为者，也比那些仅仅发挥和运用知觉能力的美德行为者能够更好地开展实践推理。这不仅表现在，通过移情而得到的关于他人心理状况的内部事实，相较于仅仅凭借知觉而得到的关于情境现状的外部事实来说，更能提高美德行为者的实践推理的准确性；而且表现在，一个擅长移情的美德行为者，当他实施移情并获得相关心理事实之后，他往往继续沿着感性的渠道（而不是理性的渠道）来激发自身的欲望。也就是说，该行为者在这个情境中所形成的具体欲望，将更多地受到他的情感的影响，而不是他进行推理的结果。此时，与那些不擅长移情的美德行为者相比，擅长移情的美

---

① Michael Slote, "Moral Sentimentalism", *Ethical Theory and Moral Practice*, Vol. 7, No. 1 (2004), p. 13.

② Michael Slote, "Moral Sentimentalism and Moral Psychology", in David Copp ed., *The Oxford Handbook of Ethical Theory*, Oxford: Oxford University Press, 2006, p. 228.

德行为者自然更加便捷地激发自己的欲望，锁定自己的行动目标，从而构造实践推理的大前提。在这个意义上，移情对于美德行为者在当下情境的正确的具体欲望形成，发挥着一种积极的基础性作用。所以说，有美德的行为虽然不一定需要移情，但是，有了移情却能更容易催生那些有美德的行为。①

因此，亚里士多德主义的美德伦理学同样需要重视"移情"。理由至少包括如下三点：第一，亚里士多德主义所设定的"道德行为者"从来就不是单纯的理性存在者。完整刻画和讨论包括理性、情感、欲望等在内的灵魂概念或心理结构，本来就是亚里士多德主义的一贯做法。因此，移情作为行为者感觉机制的一种特定表现或变化，并不一定就跟亚里士多德主义不兼容。第二，亚里士多德主义所论证的"实践智慧"，最重要的一点就是要真实而贴切地把握当前情境中的具体状况，尤其是那个或那些具体的行为者的心理状况。而成功的移情——如上所述——恰好有能力胜任这项任务。甚至可以说，一个具有实践智慧的行为者是通过知觉来洞察当下情境中的"物"，而又是通过移情来洞察当下情境中的"人"的。第三，让行为者更好地运用实践智慧，更好地展现美德，以及更好地开展道德行动和道德评价，本来就是亚里士多德主义的目标。如果移情有助于实现该目标，而它所赖以成立的情感或感觉机制本来就在亚里士多德主义这里得到了承认，那么，情感主义的论证就不会与亚里士多德主义发生根本的矛盾，而是可以被用来补充和增强后者，尤其是后者的实践智慧概念。

至于说，亚里士多德主义针对情感主义的移情概念表达的不满，如前所述，与其说是要否定移情的可能性和必要性，不如说它只是否

---

① Martha C. Nussbaum, *Upheavals of Thought: The Intelligence of Emotions*, New York: Cambridge University Press, 2001, pp. 327 – 335.

定移情的有效性和充分性。换言之，亚里士多德主义的看法是：除非行为者或评价者具备优良品质（伦理美德），除非行为者或评价者具备卓越的（至少正常的）实践推理能力，否则，单凭移情所获得的关于他人心理状况的体验与感受，是不足以促成正确的道德行动或道德评价的。进一步地，除非行为者与评价者持有基本的社会价值共识，身处相同的（至少无冲突的）社会伦理文化，否则，即便行为者或评价者通过移情而体验到行为对象或评价对象的情感或感觉，也不意味着他们就会施行恰当的道德行动或道德评价。

概言之，在亚里士多德主义的视域中，移情不是不重要，而是有着自己明确的概念边界和功能边界，即移情仅仅是对当下情境中他人的心理状态的体验。在实践过程中，移情同知觉一样，都是在为一个具有实践智慧的行为者提供某些关于具体事实的知识或信息（即提供实践推理的小前提）。因此，就其本身而言，它既不承诺也不必然推出任何正确的结论。行为者能否得到这种结论（无论是行动方面的结论还是评价方面的结论），依然取决于该行为者的自身品质是否已经达到了一个堪称"伦理美德"的优良程度，取决于该行为者所处的具体境遇和伦理生活。在这个意义上，与情感主义的美德伦理学所表现出来的那份失之盲目的热情和乐观相比，亚里士多德主义的美德伦理学对于移情的接纳与理解，显然更为稳妥、复杂和精细，自然也更具说服力和解释力。

第十二章　心理科学的挑战

迄今为止，我们一直是在哲学领域内讨论道德心理问题。前面两节提到的这些质疑意见，也主要是在哲学的层面上展开。然而，正如本书开篇提及的那样，对行为者道德心理基础的探究，从来就不是一门局限于哲学的讨论。毋宁说，作为心理科学分支的道德心理学，才是这项探究如今更为主流的讨论方式。因此，当我们现在立足亚里士多德主义，试图为美德伦理学打造有效的心理基础时，就必须接受现代心理科学的考察与评判。特别是，随着现代心理科学的实验技术和计算方案不断精确，随着由此导致的经验性与实证化程度的不断提升，美德伦理学所惯用的那种基于个体直觉或反思的传统的哲学内省方法，日益显得"捉襟见肘"①；它的某些结论在真实性、准确性、普遍性等方面也相应地日益暴露出许多不足②。可以说，在现代知识语境中，美德伦理学不仅在伦理学内部面临诸多批评；而且在伦理学的外部，现代心理科学也向它提出了实实在在的挑战。其中，来自物理主义（physicalism）和情境主义（situationism）的挑战最为突出，也最具有

① 李恒威：《觉知及其反身性结构》，《中国社会科学》2011 年第 4 期。
② 彭凯平等：《实验伦理学：研究、贡献与挑战》，《中国社会科学》2011 年第 6 期。即便是美德伦理学研究者也意识到："作为一种哲学理论，美德伦理学有着独特的哲学思考、假设、价值指向和理论建构，但这些必须建立在正确的知识和实践基础上。伦理学作为一门实践性很强的学科必须考虑理论的实践指导功能，必须尊重道德心理规律，认清道德现实，否则就将脱离实践，缺乏可操作性。"参见赵永刚：《美德伦理学的兴起与挑战：以道德心理学为线索》，《哲学动态》2013 年第 2 期。

基础意义。前者旨在消解美德的独立性，而后者除此之外还试图取消美德的实在性，从而在根本上瓦解美德伦理学的可能。在这种状况下，对美德伦理学来说，如果它要证明自己是当代伦理学中颇具前途的选项，那么，重要的就不是以学科性质不同为借口罔顾挑战的存在，而是要在直面心理科学挑战的基础上，从逻辑与规范的角度给予正面的回应。

一、物理主义的还原与情境主义的稀释

无论是作为哲学意义的心理知识，还是作为科学意义的心理科学，"心理学"始终是一门关注和讨论人类的心理活动与心理现象的学问。因此，就研究对象而言，哲学心理学与科学心理学并没有太多分歧。真正引发两者区别，或者说，真正使得心理学逐渐以现代心理科学的面貌登上舞台的，在于后者的研究方法和研究工具的独特性。正如加德勒·墨菲（Gardner Murphy）所言，"现代心理学是在 19 世纪作为实验生理学、精神病学、进化论和社会科学交互作用的产物而兴起的……其方向是由自然科学和统计方法的进步所引导的"[①]。正是 19 世纪相关的自然科学及其技术条件的突破，使得人类对于心理问题的研究步入新的阶段。其中既包括新的研究方法和工具，也包括由于新的方法和工具而带来的新的解释和术语，还包括因此产生的新的研究维度与层次。

一般认为，德国人维尔海姆·冯特（Wilhelm Wundt）于 1879 年在莱比锡大学创建首个心理学实验室，标志着现代心理科学的开端。

---

① G. 墨菲、J. 科瓦奇：《近代心理学历史导引》（上册），林方等译，商务印书馆 1980 年版，第 4 页。

在他的实验室研究中，冯特创立并广泛使用实验的内省方法，训练参与实验的被试者报告自己的感觉和观念，获得他们心理活动特别是意识活动的直接经验，由此探索作为独特实体的人类心理现象的内部结构。冯特相信，通过自然科学的方法，心理学可以将人的意识分解成最基本的元素，然后找出它们之间的构造、联系和规律，从而了解心理活动的实质。因此，他的心理学说又被后世称作"构造主义"（structuralism）。

与哲学家的内省方法相比，心理科学的内省主体不是研究者本人，通过内省而获得的内容也不是研究者关于自我心理活动的"体验"，而是研究者对他者心理活动的"观察"。并且，为了提高实验的准确性，这种"内省"不限于个别人或少数人，而是尽可能地采集较多的样本并加以统计，因此，现代心理科学在数据的收集和分析上要远远甚于哲学家个体的自我反思或联想，从而在经验性与实证性方面明显区别于或优越于那些主要依靠哲学家本人的思辨能力与思辨活动所得出的心理知识。尽管后者也常常带有经验描述的性质，但由于缺乏足够的技术手段的支撑，因而其可靠性和确信度要大打折扣。

在广泛而有效的经验证据的基础上追求更确凿的经验性和实证性，是现代心理科学的起点和原则。这是因为，现代心理科学在现代生物学影响下形成了一个基本信念，即心理活动与心理现象，就跟其他生理现象和物理现象一样，都是可以被观察和测量的实在。因此，如同我们可以通过外表来观测人的肢体及其运动，可以通过解剖来观测人的脏器及其功能，我们同样可以借助实验或其他方式来观测人的心理及其活动。冯特强调，在心理学中"只有那些直接受到生理影响的心理现象才能成为实验的题材。我们无法对心理本身开展实验，只能在它的外围进行实验，也即对那些与心理过程密切联系的感觉和运动器官进行实验。因此，每个心理实验同时也是生理实验"①。在这个意义上，现代心理科学从一开始就蕴含着一种诉诸人类生物基础的物理主义特征。或者说，正是这种诉诸人类生物基础的物理主义的发展，才使得心理学从思辨性的心理知识迈向实证性的心理科学。对此，心理学家毫不避讳地承认，心理学在 19 世纪所经历的深刻变化"主要是由生物学的进步引起的，它在概念和方法两个方面都有很多地方受惠于生物学。许多杰出的心理学家开始依靠实验方法和数学方法，认为心理学可以变为一种类似生物科学的科学"②。

　　一旦沿着这条路径起步，现代心理科学便很快发现，内省方法无法满足其日益增长的经验性和实证性要求。因为，尽管多个被试者的内省优于单个研究者的内省，但"内省"本身的主观性和易错性决定了，这种方法不能消除被试者所提供的报告的随意性和不精确性。③毕竟，在实验过程中，研究者没有真正介入被试者的内心，而只是停留于外部，等待对方提供报告；他们至多只能通过统计与均衡来降低这种随意性和不精确性，却不能消除它们。因此，通过内省而揭示的所谓"心理结构"，似乎总存在疑问。虽然爱德华·铁钦纳后来将冯特的研究方法进行了更精细的推进，并且认为除了内省之外，还"应该在生理学中寻求解释"④，但受制于心灵现象的不可拆解和不可观测，他们所持有的构造主义立场逐渐被以威廉·詹姆士（William James）为代表的功能主义（functionalism）和以约翰·华生（John Watson）为代表的行为主义（behaviorism）所代替。

---

① 维尔海姆·冯特：《人类与动物心理学讲义》，李维译，北京大学出版社 2013 年版，第 6 页。

② G. 墨菲、J. 科瓦奇：《近代心理学历史导引》（上册），林方等译，商务印书馆 1980 年版，第 1 页。

③ 罗素：《心的分析》，贾可春译，商务印书馆 2010 年版，第 103—104 页。

④ 托马斯·黎黑：《心理学史》，蒋柯等译，上海人民出版社 2013 年版，第 211 页。

　　功能主义和行为主义之间虽然存在巨大差异，但它们有一点是共同的，即皆主张作为科学的心理学必须从可观察的经验证据出发，既然心灵无法被直接观测，那么，心理科学就不应当将重点置于一种缺乏物理描述意义的心理元素及其构造上。对功能主义来说，"心灵"或"意识"概念全都是"无实体的空名"，而只有行为者实际所表现出来的认知功能，才是可观测的研究对象。因此，心理科学的对象应当由心理结构转向心理机能。[1] 对于行为主义来说，心理科学需要彻底地抛弃诸如意识、感觉、情绪这些看不见摸不着的东西，而完全转向可观察、可测量、可控制的经验行为。[2] 在行为主义看来，以往的心理学都是在笛卡尔主义的阴影下预设了某种内部的心理实体，都是在"虚构"各式各样的心理结构。但是，如同物理学中的"因果性"一样，这些东西仅仅是亟待被剔除的形而上学观念。真正的奠基于牢固的物理基础之上的科学只能是"对各种可观察变量间的相关方式进行归纳，除此之外再没有了"[3]。所以，心理科学无须承认任何作为实体的"心灵"，心理科学的任务也不是去构造人类的心理结构，而是要通过对外在的经验行为的记录和测量，来澄清人类对于外界刺激的反应机制。这是确保心理科学的经验性与实证性的唯一有效途径。[4] 在这个意义上，功能主义与行为主义之所以替代构造主义，依然是心理

---

　　[1]　威廉·詹姆士：《彻底的经验主义》，庞景仁译，上海人民出版社1965年版，第1—2页。

　　[2]　约翰·华生：《行为主义》，李维译，北京大学出版社2012年版，第6页。

　　[3]　托马斯·黎黑：《心理学史》，蒋柯等译，上海人民出版社2013年版，第340页。

　　[4]　尽管不完全赞同行为主义，但深受其影响的罗素指出："如果我们从外部观察来开始我们的心理学研究，那么我们必不能通过假定诸如欲望与信念之类的事物来开始研究，而只能通过假定外部观察所能揭示的东西而开始。"参见罗素：《心的分析》，贾可春译，商务印书馆2010年版，第34页。而行为主义对"心灵"的消解，作为一条方法论的原则，不仅在心理科学中而且在心灵哲学中也能发现相应的观点。尤其是吉尔伯特·赖尔（Gilbert Ryle）对"机器中的幽灵"教条的批判，更是如此。参见吉尔伯特·赖尔：《心的概念》，徐大建译，商务印书馆1992年版，第4—12页。

科学追求经验性和实证性的生物主义或物理主义信念的内在动力使然。

　　然而，如果仅仅观测行为而不揭示心理规律，那么，这种理论与其说是心理科学的，不如说是行为科学的。因此，如何在保障经验性和实证性的基础上，既能规避对心理实体的预设，又能把心理活动继续作为一种具有物理主义基础的内部过程加以探究，始终是现代心理科学孜孜以求的方向。在行为主义之后，随着认知科学与神经科学的实验方法和理论工具的成熟，心理科学开始重新关注介于外界刺激和主体行为之间的那个部分，即作为“行为中的有机体的详细的工作模型”① 的心理活动。这意味着认知心理学（cognitive psychology）和神经心理学（neuro psychology）的登场。它们同样没有抛弃，而是进一步深化了心理科学的物理主义信念。

　　前者在行为主义的经验性原则之上，通过反应时间等更精巧也更具实证性的测量方法，建立被试者在行动之前进行信息加工的认知模型与心理过程。认知心理学相信，关于这方面的探究必须“直到能够确认人类符号系统的各基本信息加工过程的神经机理，我们才能满意于我们对人类思维的解释”② 。而后者则凭借当代神经科学的进展，以迄今为止最彻底的方式将心理现象还原为生理现象，将心理活动还原为脑器官的神经活动。如，通过利用脑电图、正电子发射断层、功能磁共振成像等技术手段来测量被试者的脑神经的活跃程度，以发现其心理活动的神经基础和生理原因。因此，在涉及道德问题时，神经心理学常常得出如下结论：（1）与其他类型的观念和判断相比，道德观念和道德判断对应着专门的脑区。比如，“被试在被动观察道德的图片

----

　　① 托马斯·黎黑：《心理学史》，蒋柯等译，上海人民出版社 2013 年版，第 365 页。

　　② Herbert A. Simon，“The Social and Behavioral Science”，*Science*，Vol. 209，No. 4452（1980），转引自托马斯·黎黑：《心理学史》，蒋柯等译，上海人民出版社 2013 年版，第 366 页。

时，前额叶皮层中部的右中部眶额皮层和额中回有选择性地被激活了。当道德的和与道德无关的图片另外配上社会内容（比如，一个人对另一个人的伤害）、被试被要求调整他们自己对道德图片的情绪反应时，前额叶皮层中部也被激活了"①。（2）具体的道德观念和道德判断对应着具体的脑区。比如，平等的观念与大脑的岛叶皮层的关联更紧密，因为它会在被试者接受关于平等问题的测试时变得非常活跃。②（3）不同的道德观念与道德判断之间的冲突并不与不同脑区之间的冲突相关，而是与大脑的特定脑区相关。比如，"当询问一个既可以作结果论又可以作义务论道德判断的情境时，人们的前扣带回皮层会被激活"③，等等。概言之，随着现代自然科学及其技术手段越来越深入到生物神经的层次，心理科学的物理主义特征得到越来越多的支持，心理现象越来越被视为"特定神经回路和整体神经系统"的产物。④ 在这种信念背景下，包括美德品质在内的所有心理现象，也越来越频繁地被还原为一种依赖于、随附于甚至等同于神经活动的物理现象。⑤

　　一旦美德概念也接受了物理主义的还原，那么，这尽管有损于美德作为心理现象的独立性，但却因此而在物理层面上保留了其实在性。

---

① 亓奎言：《神经伦理学：实证与挑战》，上海交通大学出版社 2017 年版，第 38 页。

② 马文艳编译：《科学发现支持亚当·斯密道德理论》，《中国社会科学报》2012 年 4 月 13 日，第 A3 版。

③ 彭凯平等：《实验伦理学：研究、贡献与挑战》，《中国社会科学》2011 年第 6 期。

④ 李恒威：《觉知及其反身性结构》，《中国社会科学》2011 年第 4 期。

⑤ 心灵哲学可以为神经心理学的论断提供不少支持。比如，约翰·塞尔（John Searle）说："心理状态是生物现象。意识、意向性、主观性和心理因果性都是我们生物学的生命历史的一部分，它伴随着生长、繁殖、胆汁分泌和消化。"而其中更强硬的"同一论"立场则完全"主张心理事件或现象与物理事件或现象的同一，认为心理状态本质上可以还原为物理状态，因此这种理论也常被称作'物理主义'或'物理还原主义'。当这里的物理状态是指人的大脑和中枢神经系统状态时，这种同一论也被称作'中枢状态理论'或'心脑同一论'"。参见（1）John Searle, *Minds, Brains and Science*, Cambridge: Harvard University Press, 1984, p. 41;（2）周晓亮：《试论西方心灵哲学中的"感受性问题"》，《黑龙江社会科学》2008 年第 6 期。

因为，这种采用心理活动的物理基础来替代心理活动本身的做法，至少能够保证美德依然作为某种物理实体（而不是作为心理实体）存在。这看上去虽然降低了美德的"格调"，但由于确定了它的生理基础，反而使得一种经过物理主义改造的美德概念在经验性与实证性方面变得更确凿。与之相比，来自情境主义的挑战更为激进甚至极端。因为，情境主义的主张不仅意味着取消美德的独立性，而且意味着取消美德的实在性。如果情境主义是成立的，那么，这必将会在根本上瓦解美德伦理学的可能性。

直接针对美德伦理学发难，从而在当代美德伦理语境中被称作"情境主义挑战"的论述，是由约翰·多里斯（John Doris）、吉尔伯特·哈曼（Gilbert Harman）等深受逻辑实证主义和社会心理学影响的伦理学研究者在20世纪末21世纪初提出的。根据这类观点，以亚里士多德主义为主导的美德伦理学的心理基础存在着深刻的缺陷：首先，美德伦理学沿袭了一种未经反思的道德观念，即宁愿将一个行为的原因或依据归结为行为者的内在品质或心理要素，而不愿将之归结为行为者所处的具体情境或外部因素。也就是说，人们更偏向于采用心理因果性而非事实因果性来解释道德问题。但是，这种观念并不能得到经验证据的有力支持，反而是人们有意无意忽视了情境因素的重要作用所致。① 其次，美德伦理学尤其是亚里士多德主义的美德伦理学，往往不假思索地将行为者的内在品质及其卓越表现（即美德）理解为某种心理实体，或者，理解为一种更基础的心理实体（即灵魂）的若干部分或要素的关联状态，因此，据说它们可以独立于外界物质或行为

---

① 参见（1）John Doris, "Persons, Situations and Virtue Ethics", *Nous*, Vol. 32, No. 4 (1998), p. 505;（2）Gilbert Harman, "Moral Philosophy Meets Social Psychology: Virtue Ethics and the Fundamental Attribution Error", *Proceedings of the Aristotelian Society*, Vol. 99 (1999), p. 316。

者的肉体而存在（至少可以独立于它们而得到分析）。最后，就像亚里士多德天真地相信的那样，只要满足相关条件，行为者便足以获得一种"稳固的、不变的品质"①，并且，他可以凭借该品质而在不同情境中连贯地表现出合乎美德的行为——因为"没有哪种人类成就会像美德的活动一样稳定，它看上去要比我们关于科学的知识更稳定"②。

但是，多里斯和哈曼指出，在社会心理学的实验报告面前，美德伦理学的上述看法并不可信。因为，经验证据显示，在同一情境下，参与实验的大多数被试者没有表现出明显的行为差异，而在不同的情境下，大多数被试者确实表现出不同的行为选择。因此，采信这些实验证据的研究者得出的结论是：人的行为更多的是因为情境的变化而有所改变，而不是因为品质的高低而有所不同；就算同一个被试者，也会因为不同情境而表现出不一致的道德水准。③ 概言之，情境主义者的根本论旨，就是要将美德伦理学中的"品质"概念以及奠基于其上的"美德"概念加以"稀释"。在他们看来，（1）行为并不是由内在品质而是由外在情境决定的；（2）在行为者那里，根本不存在一种作为实体（无论是心理实体还是物理实体）的内在品质；（3）认为行为者具备某种稳定连贯的内在品质从而能够采取稳定连贯的道德行为的看法，只是未经验证的幻想；所以（4）被定义为优良品质的美德，同样是一种被建构甚至被虚构的"内在之物"。

就其知识背景和论证方式来讲，多里斯和哈曼等情境主义者与美德伦理学阵营之间的辩论，仍然属于道德哲学内部的交锋。不过，与

---

① Aristotle, *Nicomachean Ethics*, trans. by W. D. Ross, in Richard McKeon ed., *The Basic Works of Aristotle*, New York: Random House Inc., 2001, 1105a34.

② Aristotle, *Nicomachean Ethics*, trans. by W. D. Ross, in Richard McKeon ed., *The Basic Works of Aristotle*, New York: Random House Inc., 2001, 1100b12 – 14.

③ John Doris, "Persons, Situations and Virtue Ethics", *Nous*, Vol. 32, No. 4 (1998), p. 507.

后者相比，他们更善于利用已有的现代心理科学的成果，这使得他们的论述表现出了更多的实证性和经验性色彩。然而，值得注意的是，虽然他们诉诸不少有价值的心理学实验，但是，他们本人却并未参与这些实验的设计与实施。也就是说，他们仅仅是在"借用"或"转述"这些实验及其结论，却没有实际地"操作"它们。比如，被多里斯用作论据的"电话亭实验"，是由心理学家艾丽丝·伊森（Alice Isen）和宝拉·莱文（Paula Levin）于 1972 年实施的。被哈曼用作论据的"服从权威实验"和"撒玛利亚人实验"，也分别是由心理学家斯坦利·米尔格拉姆（Stanley Milgram）于 1974 年、约翰·达利（John Darley）和查尔斯·巴特森（Charles Batson）于 1973 年实施的。① 甚至就连他们针对美德伦理学的逻辑缺陷而津津乐道的那种"根本的归因错误"（fundamental attribution error），也不是这些伦理学研究者的发明，而同样是借自 20 世纪 70 年代的心理学观点。②

这一切恰好说明，出现在现代伦理学内部的情境主义批评，在来源上基本依赖于现代心理科学的研究。早在 20 世纪六七十年代，强调社会情境而不是人格特质对人类行为具有决定性影响的社会心理学，就已经通过与人格心理学之间的争论——"人-情境之争"（person-situation debate）——而展示出强烈的情境主义姿态。可以

---

① 关于这些实验过程的详细描述，参见(1) John Doris, *Lack of Character: Personality and Moral Behavior*, Cambridge: Cambridge University Press, 2002, pp. 30－32; (2) Gilbert Harman, "Moral Philosophy Meets Social Psychology", *Proceeding of the Aristotelian Society*, Vol. 99 (1999), pp. 321－324; (3) Rachana Kamtekar, "Situationism and Virtue Ethics on the Content of Our Character", *Ethics*, Vol. 114, No. 3 (2004), pp. 462－466; (4) Kristján Kristjánsson, "An Aristotelian Critique of Situationism", *Philosophy*, Vol. 83, No. 323 (2008), pp. 57－59; (5) Candace Upton, "Virtue Ethics and Moral Psychology: The Situationism Debate", *The Journal of Ethics*, Vol. 13, No. 2 (2009), pp. 105－106。

② L. D. Ross, T. M. Amabile, J. L. Steinmetz, "Social Roles, Social Control and Biases in Social-Perception Processes", *Journal of Personality and Social Psychology*, Vol. 35, No. 7 (1977).

说，情境主义是社会心理学的最基本特征之一。[①] 在这个意义上，多里斯、哈曼等人在伦理学内部所提出的情境主义观点，只不过是他们援引现代心理学中深具情境主义色彩的社会心理学理论而成就的思想产物。据此，有研究者认为，近 20 年发生在美德伦理学与情境主义批评者之间的道德哲学争论，"实际上就是心理学中'人-情境之争'的翻版"[②]。

就社会心理学的情境主义主张而言，它的首要批判对象当然不是美德伦理学，而是人格心理学，尤其是出现于 20 世纪 30 年代并且几乎贯穿后续全部心理学史的特质理论（trait theory）。人格心理学的奠基者戈登·奥尔波特（Gordon Allport）相信，行为者的内部存在"一种普遍性和聚焦性的神经生理系统……能够使得许多刺激具有相同的功能，能够激发和引导一致的（相同的）适应行为和表现行为"[③]。这就是"人格"。它不是哲学的虚构，而是可以得到生物学或神经学还原的心理实体。人格心理学的另一位主要代表杰里·博格（Jerry Burger）也指出，"人格可以定义为源于个体自身的稳定行为方式和内部过程……我们可以跨时间、跨情境地审查这些稳定的行为方式"[④]。在特质理论中，人格更具体地被理解为若干特质（traits）。这些特质构成了外界刺激与主体行为之间的心理中介，使得一个行为者在面临不同情境刺激时能够做出相似的或融贯的反应，从而体现出行为者人

---

① 戴维·迈尔斯：《社会心理学》，侯玉波等译，人民邮电出版社 2006 年版，第 6—7 页。

② 喻丰等：《道德人格研究：范式与分歧》，《心理科学进展》2013 年第 11 期。

③ Gordon Allport, *Personality: A Psychological Interpretation*, New York: H. Holt and Co., 1937, p.295.

④ 杰里·博格：《人格心理学》，陈会昌译，中国轻工业出版社 2014 年版，第 4 页。

格的"跨情境的一致性"（cross-situational consistency）。[1]

然而，社会心理学认为，"人格"或"特质"概念其实是毫无意义的理论假设。[2] 因为，既有的经验证据不足以支持特质理论所期待的那种人格及其行为反应的稳定性和连贯性："如果说人格特质具有稳定性，那也是语义上的直觉结果，并不是科学研究的结论；如果人的行为是具有稳定性的，那么造成其稳定的来源必然是情境而不是特质。"[3] 在社会心理学看来，人格理论或特质理论之所以被提出，实质在于人类思维的"根本的归因错误"，即未经反思便认为人类行为必定更多地来自内部原因。[4] 但实际上，包括道德行为在内的人类行为主要是环境作用的结果："必须明白，在任何时候，作用于个体身上的情境力量是如此的强有力，以致会压倒一切——先前的价值观、历史、生物、家庭、宗教等因素。"[5] 因此，取消所谓的内在"人格"或"特质"概念，或者，仅仅将其定义为一种非实体的反应机制或将其还原为一种纯粹的神经过程，在社会心理学看来，同样可以说明一个行为

---

[1] 对特质类型的区分，最知名的当属在 20 世纪 60 年代就已出现但在 90 年代才逐渐固定的"大五"模型（big five model），即，外向（extraversion）、随和（agreeableness）、尽责（consciousness）、敏感（neuroticism）、开放（openness）。它是几代特质理论研究者不断积累的成就。参见(1) L. R. Goldberg, "An Alternative 'Description of Personality': The Big-Five Factor Structure", *Journal of Personality and Social Psychology*, Vol. 59, No. 6 (1990); (2) J. M. Digman, "Personality Structure: Emergence of the Five Factor Model", *Annual Review of Psychology* (1990); (3) Robert McCrae, Paul Costa, "A Five‐Factor Theory of Personality", in L. A. Pervin, O. P. John eds., *Handbook of Personality: Theory and Research*, New York: Guilford Press, 1999。

[2] Walter Mischel, *Personality and Assessment*, New York: Wiley, 1968.

[3] 彭凯平等:《实验伦理学：研究、贡献与挑战》,《中国社会科学》2011 年第 6 期。

[4] Lee Ross, "The Intuitive Psychologist and His Shortcomings: Distortions in the Attribution Process", in L. Berkowitz ed., *Advances in Experimental Social Psychology*, New York: Academic Press, 1977, pp. 173－220.

[5] 戴维·迈尔斯:《社会心理学》, 侯玉波等译, 人民邮电出版社 2006 年版, 第174 页。

者在具体情境中的行动状况。

　　诚然，就像心理学的发展史所展示的那样，否认行为者内部具有某种能够促成或阻止行为的心理实体——无论它是灵魂，是心灵，还是人格或特质——转而相信，行为仅仅是身处某个情境的行为者在面对外界刺激时所采取的应激反应，这是典型的行为主义立场。比如，华生就曾直言不讳地表示，行为主义者的首要任务就是"从自己的科学词汇中抛弃了一切主观的术语，诸如感觉、知觉、意象、愿望、意念，甚至主观地被界定的思维和情绪"①；行为主义者的作用就在于告诫社会，"如果你认为人类有机体应该按照这种方式来行动，那么你就必须安排这样或那样的情境"②。在这方面比华生更加激进的伯尔赫斯·斯金纳（Burrhus Skinner）则指出，"引起外部生物有机体的行为的那个内部的自由之人，只是人们在科学分析过程中所发现的那些原因的某种前科学的替代物。而所有这些取代它们的原因都是外在于个体的"③。可见，行为主义不仅强调心理学应该以行为作为对象，而且认为，不存在任何心理实体，人的行为只能是情境的产物，人的行为将随且仅随环境的变化而改变。在这个意义上，行为主义与情境主义之间有着天然的亲缘性：情境主义的理论根源，在很大程度上，可以上溯至行为主义；或者说，情境主义本身就是行为主义延伸到社会心理学而形成的观念。④ 两者皆以稀释乃至消解（包括美德在内的）心理现象的独立性和实在性为旨归。

---

① 约翰·华生：《行为主义》，李维译，北京大学出版社 2012 年版，第 6 页。

② 约翰·华生：《行为主义》，李维译，北京大学出版社 2012 年版，第 7 页。

③ B. F. Skinner, *Science and Human Behavior*, New York: Macmillan, 1953, p. 447.

④ P. G. Zimbardo, "Experimental Social Psychology: Behaviorism with Minds and Matters", in A. Rodrigues, R. V. Levine eds., *Reflections on 100 Years of Experimental Social Psychology*, New York: Basic Books, 1999, pp. 135－157.

二、对物理主义挑战的回应

无论是来自物理主义的挑战，还是来自情境主义的挑战，它们的实质都是对美德的心理基础的消解，都是对作为心理现象的美德概念的消解。只不过，前者着眼于行为者的内部，将所有的心理活动都还原为脑神经的生理活动，从而根除美德作为心理现象的可能；而后者则着眼于行为者的外部，将所有的心理活动理解为随情境而变动的反应机制，从而否定作为特定心理状态的美德的存在。可以说，前者是将美德"固化为"某种实体，而后者则是将美德"稀释为"某种非实体。我们在这一节回应第一种挑战，在下一节回应第二种挑战。

其实，诉诸心理科学的经验证据而证明心理活动的本质在于行为者的生理活动，这种实验论证是难以成立的。它不仅在论证方法上同其他经验知识一样面临归纳难题与可证伪性，而且在论证逻辑上也错误地判断了心理现象与物理现象之间的关系，在两者之间建立起一种并不充分的因果联系。如果神经心理学是迄今为止最具物理主义特征的心理学类型，那么，接下来我将表明，即便是如此"先进"的心理科学，其所提供的实验证据也不能证明美德品质只是脑神经器官的生理活动反映。如前所述，无论神经心理学采取何种实验操作方式，它的物理主义结论其实都是建立在如下推理基础上的：

当心理活动 A 出现时，脑区 R 会产生相应的神经活动；当脑区 R 受损而不能产生相应的神经活动时，心理活动 A 将无法出现。所以，心理活动 A 归因于甚至等同于脑区 R 的神经活动。

　　仅从逻辑上，我们就能发现，上述经验证据只不过证明"脑区 R 产生相应的神经活动"是"出现心理活动 A"的必要条件，而不能证明前者是后者的充分条件。作为人类心理活动的物质载体，健全的脑器官对于正常的心理活动具有不可或缺性——关于这一点，早在神经心理学出现之前，哲学家就已经给出类似的判断。而神经心理学在这个问题上的贡献和意义无非在于，它能够借助现代科学的实证方法与测量技术，尽可能地澄清脑器官的生理活动与行为者的心理活动之间的具体对应关系，比如，到底是哪个脑区对应着心理活动 A，又到底是哪个脑区对应着心理活动 B。由此，哲学家提出的相对抽象的哲学判断就能够得到细化和经验化，从而被安置在一个更加精确扎实的基础上。

　　然而，即便如此，这些解释也仅仅表明，神经心理学可以超越单纯的思辨而从生理层面来表述心理活动，即它能够在脑科学意义上说明心理活动"表现为"（be represented as）何种生理现象，但却不能证明该心理活动就"归因于"（be attributed to）这种生理现象。因为，要证明后者，亦即证明"脑区 R 产生相应的神经活动"是"出现心理活动 A"的原因，神经心理学的实验设计就不能仅仅表明一个必要条件关系，而是必须提供额外的证据，以证明一个充分条件关系：只要脑区 R 发生生理活动，就会出现心理活动 A。而这方面的经验证据的获得至少应当来自如下实验过程，即通过有意识、有计划地人工刺激某个大脑区域而导致行为者形成相关的心理反应。

　　可是，目前看来，神经心理学在这方面的实验证据并不充分。即使实验者在刺激脑区的过程中能够观察到被试者的心理反应，也不足以断定前者就是后者的"原因"。毋宁说，这种实验过程恰好说明了，脑器官只是心理活动的生理载体，而真正引发心理活动的"原因"是来自外界事物（在这里恰恰是实验者及其所施加的某种信息或信号）

的投射或刺激。实验者在观察心理活动的同时监测到脑神经的某种生理变化，这与其说是找到了心理活动的生理原因，不如说是发现了心理活动的生理表征。换言之，神经心理学揭示的脑神经活动，最多只能被证明为心理活动必定具有的随附现象，而不能被证明为心理活动本身的激发因素。相反，仅就上述经验证据——尤其是"当心理活动A出现时，脑区R会产生相应的神经活动"——的字面意义来说，我们似乎更应该断言，心理活动A才是引发脑区R的生理活动的原因，而不是相反。

心理活动不能"归因于"生理现象，更不能"等同于"(be identified with) 生理现象。在这个问题上，持有物理主义取向的人常会借用亚里士多德的话——比如，"灵魂的各种感受，就它们是诸如激情和恐惧这样的东西而言，是无法与动物的自然质料相分离的，就像一条直线无法与一个平面相分离那样"① ——认为，亚里士多德本人就持有还原论立场："亚里士多德把我们会看作心理事件的东西理解为某种特定形式的物理事件。因此，他告诉我们，愤怒就是心脏周围的血液或热物质的沸腾……处于某种恰当形式的沸腾的血液或热物质就是愤怒"，"亚里士多德的意思似乎是，用现代术语来讲，心理事件随附于物理事件"。②

然而，值得注意的是，首先，亚里士多德的这段话更多的是对自然/物理学家的评论，而不是对自身观点的表达。正是在这番何为愤怒的讨论中，他否定了单纯从质料或形式方面来下定义的方式。在他看来，真正的自然/物理学家虽然不会脱离质料，但也绝不会仅仅依靠质

---

① Aristotle, *On the Soul*, trans. by J. Smith, in Jonathan Barnes ed., *The Complete Works of Aristotle*, Vol. 1, Princeton: Princeton University Press, 1991, 403b18 - 19.

② Gareth Matthews, "Aristotle: Psychology", in Christopher Shields ed., *The Blackwell Guide to Ancient Philosophy*, Malden: Blackwell Publishing Ltd., 2003, pp. 216 - 217.

料来说明实体。正如我们既不能将"房子"简单定义为"一种挡风遮雨、祛暑避寒的掩体",也不能将其简单定义为"石头、砖块和木材"一样,我们同样不能将作为灵魂感受的"愤怒"视同于血液沸腾等生理现象。① 所以,虽然"物理事件和心理事件之间有紧密的关系",但是,"就像有生命的身体不能等同于它们的质料一样,心理事件也不能等同于其质料"。②

其次,正如研究者指出的那样,亚里士多德的这番话与其说是为了表明,一个心理事件可以被还原为一个物理事件,不如说它是为了表明,一个关于心理事件的描述可以也应当获得物理事件的证据支持。毕竟,心理事件本身不可直接观察,我们只能通过行为者的表情、行动或言辞来描述它们。因此,如果能够在生物层面上(尤其是神经层面上)发现某些随心理事件而出现的物理事件,那么,我们就更有把握判定我们对心理事件的描述是可靠的。但是,"物理状态的出现使得心理描述'成为真的',却并没有(有效地)导致被这样描述的那些心理事件、状态或特征的存在"③。在这个意义上,两者与其是"事物A-事物B"的因果关系,不如说是"理论T-证据P"的逻辑关系。与上一种辩护方案相比,这种辩护虽然略有不同——它没有强调物理事件"在事实上"是心理事件的随附现象,而是强调关于物理事件的描述"在逻辑上"是关于心理事件的描述的支持证据——但它至少同样认为,心理事件不是因物理事件而产生,心理事件的出现有着包含但不限于物理事件的更复杂的原因。

---

① Aristotle, *On the Soul*, trans. by J. Smith, in Jonathan Barnes ed. , *The Complete Works of Aristotle*, Vol. 1, Princeton: Princeton University Press, 1991, 403b4 - 12.

② Stephen Everson, "Psychology", in Jonathan Barnes ed. , *The Cambridge Companion to Aristotle*, Cambridge: Cambridge University Press, 1995, p. 192.

③ David Charles, *Aristotle's Philosophy of Action*, Ithaca: Cornell University Press, 1984, p. 214.

最后，即使事物 A 与事物 B 之间确有因果关系，也不意味着两者就是同一回事。换言之，即便我们假设"愤怒由心脏周围的血液或热物质的沸腾引起"，即便随着神经心理学的推进，实验者能够证明脑区 R 的生理活动就是产生心理活动 A 的原因，也不足以证明这些心理现象可以被"还原为"生理现象，更不足以证明这些心理现象"等于"生理现象。因为，如果生理现象作为一种物理事件存在，那么，无论它多么精细微小或难以观察，总会占据一定的空间。只要我们的观察技术和观察方法不断进步，那么，它在形状与位移等空间方面的性质就必定会以某种经验的方式呈现出来。但是，心理现象无论是否确实由物理事件引起，它们都是"精神性的"而不在任何意义上占据空间，也不在任何意义上发生位移。严格说来，我们无法借助任何仪器来确认心理现象——因为，所有仪器能够观察到的都是某个心理现象的生理基础及其物理表征，而不是这个心理现象本身。所以，在本质上，心理事件与物理事件属于两种完全不同的类属，就算它们可以彼此影响甚至有所决定，也不代表它们能够相互还原甚或等同。正如希拉里·普特南（Hilary Putnam）指出的那样："我们的心理状态……不可能等同于任何物理或化学状态。因为……无论大脑的程序是什么，在同样的程序但完全不同的物理或化学构造的条件下，尽管不一定总具有可行性，但它必定在物理上可以产生某种东西。因此，将我们所讨论的（心理）状态与那种实现方式等同起来，无论如何，从心理学（它是一门相关的科学）的观点来看，在某种意义上是十分偶然的。这就如同我们遇到火星人，发现他们在所有的功能方面都跟我一样，但我们却因为他们的神经 C 与我们不同，便不承认他们也有痛苦的感觉。"①

---

① Hilary Putnam, "Philosophy and Our Mental Life", in *Mind, Language and Reality: Philosophical Papers*, Vol. 2, Cambridge: Cambridge University Press, 1975, p. 293.

至此，我们可以发现，物理主义及其蕴含的还原论主张，在实验论证的逻辑上其实存在诸多缝隙。不仅如此，作为现代心理科学的理论预设与方法论原则，它还面临着现代心灵哲学的一个悬而未决的质疑，即"还原论"与"非还原论"之争。在现代哲学史上，自笛卡尔提出"身心二元论"（body-mind dualism）以来，哲学家针对心灵本质及其与物理事件之间关系的探讨，持有的就更多是"非还原论"，而不是"还原论"。①

比如，洛克在描述作为第一性质的物理现象和作为第二性质的心理现象的关系时就认为："我们周围各种物体的大小、形象和运动，给我们产生了各种感觉来，如颜色、声音、滋味、气味、快乐和痛苦等。不过这些机械的动作，和它们给我们所产生的那些观念，并没有什么不可离的关系（因为在任何物体的推动力，和我们自心的颜色知觉或声音知觉之间，并没有可以想象的联系）……我们完全不能由物质的原因演绎出我们的心对可感的次等性质（即第二性质——译者注）所有的那些观念来，而且那些原始的性质（即第一性质——引者注）虽然在经验上可以给我们产生出那些观念来，可是我们在这些原始性质和次等观念之间亦并不曾发现出任何联系或沟通来。"② 类似的，狄尔泰更明确地指出："物理过程与心理过程是不可通约的，从有关自然界的机械秩序的各种事实之中，不可能推导出各种心理事实或精神事实……因为人们不可能使精神世界的事实从属于那些根据机械论的自然观念确立起来的事实。"③

尽管随着 20 世纪神经心理学及其相关学科（特别是神经科学和分子生物学）的发展，"心理与神经的密切关联又刺激了还原论的复苏

---

① 丹尼尔·斯图尔加：《物理主义》，王华平等译，华夏出版社 2014 年版，第 19 页。
② 洛克：《人类理解论》（下），关文运译，商务印书馆 1959 年版，第 550 页。
③ 狄尔泰：《精神科学引论》，童奇志等译，中国城市出版社 2002 年版，第 63 页。

与发展，掀起了一股新还原论浪潮"①。但还原论的有效解释范围仍然非常有限。这一方面体现在，并非所有的心理现象都能在技术上被成功地还原为物理现象。也就是说，神经心理学虽然"可以高度精确地描绘某些精神现象的神经联系，特别是像颜色体验、记忆功能和疼痛感觉等感受状态；但像意愿、信仰、主张、权衡过程等精神现象却无法客观化，无法还原为大脑物质元素中点对点式的对应物。我们今天所具备的神经科学知识与测量手段提供不了这样的精神状态与神经网结之间的关联"②。另一方面也体现在，越来越少会有人采取神经心理学所预设的那种"同一论"（identity theory）——"每个心理状态或事件都在数量上同一于某个这样的神经生理状态或事件"，并且"心理的状态和实践实际上发生于其所有者的中枢神经系统之中"③——来坚持强硬的还原论，而是希望有所折中，通过"随附性"（supervenience）等较宽松的态度来描述心理现象的生理基础或是定义"物理主义"。在这种观点看来，随附性"一般都想表达比还原论弱的命题，它们只使用充分条件，而非充分必要条件"，相应的，物理主义意味着"心理属性都将在概念上随附于物体所具有的物理属性，而且不管有什么心理规律，物理规律都蕴含这些心理规律"④。

然而，随附性概念的出现本身就已经宣告了还原论的破产。正如戴维森提示的那样，心理现象根基于或随附于物理现象的情况并不会进一步意味着，我们可以"通过规律或定义而从这种依赖性或随附性

---

① 刘明海：《还原论的当代发展》，《江汉论坛》2012 年第 4 期。

② 甘绍平：《意志自由与神经科学的挑战》，《哲学研究》2013 年第 8 期。

③ 威廉·莱肯：《心身问题》，载斯蒂芬·斯蒂克等编：《心灵哲学》，高新民等译，中国人民大学出版社 2014 年版，第 60 页。

④ 柯克·路德维希：《心身问题：一个综述》，载斯蒂芬·斯蒂克等编：《心灵哲学》，高新民等译，中国人民大学出版社 2014 年版，第 13—14 页。

中推演出还原性"①。因为，随附性至多意味着，一个心理事件必定随附于一个物理事件而产生，但并不意味着，一个心理事件必定因为一个物理事件而产生。戴维斯认为，"尽管我们只能用物理词汇来辨别心理事件，但是，没有任何一个纯粹的物理谓词具备与心理谓词完全一样的外延"②。也就是说，我们不可能完全搞清楚心理事件与生理事件的全部的对应关系。正是心理事件的变异性和不可还原性，使得我们依然有理由在实践上将行为者及其行动看作心理自主的产物，而不是被生理规律线性决定的内容。③ 在这个意义上，伦理理论与生物或物理理论，无论是在内容上还是在方法上都不尽相同。④ 心理现象中总有一些东西不能用物理的状态来说明，正如"对嫉妒、无聊、绝望等心理状态的现象学分析与对神经系统中的肾上腺素作用的计量和分析不是一回事；对爱情的描述、定义、分析与大脑中的多巴胺的减少和消失的统计也无法同日而语；恐惧和发怒不等于心跳和血压的数字变化"一样。因此，我们无须为了承认心理现象与物理现象的联系，就一定要将心理事件还原为或等同于物理事件。

　　诚然，现代心理科学的物理主义诉求及其引发的挑战，不是专门针对美德伦理学而生的，但是，它的出现却使得包括美德伦理学在内的所有强调心理现象和心理活动之独立性和特殊性的道德理论（乃至哲学理论）都面临一系列新的问题。美德伦理学如果不仅想保持自己

---

　　① 戴维森:《行动、理由与原因》，载《真理、意义与方法》，牟博等译，商务印书馆 2008 年版，第 444 页。

　　② 戴维森:《行动、理由与原因》，载《真理、意义与方法》，牟博等译，商务印书馆 2008 年版，第 445 页。

　　③ 戴维森:《行动、理由与原因》，载《真理、意义与方法》，牟博等译，商务印书馆 2008 年版，第 458—459 页。

　　④ 倪梁康:《现象学的方法特征——关于现象学与人类学、心理学之间关系的思考》，《安徽大学学报（哲学社会科学版）》 2009 年第 3 期。

相对于其他伦理理论在道德心理问题上的优势，而且要在现代学术谱系中真正站得住脚，那么，它就必须接受这方面的冲击，经历这方面的洗礼，回应这方面的挑战，从而使自身能够有足够的理由作为一种现代伦理理论立足于当下。

毫无疑问，承认物理主义挑战的有效性，进而将美德品质予以经验化、实证化的解释，这并非不可能。在一定程度上，它意味着人们对现代心理科学乃至现代自然科学的强大解释力和有效性的认可。然而，这种策略却会使美德伦理学错失对现代心理科学的反思机会，错失对人类心理现象的真实存在状态与可能性的反思机会。如果包括美德品质在内的心理事件全都遭遇物理主义的还原，如果我们不能比现代心理科学所发起的物理主义挑战提出更强大的反驳力量，那么，我们丧失的将不仅仅是美德伦理学的合法性，还将是全部伦理学的合法性。因为，伦理学作为一门人文学科，本身就是建立在人类的精神自由、独立和能动性的基础上的。

因此，面对物理主义的挑战，美德伦理学更有必要采取的是我们这里所采取的另一种策略，即揭示现代心理科学的物理主义在逻辑和内容上的漏洞，诉诸或援引既有的心灵哲学资源，捍卫心理事件与心理活动的独特性及其不可还原性，进而确认美德作为人类伦理生活所特有的一种精神现象的存在空间与理论合法性。在这个过程中，我们无需彻底否定现代心理科学的实在性与经验性，而只需证明这种实在性与经验性的限度即可。毕竟，经历现代心理科学洗礼并做出相关回应之后的亚里士多德主义美德伦理学，将更有可能也更需要融会贯通古今资源，赋予伦理生活以一种深厚而鲜活的伦理学说。

三、对情境主义挑战的反驳

情境主义对美德伦理学的批评和质疑，不是针对具体的美德，而是针对美德的心理属性和心理基础。作为一种在理论上可以追溯至社会心理学乃至行为主义心理学的立场，情境主义真正试图挑战的，是那种相信在行为者内部存在某种能与他的行为构成因果关系的心理实体的看法。通常认为，这种心理实体既不会轻易改变或消失，也不会存在严重的自我冲突或分裂，而且还会常常构成一个行为者区别于他者的内在依据，即具有鲜明的个别性和稳定性。因此，不管这种心理实体被人格心理学描述为"特质"，还是被美德伦理学描述为"品质"，它都始终意味着一种能够支配、主导和促成行为者行为的内部过程或内部结构。而情境主义正是要凭借心理学的实验证据来否认这一点。其根本目的在于，消解内在品质与外在行为之间的因果关系，消解内在品质的个别性与稳定性；如果更进一步的话，它甚至要消解内在品质本身。在他们所援引的那些科学实验及其证明过程中，情境主义者的论证逻辑可以被整合为如下两条基本线索：

（1）如果行为者具有独特的品质，那么不同的行为者就会有品质的差异，那么在同一情境中，不同的行为者就会表现出不同的行为；如果在同一情境中，不同的行为者没有表现出不同的行为，那么他们就没有品质的差异，也就谈不上具有独特的品质。所以，决定行为者行为的，不是品质，而是情境。

（2）如果行为者具有稳定的品质，那么在不同情境下，同一行为者就会表现出稳定的行为模式；如果在不同情境下，同一行为者没有表现出稳定的行为模式，那么他就不具有稳定的品质。所以，决定行为者行为的，不是品质，而是情境。①

显然，上述论证针对的分别是行为者内在品质的个别性与稳定性。几乎每一个被情境主义用作论据的心理科学实验或日常观察报告，都是为了证明它们的正确性。然而，这种论证存在严重的漏洞。即便得到经验科学和实验过程的支持，它们也难以被克服。因为，这里的漏洞并不在于经验证据的缺乏（相反，这是情境主义者引以为豪的方面），而在于根据这些经验证据所进行的解释在逻辑上并不完备。

就论证（1）而言，其成立的关键在于，证明相同的情境必定使不同的行为者做出相同的行为，亦即，证明"在同一情境，不同的行为者没有表现出不同的行为"。然而，情境主义所援引的心理学实验实际上并不能完成这项任务。这不仅是因为，只要参与实验的被试者数量合理（而不是太少），那么无论设计怎样的约束性条件，都不可能出现所有的被试者全部采取同一种行为的情况；而且是因为，如果选取另外一

———————

① 多里斯提出情境主义的三个基本主题："（a）人们行为的变化更多的是因为情境差异，而不是因为人们之间的秉性差异。个体的秉性差异并不像我们原本想象的那样在行为上是极为个性化的；对于某个特定情境来说，有点让人惊讶的是，我们可以非常稳妥地预测说，一个人的行为会跟绝大多数人十分相似。（b）经验证据表明，将原因归结为粗鄙的特质是成问题的。无论我们把什么看作行为的稳定性，它都会由于情境的变化而随时短路：在一个与特质相关的复杂情境中，被我们视为具有某种特质的人，常常会在人们指望这种特质引起的那种行为方面做出前后不一致的行动。……（c）人格结构通常无法得到一致的评价。对于某个人来说，他在某一情境所展示的秉性也许与他在另一情境中所展示的秉性之间具有非常不同的评价地位——得到不一致评价的各种秉性可以'共存于'同一个人格之中。"这意味着，除了上述两条，情境主义还可以蕴含另一条逻辑，即，"（3）如果行为者具有品质，那么在不同情境下，同一个行为者就会表现出在价值上相融贯的品质；如果在不同情境下，同一个行为者表现出的是在价值上不相融贯的品质，那么他就不具有品质。所以，决定行为者行为的，不是品质，而是情境"。但这一条似乎可以被归并到第二条中，因为品质的不一致必定要通过行为的不一致才能得到确认。参见 John Doris, "Persons, Situations and Virtue Ethics", *Nous*, Vol. 32, No. 4（1998），p. 507。

批或多批行为者来重做实验的话，还可能出现完全相反的结论。①

前者意味着，情境主义者所依据的实验结论只是一种概率性事件：在情境 S 中，只是"多数人采取行动 A"，但不是"所有人都采取了行动 A"。即便是像"服从权威实验"所出现的那种情况，即所有被试者全都使用了超过正常人所能承受范围之内的电压强度去电击别人，这些被试者之间也仍存在着一定程度的行为差别。而这种差别，恰恰是在这些被试者经历了完全相同的情境——即每个人都是在接受了实验者发出的全部要求和命令之后才停止了电击——之后出现的，因此，它们恰好反映出被试者在个性、态度或品质等方面的差别。

而后者则更明显地体现出，社会心理学作为一门经验科学的不确定性。因为在不断重复同一实验的情况下，随着样本的增多和不确定性的增加，甚至连"多数人采取了行动 A"这样的事实，都有可能被"一半人采取了行动 A"乃至"少数人采取了行动 A"的情形代替。这样，就愈发得不出"在情境 S 中，行为者都会采取行动 A"的结论了。而这一切变化全都是由于更换了被试者群体所致。因此，这恰好说明，在同样的实验环境下，被试者才是决定最终实验结论的关键。概言之，情境主义非但不能证明在相同情境下被试者会采取相同的行为，还会因为它所仰仗的心理学实验需要基于尽可能多的被试者样本，反而表明品质的个别性乃是不可回避的必然状况。

就论证（2）而言，即便情境主义所援引的实验证据可以表明"在不同情境下，同一行为者会做出不同行为"，那也不能得出"这些行为仅仅与情境相关而与品质无关"从而"不存在稳定的品质"的结论。因为，情境主义者忽视了如下几种既承认品质的稳定性，又容许

① Christian Miller, "Social Psychology and Virtue Ethics", *The Journal of Ethics*, Vol. 7, No. 4 (2003), p. 390.

行为随情境而改变的可能性。而这些可能性，在亚里士多德主义美德伦理学的解释框架内，则是完全可以被容纳的。

第一，行为者的品质具有稳定性，但不代表该行为者就不会在某些情境中做出不完全合乎其品质的行为。在亚里士多德主义美德伦理学看来，这种情况与其说构成了证明其品质缺乏稳定性的一个"反例"，不如说它是在品质稳定性这一前提下的一个"特例"。因为它仅仅表明，一个具有稳定品质的行为者也会在特殊情况下采取有弹性的反应。只不过，这种弹性的范围或程度有时较大，以致给人造成一种该行为者已经放弃或丧失其品质的印象。但实际上，这也许只是偶尔的偏离或"暂时的反常"①，还不至于达到情境主义所说的那个"甚至看上去微不足道的情境变化也会给不同的秉性造成'隔阂'，引发前后不一致的行为"②的严重地步。

第二，行为者的品质具有稳定性，但不是贯穿一切情境的稳定性，而仅仅是贯穿该品质所适用的那一类情境的稳定性。毕竟，亚里士多德主义美德伦理学所说的品质概念，始终指的是具体的品质，比如，勇敢、慷慨、友爱。它们并不适用于所有情境，而是分别适用于某一类情境——用亚里士多德的话来说，勇敢适用于那些与恐惧相关的情境，慷慨适用于那些与消费金钱相关的情境，而友爱则适用于自由人之间关系的情境。因此，对一个具备某种品质的行为者，他会且只会在需要这种品质的情境中表现该品质，而不会也无须在并不适用这种品质的其他情境中表现它。所以，根本就不用担心，情境主义所说的一个人在情境 S_1 中表现出仁慈而在情境 S_2 中表现出柔弱，将会构成

---

① Robert B. Louden, "On Some Vices of Virtue Ethics", in Roger Crisp, Michael Slote eds., *Virtue Ethics*, New York: Oxford University Press, 1997, p. 209.

② John Doris, "Persons, Situations and Virtue Ethics", *Nous*, Vol. 32, No. 4 (1998), p. 507.

一种多么严重的不一致状态。因为，假如他在情境 S_2 中的恰当反应本就应该是"柔弱"，那么，这种品质的差异以及由此带来的行为差异，就属于正常的情况。可见，情境主义者为品质的稳定性赋予的"跨情境"特征，必须得到进一步的辨析。因为，亚里士多德主义的美德伦理学仅仅承认，某种品质可以跨越它所适用的那一个个具体的情境，但从未承诺，这种品质可以跨越不同类型的情境而无论自己能否适用。

第三，退一步讲，就算情境主义表明，许多行为者即便在同一类情境中也无法稳定地表现其卓越品质，那也不能证明品质的稳定性绝无可能，而只能证明实现品质的稳定性颇有难度。或者说，它只能表明美德的脆弱性，却不能证明美德的虚无性。而这种观点其实同亚里士多德主义美德伦理学的基本立场并无区别。因为，这种美德伦理学本来就承认，如果在同一类型的情境中，一个行为者的行为会随着情境的改变而发生较大甚至极端的改变，那么，这恰恰证明他的品质还不够稳定，他还没有发展成为充分的美德之人，却不能因此推论出，他根本就不具备相关品质，他根本就不可能成为美德之人。所以，即便社会心理学的实验表明，大多数人都会受情境影响而发生行为模式的波动，也只不过揭示出如下事实，即要想成为不受制于情境扰动而具有稳定品质的美德之人，并不是一件容易的事。更何况，亚里士多德主义的美德伦理学从来没有说，稳定的优良品质是人人唾手可得的东西；相反，它的教诲常常是，要想形成这样的品质，必须长时间地效仿和有意识地锻炼，而只有少数人才能真正完整地达到这种境地。所以，这些实验在证明大多数人都会因为情境的压力而改变行为的同时，其实也映衬出美德品质的可贵，以及成为美德之人的难得与稀缺。① 在这个意义上，情境主义所诉诸的社会心理学实验，不但不能证伪亚里士多德主义美德伦理学关于"美德是一种稳定品质"的设想，反而进一步证明了它的基本观念，即美德是一种稳定但稀缺的品质。②

第四，再退一步讲，即便心理学实验已经表明，所有行为者的行为都会随情境改变而改变，在所有行为者那里都无法发现稳定的品质，也只能说明情境对行为有着巨大甚至决定性的影响，却不能由此得出"不存在品质"的结论。③ 比如，在哈曼所援引的电击实验中，实验对象屈从于权威的现象只能证明，相比于情境的压力，被试者的品质对他们的行为几乎毫无影响。这仅仅意味着品质（尤其是优良品质）容易受到遮蔽，而不意味着品质根本无从谈起。毕竟，一个行为者的品质是否实际地发挥作用，取决于意志是否调用它们；而意志的实现，又取决于制约意志的主要因素（在这个实验中即外在的权威命令）到底有多强大。所以，这个实验"挑战的不是人们具有品格特征这一假设，而仅仅是大多数人在压力之下仍将做出有同情心的行为这一假设"④。作为心理要素的品质概念的实在性，并没有因此而被否决。

如果说情境主义在论证上的逻辑漏洞还可以通过重新设计实验环节而得到弥补或矫正，那么，一旦它赖以生存同时也是引以为傲的方法——即心理学实验本身——也被发现存在严重的缺陷，这给情境主义带来的沉重打击将是不言而喻的。让我们简短回顾一下情境主义者所依傍的几个主要的心理学实验以及由此得出的结论。

---

① Kristján Kristjánsson, "An Aristotelian Critique of Situationism", *Philosophy*, Vol. 83, No. 323 (2008), p. 66.

② Maria Merritt, "Virtue Ethics and Situationist Personality Psychology", *Ethical Theory and Moral Practice*, Vol. 3, No. 4 (2006), pp. 366 – 368.

③ Candace Upton, "Virtue Ethics and Moral Psychology: The Situationism Debate", *The Journal of Ethics*, Vol. 13, No. 2 (2009), p. 110.

④ 赵永刚:《美德伦理学：作为一种道德类型的独立性》，湖南师范大学出版社 2011 年版，第 108 页。

在哈曼所引用的"服从权威实验"中，参与实验的 40 个被试者在实验者的要求或命令下全都向他人施加了 300 伏电压以上的电击。其中，5 个被试者施加的电击达到 300 伏，5 个被试者达到 315 伏，2 个被试者达到 330 伏，1 个被试者达到 345 伏，1 个被试者达到 360 伏，26 个被试者达到 450 伏。对此，哈曼的结论是：被试者的个人品质在这里没有发挥什么作用；就算每个行为者都具有品质，它们似乎也没有太大的差别。因为，这个实验中的所有被试者都顺从了情境的压力，他们都表现出冷漠和残忍的态度。在这个意义上，他们的行为更多是受情境的支配而不是品质的支配，更多反映的是情境的作用而不是品质的作用。[1]

不仅如此，哈曼所援引的"撒玛利亚人实验"也表明，参与实验的被试者是否会在赶赴演讲会场的路上去帮助一位摔倒的路人，这跟他们是否具有宗教信仰无关，跟他们此前选择并精心准备的演讲内容是否饱含道德意味也无关，而仅仅跟他们在此时此地的匆忙程度有关。其中，有的人被告知他们快要迟到了，有的人被告知距离他发表演讲还有一段时间，有的人被告知他还有很充裕的时间。而最终的实验结果也表明，越是不赶时间的被试者越可能选择停下来施以援手，而越是赶时间的被试者越可能选择忽略摔倒的路人。所以，不是人们的品质或信念决定他们的选择，而是他们所处的情境决定他们的行动。[2]

同样的，在多里斯引用的"电话亭实验"中，在电话亭中意外获得从电话机中退回的硬币因而心情愉快的那组行为者，其中的绝大多

---

① Gilbert Harman, "Moral Philosophy Meets Social Psychology: Virtue Ethics and the Fundamental Attribution Error", *Proceedings of the Aristotelian Society*, Vol. 99 (1999), pp. 322 - 323.

② Gilbert Harman, "Moral Philosophy Meets Social Psychology: Virtue Ethics and the Fundamental Attribution Error", *Proceedings of the Aristotelian Society*, Vol. 99 (1999), pp. 323 - 324.

数（16 个人中有 12 个人）能够向附近广场上此时某个需要帮助的陌生人提供帮助，而没有在电话亭中意外获得硬币因而心情平静的另一组行为者，其中的绝大多数（25 个人中的 24 个人）都没有为这样的陌生人提供帮助。情境主义试图由此再次说明情境对行为的强大塑造能力和引导效应：相同的情境使得绝大多数人采取相同的行为，而不同的情境使得绝大多数人选择不同的行为。在这里，行为者有没有品质，有怎样的品质，全都变得无关紧要。①

　　而乔纳森·韦伯（Jonathan Webber）提及的"不诚实的未成年人实验"则表明，作为被试者的同一组未成年人在身处相同类型的情境（比如，考场上）时往往会表现不诚实的行为（比如，作弊）；但是，当他们处于不同类型的情境（比如，不是考场上，而是有钱可偷的时候）时，却不一定采取不诚实的行为（偷盗）。情境主义者据此表示品质并不存在；即便行为者确实具有某种品质（比如，不诚实），他也不会稳定地、连贯地表现它。因为，真正决定他是否再次表现该品质的，是类似情境的重复性，而不是品质的持久性。②

　　无论是被多里斯用作论据的"电话亭实验"，还是被哈曼用作论据的"服从权威实验"和"撒玛利亚人实验"，抑或是被韦伯用作论据的"不诚实的未成年人实验"，其实都分享一个共同的预设，即将可观察的外在行为设定为内在品质是否存在或如何存在的唯一判定依据。这样，他们才有资格通过行为的变化或不变化，对内在品质的存在状况给予断言。不仅如此，在他们看来，外在行为与心理状态之间要么存在一一对应的关系，要么根本没有任何关系。所以，他们才敢

---

　　① John Doris, *Lack of Character: Personality and Moral Behavior*, Cambridge: Cambridge University Press, 2002, pp. 29 – 33.

　　② Jonathan Webber. "Virtue, Character and Situation", *Journal of Moral Philosophy*, Vol. 3, No. 2 (2006), pp. 209 – 210.

于要么把发生在不同行为者之间的外在行为差异解释为内在品质的差异，要么通过同一行为者的行为不稳定性而干脆否认内在品质的稳定性乃至实在性。

然而，这种深受行为主义心理学影响的预设是站不住脚的。因为，迄今为止的心理学证据既不足以证明行为与心理之间的一一对应关系，更不足以证明心理结构或心理过程的根本不存在。就前者而言，不同的行为可以源于同一种心理状态，而相同的行为也可以源于不同的心理状态，这种情况完全可能存在。就后者而言，尽管实验者可以选择各种方法来排除干扰，努力让被试者的行为能够体现某种非常单一但据说是最为真实的心理状态，但是，除非实验者预先坚持一种彻底的行为主义立场，否则，他们就始终无法将包括品质在内的一切心理状态的存在可能性都从思考中排除出去。

不仅如此，这些心理学实验的设计本身也有问题。如果说，科学实验的本质在于，通过控制和操纵自变量的变化来观察由此带来的因变量的变化，从而确认不同变量之间的因果联系，那么，情境主义所援引的那些心理学实验若要证明行为只随行为者所处的情境变化而变化，但不随行为者的品质变化而变化，那么，它就不仅（1）应该证明，在控制或排除了包括"品质"在内的其他自变量而仅仅考察在"情境"这一自变量的前提下，"行为"这一因变量将如何发生改变，而且（2）应该进一步证明，在控制或排除了"情境"的影响而只剩下"品质"这一自变量的条件下，"行为"这一因变量将如何不发生改变。唯有如此，情境主义的证明才是完备的，即不仅能够证明"情境"是"行为"的充分必要条件，而且能够同时证明"品质"是"行为"的既非充分亦非必要条件。

然而，情境主义者所援引的上述实验并不能胜任这两项任务。比如，"撒玛利亚人实验"和"电话亭实验"就无法构成对（1）的证明。因为，在这两个实验中，除了"情境"这个自变量之外，其他自变量（行为者的品质）并没有得到有效的控制或排除。也就是说，随着实验条件的改变，面对不同情境的其实并不是同一个行为者，而是若干个甚至被分成若干组的不同行为者。因此，这里就不是"同一个行为者在面对情境 S_1、S_2、S_3 等等"，而是"A 组行为者面对情境 S_1，B 组行为者面对情境 S_2，C 组行为者面对情境 S_3 等等"。这样一来，导致行为差别的，就既有可能是行为者面临的不同情境，也有可能是不同行为者自身的品质差异。至少，面对不同行为者在不同情境下做出的不同行为，我们无法分辨和确认，他们做出的这些行为究竟是由不同的情境所致，还是恰好因为他们具有不同的品质。

相应的，"服从权威实验"和"不诚实的未成年人实验"也不能满足对（2）的证明。因为，前者虽然看起来表明，在相同的情境条件下（即实验者发出要求和命令时）所有的被试者都采取了相同的行为（即所有被试者都接受了实验者发出的要求和命令），但是，正如实验结果展示的那样，被试者实际接受的程度其实是不一样的，他们实际做出的反应也是不一样的。如果说实验者发出要求和命令这一"情境"自变量是相同的话，那么，在这里唯一能够解释上述差异的，恐怕就只有被试者的"品质"了。从这个意义上讲，"服从权威实验"非但不能作为情境主义的论据，反而可能为美德伦理所用（尽管它同样不能构成行为者有美德的论据）。至于说后者，由于实验者把所有被试者（约 8000 人）分成若干不同小组来进行这项实验，因而得到的结果是：A 组行为者在情境 S_1 中会表现不诚实，而在情境 S_2 中却会表现诚实；B 组行为者在情境 S_2 中会表现不诚实，而在情境 S_1 中却会表现诚实。看起来，这种结果似乎能够证明，同一组行为者在不同类型的情境中会表现不同的行为，但若整体来看，我们却发现，这种结果恰好表明，不同组的行为者在面对同一类型情境时其实采取了不同的行为，即在情境 S_1 中，A 组行为者表现不诚实而 B 组行为者却表现诚实；而在情境 S_2 中，情况恰好相反。如果这种"自行打脸"的尴尬情况是情境主义极不愿意见到的，那么，只能说明情境主义设计的实验过程存在严重的漏洞和缺陷。

概言之，经过现代心理科学描述的"情境"概念，也许确实能够构成影响行为的一项重要因素。但是，试图证明它的影响力，却并不意味着必须同时证伪行为者的内在品质的必要性，更不意味着这就足以证伪美德的实在性。后者虽然往往无法摆脱被指控为一种"被建构的心理实体"的风险，但至少到目前为止，既有的实验方法及其提供的经验证据尚不足以使这项"罪名"完全成立。相反，如果尊重对于内在品质的常识看法，似乎更有助于增进我们对美德伦理学及其心理基础的理解与阐释。

结语：支援者与同盟军

自 20 世纪 50 年代步入现代伦理学的主流以来，亚里士多德主义美德伦理学就一直在与现代规则伦理学的争论、辩难和交锋中发展。即便安斯库姆的那篇文章，其首要意旨也是打造一份指向现代规则伦理学的"战斗宣言"。在这个意义上，美德伦理学的当代复兴从一开始便不得不面对强大的理论对手。并且，随着它的不断发展和日益兴盛，更是免不了"树大招风"。仅就我们这里讨论的道德心理问题而言，如前所述，亚里士多德主义的美德伦理学不仅需要应对来自伦理学内部的批评，而且需要应对来自伦理学外部的相关领域的反对。其中，除了现代规则伦理学这个最直接的反对者以外，亚里士多德主义美德伦理学自身关于正确行动之心理基础的论证不足、来自现代心理科学的物理主义和情境主义的强力瓦解，以及，由现代生活的根本变迁所带来的伦理观念的改变，都构成了美德伦理学的主要"敌人"。①

反对者的介入虽然会给亚里士多德主义美德伦理学带来困难和挑战，但是，困难并非不可解决的麻烦，挑战也不是不可挽回的颠覆。相反，这些困难与挑战的出现，不仅激发这门古老学科的斗志与活力，激发它迈向自我完善和自我更新的更高阶段，而且会拓展它的视野，促使亚里士多德主义的美德伦理学更加自觉地融入现代伦理知识体系中，更加自觉地谋求用于支持和巩固自身心理基础的思想资源。毫无疑问，如

---

① 李义天：《美德、心灵与行动》，中央编译出版社 2016 年版，第 135—138 页。

果能够夯实美德伦理学的心理基础，那么，我们一方面可以推进这项研究的深度和广度，另一方面亦能在很大程度上化解反对者的攻击。而在这个过程中，仅仅凭借亚里士多德主义美德伦理学自身的道德心理学论述仍是不够的，它还需要来自其他方面的心理知识的支援。其中，既包括现代心理科学的支持，也包括现代心灵哲学的援助，更需要美德伦理学与其他伦理学类型之间的某种和解与融会贯通。换言之，此时不仅（1）需要我们顾及和借助经验心理科学的基本成果，而且（2）需要我们理解并援引现代心灵哲学的可能资源，更（3）需要我们在道德视域内部挖掘潜力，谋求共识。这些支援者与同盟军的实力与格局，将在很大程度上影响到美德伦理学在当代的理论深度、解释韧性与发展潜质。

一、心理科学的协助

强调经验性与实证性的现代心理科学，确实给当代学界围绕心理现象与心理功能的探讨提出了更高的要求。起码，它要求人们在表达相关的心理知识时，务必从有效合理的经验证据出发。心理科学相信，人类现有的探测和观察手段发展到什么程度以及人类所能获得的经验证据达到什么范围，决定着人们在心理知识上能够谈论哪些话题，以及，能够把它们谈论到什么程度。在这个意义上，心理科学中的物理主义和情境主义进路，不仅是对美德伦理学这门特别重视行为者心理状态的伦理知识发起的挑战，同时，也是面向所有关于心灵的知识命题提出的要求。[①]

---

① 参见（1）John Searle, *Minds, Brains and Science*, Cambridge: Harvard University Press, 1984, p. 41；（2）托马斯·黎黑：《心理学史》，蒋柯等译，上海人民出版社 2013 年版，第 366 页；（3）John Doris, "Persons, Situations and Virtue Ethics", *Nous*, Vol. 32, No. 4 (1998), p. 505；（4）Gilbert Harman, "Moral Philosophy Meets Social Psychology: Virtue Ethics and the Fundamental Attribution Error", *Proceedings of the Aristotelian Society*, Vol. 99 (1999), p. 316。

然而，如果据此认为，心理科学对于美德伦理学的发展来说弊大于利（甚至有弊无利），从而将两者切割开来，却又因噎废食了。因为，当前的亚里士多德主义美德伦理学围绕心理问题的讨论，既不应该也不可能回避经验实证的心理科学。既然美德伦理学已经经历了后者的挑战与洗礼，那么，它就不再可能把自己继续封闭在一个纯粹思辨的哲学系统之中。毕竟，"实证心理学作为一门科学，其中的某些心理学知识已然具有相当程度的合法性，基于这些知识的某些概念设置也具有一定的合理性"；与之相比，美德伦理学者提供的心理知识并不充分，更谈不上精确，他们"或强调幸福，或强调道德情感，或强调卓越和自尊，这甚至没有超出古希腊伦理学的论域，不过是伦理思想史上各种'主义'的现代版本。这样的道德发展理论仍然借助古老的模糊的概念设置和分析，显然不足以推进品格培养的理论发展和实践"；因此，他们"在与具有专业心理学知识的研究者进行论争时，通常招架多于进攻而陷于被动"。[①] 为了扭转这种局面，美德伦理学非但不能回避现代心理科学，反而应当顺势而为，更广泛地了解现代心理科学并借助其中有所助益的力量。这种做法既能增强美德伦理学的经验性与实在性，又能促进美德伦理学与心理科学之间分歧的弥合或解决。正如研究者在评论美德伦理学所面临的情境主义之争时指出的那样，"如今美德伦理学家采取逻辑思辨的方式，情境主义伦理学家采用社会心理学的实验方式，二者始终不处于同一个平台上，因此问题的解决变得困难。实际上，对方法的执着无疑是交流的壁垒，若伦理学家能更多尝试实证方法，而心理学家更多具备哲学思维方式，则许

---

① 赵永刚：《美德伦理学的兴起与挑战：以道德心理学为线索》，《哲学动态》2013年第2期。

多道德问题的探讨方能持续"①。

美德伦理学首先需要从心理科学那里有所借鉴的，就是以实验作为基本手段的实证方法。有学者注意到，自 20 世纪 90 年代起，许多哲学家就已经开始广泛利用进化生理学、认知心理学和脑科学的实验研究及其成果。其中，有些哲学家甚至自行设计实验方案来处理哲学问题。② 心理学家相信，将实验方法引入哲学研究，并不是为了取代既有的研究方法或研究范式，而是为了给哲学问题尤其是道德哲学问题的讨论提供有益补充。③ 尽管美德伦理学也对情境主义的心理学实验提出批评和质疑，但这更多的是否定那些存在漏洞的实验方案，而不是否定通过实验以证实或证伪观点结论的实证方法。对美德伦理学来说，在处理自身与心理科学的关系问题上，当务之急其实在于设计更恰当的实验方案，而不是完全放弃这种方法。毕竟，建立在规范的操作手册基础上的现代经验科学的实验方法，乃是通过有选择地"控制"部分因素来确认或验证某个变量与其他变量的关系，通过有意识地"重复"来归纳和提炼居于一定数量的被试者中间的行为规律或心理规律。因此，实验方法本身并没什么本质性的不当之处。只要设计恰当，它也完全可以为美德伦理学所用，而不仅仅为其反对者所用。

在这方面，令人印象深刻的案例首推劳伦斯·科尔伯格（Lawrence Kohlberg）的道德认知发展理论。他所提出的关于道德发展的"三层次六阶段"学说之所以广为传播，不仅是因为在经验上具有相当大的普适性，更因为，该理论能够在回避"是否存在心灵实体"

---

① 彭凯平、喻丰：《道德的心理物理学：现象、机制与意义》，《中国社会科学》2012 年第 12 期。

② Walter Sinnott-Armstrong ed., *Moral Psychology*, Vol. 1, Cambridge, MA.: The MIT Press, 2008, p. 13.

③ 彭凯平等：《实验伦理学：研究、贡献与挑战》，《中国社会科学》2011 年第 6 期。

这一争论的前提下，继续使用一种足以取代其解释功能的概念，即道德认知结构。在这个意义上，发展心理学既不需要承诺作为实体的心灵，也不需要承诺所有的心理现象都必定受制于或可以被还原为生理现象。但是，它仍然保留一种相对独立的关于行为者主观世界的设置，并由此来理解和解释行为者的道德发展，尤其是他们的实践理性的变化与发展。

除此之外，精神分析理论的基本倾向及其方法，也能给美德伦理学的相关研究提供一定的支持。因为，该理论的一个基本观点就是，"精神过程能加以直接的研究，而根本无须涉及被假定发生在脑中的相伴随的变化"①。根据精神分析理论对他人实施观察和治疗的心理学者，往往不会把自己最主要的关注点放在心理活动的物理基础（即人脑）上，而是关注心理活动本身。这样，至少在规避物理主义或情境主义挑战的意义上，精神分析理论的原则和方法是能够充当美德伦理学的资源的。当然，就美德伦理学的主要任务而言，它没有必要因为借助该理论的方法，就必须介入后者的全部论域或赞同后者的全部观点。毕竟，作为一项实践要求非常明确的知识，在大多数情况下，美德伦理学需要处理的仍是意识层面的心理活动，而较少涉及精神分析理论所偏爱的那些潜意识方面，更无须将道德思维完全归因于那种与理性的理由相对抗的、无理性的欲望和冲动（特别是性欲和性冲动）。为此，作为发展心理学和新精神分析学代表的爱利克·埃里克森（Erik Erikson）的"自我同一性"理论，值得特别的重视。因为，该理论至少在如下两点上突破了弗洛伊德（Sigmund Freud）的思路——"其一，突破了弗洛伊德生物本能的局限，扩展到了社会心理层面；其

---

① Bernard Hart, *The Psychology of Insanity*, Cambridge: Cambridge University Press, 2010, p. 9.

二，突破了弗洛伊德早期决定论的局限，扩展到了整个人一生的发展"① ——而能够与美德伦理学关于行为者的社会实践活动与人生发展目标的看法相结合。

不仅是心理科学，自 20 世纪 90 年代以来，包括人类学、生物学、医学在内的多种经验科学都开始参与道德心理问题的研究。它们从不同角度出发，借助各自的经验方法理解人类道德心理状况。如果说"规范性的问题确实不需要描述性的解答，但是描述性的事实却能够给回答规范性问题提供帮助"②，那么，经验科学的介入显然将会有助于增进伦理学的心理认识并建构其心理基础。比如，有研究者就注意到，伦理学在应用性上呈现出一种适用于治疗的趋势。许多人如今主要是向医师而不是向哲学家或神职人员寻求道德建议。在医学意义上，行为者具有的美德，不仅意味着好的品质，而且被视为精神健康的表征。所以，在追求有意义的生活途径过程中，倡导和培育美德将具有精神治疗的重要意义。③

必须承认，目前的道德心理学研究早已突破了哲学思辨的层次，而成为经验研究的一个重要分支方向。任何经验科学，只要它关注人类在道德事务方面的心理状况，就能发展出一种具有自身特色的道德心理学。而从道德心理学的角度来看，多种经验科学的介入使之不再限于某种学科的单独研究，从而极大地拓宽了其综合性。评论者指出，"对道德心理学的基本熟悉如今要求人们具备一定的神经科学、灵长类

---

① 黄希庭、郑涌：《心理学十五讲》，北京大学出版社 2014 年版，第 96 页。

② 彭凯平、喻丰：《道德的心理物理学：现象、机制与意义》，《中国社会科学》2012 年第 12 期。

③ Mike Martin, *From Morality to Mental Health: Virtue and Vice in a Therapeutic Culture*, Oxford: Oxford University Press, 2006, chs. 2, 12–14.

动物学，以及博弈论、进化论等相关领域的知识"①。就此而言，既然美德伦理学已经被认为是当代伦理学中最为重视道德心理问题的知识类型，那么，它当然也就不能无视道德心理学在经验科学，尤其是经验的心理科学方面获得的深入发展。②

二、心灵哲学的支援

在当代知识语境中探讨美德伦理学的心理基础问题，除了援引现代心理科学的看法，还不可避免地涉及现代心灵哲学。由于后者的经验证据在很大程度上来自前者并且在方法上深受实证主义的影响，因此，在现代心灵哲学内部，强调经验证实的物理主义立场同样占据上风。如果依据严格的物理主义立场，那么，"世界上真实存在的只有物理微粒（其运作方式由量子力学来加以解释），而心灵现象的存在只是一个幻觉"③。这样一来，所有的心理现象和心理事件"都同一于发生在其所有者中枢神经系统中的状态和实践，更准确地说，每个心理

---

① Susan T. Fiske, Daniel T. Gilbert, Gardner Lindzey eds., *Handbook of Social Psychology*, Vol. 2, 5th edition, New Jersey: John Wiley & Sons, Inc., 2010, p. 824.

② 诚然，美德伦理学"必须建立在正确的知识和实践基础上。伦理学作为一门实践性很强的学科必须考虑理论的实践指导功能，必须尊重道德心理规律，认清道德现实，否则就将脱离实践，缺乏可操作性"。参见赵永刚：《美德伦理学的兴起与挑战：以道德心理学为线索》，《哲学动态》2013年第2期。但是，美德伦理学对现代心理科学资源的借鉴和运用应当是自觉的和自主的。这种自觉性和自主性一方面体现在，美德伦理学与现代心理科学之间所发生的任何联系，最终都应当是为了自身的建构和完善，而不是为了招致自我的解构或挫败；另一方面还体现在，美德伦理学应当始终使自己立足于伦理生活的经验土壤之中、立足于不断经过批判的常识观念之中，而不是落脚于包括心理科学在内的语词矩阵之中。

③ 徐英瑾：《英美心灵哲学到底在何处异于欧陆现象学？》，载约翰·塞尔：《心灵导论》，徐英瑾译，上海人民出版社2008年版，第4页。

状态或事件都在数量上同一于某个这样的神经生理状态或事件"①。这种同一论或还原论的思维既为物理主义的心灵哲学奠定了基础，同时，它又在神经心理学的经验证据下给予这种心灵哲学以进一步支持。从而，物理主义不仅在心理科学中表现得十分明显，在心灵哲学中也产生了广泛深远的效应。②

不仅如此，与心理科学进一步呼应的是，现代心灵哲学同样存在着许多行为主义的支持者。他们的基本观点与华生在心理科学中倡导的内容是类似的，即不相信或不承诺在行为者内部还存在独立的心灵结构和心理现象。对他们来说，必须也只能将行为者的心理状态还原为外在的行为模式来解释。而我们通常所使用的那些术语（比如，欲望、信念），只不过是为了说明或推演的便利而借用的理论工具，而不是对真实的心理过程的描述。③并且，从广义上讲，前面所谈到的情境主义心理学的哲学基础也在于这种行为主义，而且表现为其中比较激进的一部分。因为，情境主义不仅否认行为者具有稳定的心理品质，甚至否认行为者存在稳定的行为模式。换言之，情境主义是一种将行为主义的心灵哲学所描述的那种"无心灵"的应激机制置于复杂的情境变化中并加以碎片化处理的极端立场。

如果说（严格的）物理主义是将心灵还原为物质器官的生理现象，而行为主义是将心灵还原为人类的行为反应模式，那么，功能主

---

① 威廉·莱肯：《心身问题》，载斯蒂芬·斯蒂克等编：《心灵哲学》，高新民等译，中国人民大学出版社2014年版，第60页。

② 参见(1) Ullin T. Place, "Is Consciousness a Brain Process?", *British Journal of Psychology*, Vol. 47, No. 1 (1956); (2) John J. Smart, "Sensation and Brain Processes", *Philosophical Review*, Vol. 68, No. 2 (1959); (3) D. Amstrong, *A Materialist Theory of the Mind*, London: Routledge and Kegan Paul, 1968。

③ 参见(1) Daniel Dennett, *Brainstorms*, Montgomery: Bradford Books, 1978; (2) Daniel Dennett, "Making Sense of Ourselves", *Philosophical Topics*, Vol. 12, No. 1 (1987)。

义则是将心灵还原为生理结构的功能和作用。在方法论上，与行为主义的外部解释相比，功能主义更接近于（严格的）物理主义，即它们都是从行为者的内部来谋求关于心理事件的解释依据。然而，与（严格的）物理主义不同的是，功能主义不是把心理事件等同于具体的脑神经反应过程，而是等同于该反应过程所发挥的功能。在功能主义的心灵哲学中，心灵与其说可以被还原成"硬件"，不如说可以被还原成"软件"，即心灵只是生理器官实现或运行某种特定程序的那种能力，以及行为者对于这种能力的运用。① 因此，只要行为者表现出某种堪称"心理"的功能，那么，无论其生理结构或生理器官如何——也就是说，不仅人类，也包括某些动物在内——都可以被说成是有心灵的。

看起来，现代心灵哲学的主流似乎与现代心理科学一样，很容易成为一种瓦解美德伦理学心理基础的理论。然而，现代心灵哲学的内部争论所带来的复杂张力，却为我们提供了另一些思想资源，帮助我们论证（作为精神存在物的）心理现象相对于物理现象的独立性或实在性。毕竟，当现代心灵哲学从笛卡尔那里开始自己的历史时，心灵就是以一种对应于物质或身体的事物出现的。也就是说，心灵与物质（身体）之间的二元结构，才是现代心灵哲学的起点。而"一旦灵魂/身体的区分成了哲学家的标准术语"，那么，他们用于"讨论心灵问题的语言就不再关心心灵的物理构造，即使他们认为心灵是身体的一部分"②。在这个意义上，心灵哲学至少能从经典二元论（dualism）的

---

① 参见(1)Hilary Putnam, "Minds and Machines", in S. Hook ed., *Dimensions of Mind*, New York: Collier Books, 1960;(2)Hilary Putnam, "The Mental Life of Some Machines", in H. N. Castanda ed., *Intentionality, Minds and Perception*, Detroit: Wayne State University Press, 1967。
② 安东尼·朗:《心灵与自我的希腊模式》，何博超译，北京大学出版社 2015 年版，第 9 页。

角度，为美德伦理学的心理基础研究提供具有前提性的理论支援。

根据这种源自笛卡尔的理论，心灵是一种完全不同于物质实体的精神实体，两者彼此独立地并列而居。后者的基本属性是占据空间的广延，前者的基本属性则是与空间无关的思维。因此，心灵既不可能在存在上，也不可能在概念上被还原为物质。[①] 这种理论的便利之处在于，它能够方便地以一种实在论的方式去解释和描述行为者的心理要素、心理结构与心理过程，而无须花费精力去事先证明心灵的实在性。但它的不便之处则在于，除非预设一个更高更完备的实体（在笛卡尔那里是"上帝"），否则，单凭二元结构无法充分说明物质与心灵之间的关联性，尤其是两者之间的因果关系。尽管二元论存在不少亟须完善的地方，但在现代心灵哲学中物理主义盛行的背景下，重提二元论却能够帮助人们再次意识到如下情形的真实性和重要性：首先，"诚实的和未被麻醉的人都完全知道：他们经验并能内省到内部真实的心理情景或事件，这些情景或事件既未实际地伴随有典型的行为，也不是关于他们在受到某种刺激时将如何行为这个唯一不变的假定事实"；其次，"不管两个人在他们实际的和假定的行为总体上如何相似，他们在心理上是不同的……一个生物或许会表现出所有合适的刺激-反应关系，却根本没有心理生活。我们可以设想打造一个'怪人'或者愚笨的机器人，它能以正确的方式行事，但根本不能真正地感觉或思考什么"。[②] 这说明，如果取消心灵的实在性，那么，这不仅会忽视人类实践的部分真实经验，而且会在逻辑上付出无法对不同情形做出区分的理论代价。因此，理解并借助二元论的某些观点，对于美德

---

① 笛卡尔：《第一哲学沉思录》，庞景仁译，商务印书馆 1986 年版，第 22—30、170—171 页。

② 威廉·莱肯：《心身问题》，载斯蒂芬·斯蒂克等编：《心灵哲学》，高新民等译，中国人民大学出版社 2014 年版，第 59 页。

伦理学的心理基础研究来说，将具有明显的必要性和前提意义。①

二元论的局部复兴（或者说，始终未曾消亡），与其说是因为现代人相信他们有能力去完成笛卡尔所未能完成的证明——证明心灵作为一种实体的实际存在——不如说是因为人们相信，他们仍需要一系列与物质或物理的东西不同的概念（比如，信念、欲望、情感）去解释人类实践的某些日常经验或常识。在这方面，心灵哲学中的"突变论"（emergentism）和所谓的"民间心理学"（folk psychology）表现出十分明显的理论取向。

根据突变论者的看法，虽然世界上只存在物质的东西，但有些复合物质的东西却具有心理属性。这些心理属性是"以某种方式从某些物质组织中突现出来的"，而且"不能从概念上还原为拥有它们的复合物的任何物理属性"。② 也就是说，尽管不能证明心灵与物质作为实体的二元论，但是，"突变论"可以说明心灵与物质作为属性的二元论。在此框架中，理性、欲望或情感并不是对精神实体的划分，而是对物质实体的精神属性的描述，并且能够由此而非物质性地说明行为者的心理经验。至于民间心理学，更多的是一种关于心理现象的常识理论以及关于常用心理术语的意义理论。换言之，作为一种历史悠久的心理知识，民间心理学反映的是我们对于自身心理事件的常识性认

① "我们对自己有意识的心理状态似乎有直接的非推理知识。我们在解释自己的所作所为时，彼此都归属心理状态，并且将我们对其他人将要做什么的预言部分地建立在我们关于他们有什么态度、他们的意识状态是什么的信念基础之上。"因此，放弃对心灵的实在论理解"似乎是不可思议的"。参见柯克·路德维希：《心身问题：一个综述》，载斯蒂芬·斯蒂克等编：《心灵哲学》，高新民等译，中国人民大学出版社2014年版，第16页。关于新二元论的观点，亦可参见(1) W. D. Hart, *Engines of Soul*, Cambridge: Cambridge University Press, 1988, ch. 1; (2) Galen Strawson, *Mental Reality*, Cambridge, MA.: The MIT Press, 1994, chs. 5, 6; (3) 大卫·查默斯：《有意识的心灵》，朱建平译，中国人民大学出版社2013年版，第3、4章。

② 柯克·路德维希：《心身问题：一个综述》，载斯蒂芬·斯蒂克等编：《心灵哲学》，高新民等译，中国人民大学出版社2014年版，第23—24页。

知，并试图发现那些用于描述心理状态的日常术语的意义来源。① 尽管对这些问题有不同的回答，但无论采取何种答案，民间心理学都必须首先承认这些术语在日常经验中的合法性，以及，它们在日常解释中的有效性与可理解性。概言之，突变论和民间心理学的观点表明，即便我们无法完全满足笛卡尔关于独立自足的心灵实体的设想，但是，现代心灵哲学为一种非物理主义或非行为主义的心灵概念谋求空间，仍然是可能的。②

更何况，前面所提及的功能主义的心灵哲学，在某种程度上，也可以参与到这项工作中来。毕竟，将心灵理解为生理器官的程序或功能，就已经规避了那种严格的物理主义的还原论。普特南曾指出，对于心灵哲学的"心身问题"，始终"有两个相互竞争的答案……要么是从纯物质的角度告诉我们，思维、指称、感知等是由什么构成的，简言之，就是在科学的框架内汲取目的和意义的概念框架；要么是建立起这样一个概念，二元论是正确的，在我们的躯体和大脑之上，我们还有非物质的灵魂"③。然而在他看来，真正的答案却在于选择第三条道路，即功能主义的心灵概念。因为功能主义相信，"尽管很可能不存在非物理的实体或材料，并且每个心理个例本身都完全是物理的，但心理描述并不是物理描述，感觉疼痛的属性不只是某个神经正在激活的属性"④，而是该神经得到激活时所发挥的功能和效应。在这个意

---

① 特伦斯·霍根、詹姆斯·伍德沃德：《民众心理学不会消失》，载高新民等编：《心灵哲学》，商务印书馆2002年版，第1069页。

② 斯蒂芬·斯蒂克等：《民间心理学》，载斯蒂芬·斯蒂克等编：《心灵哲学》，高新民等译，中国人民大学出版社2014年版，第271—273页。

③ 希拉里·普特南、乔什·哈兰：《论心灵、意义和实在——希拉里·普特南访谈录》，《科学技术哲学研究》2010年第6期。

④ 威廉·莱肯：《心身问题》，载斯蒂芬·斯蒂克等编：《心灵哲学》，高新民等译，中国人民大学出版社2014年版，第63页。

义上，心灵仍是一种不被还原为物质实体的特殊物。可以说，功能主义之所以在当前的心灵哲学中拥有不小的吸引力，很重要的一个方面就在于，它通过功能概念（而非实体概念）容纳了"非物质的思维之物"的存在，从而在无须背弃经验证据的条件下，依然在这个物理世界中为一种不可还原的心理因素找到了位置。[①]

三、道德视野的融合

无论心理科学还是心灵哲学，它们对亚里士多德主义美德伦理学的挑战和支援虽具有基础意义，但从另一个维度来讲，它们所涉及的内容更多只是"外部问题"（即亚里士多德主义美德伦理学所诉诸的人类心灵是否存在）。至于那些"内部问题"（即亚里士多德主义美德伦理学所包含的具体心理因素、心理结构和心理过程），实际上并没有得到它们过多的批评或充分的启发。换言之，心理科学、心灵哲学与亚里士多德主义美德伦理学的交集，主要在于后者的心理基础是否存在，而不在于它们如何存在。真正在第二个问题上与之展开交锋与交融的，仍是道德理论内部的其他类型。亚里士多德主义美德伦理学若要获得更强的解释力，让更多听众认可自身的伦理立场及其道德心理学，就必须认真对待这些理论并从中汲取和融合一切有益的资源。

几乎所有人都承认，亚里士多德主义美德伦理学的优势在于对行为者内在品质的突出与强调。但是，几乎同样多的人承认，亚里士多德主义美德伦理学的劣势在于，它在给出这种强调的同时未能提供一套明确有效的行为指南。与之相比，康德主义、功利主义等现代规则

---

① 大卫·查默斯:《有意识的心灵》，朱建平译，中国人民大学出版社 2013 年版，第332—334 页。

伦理学在这个问题上都有非常明确的答案。这些答案不仅反映在它们各自的实践理性概念中，而且蕴含着特定的心理预设，或是以特定的心理结构作为基础。比如，康德主义的实践理性概念建立在纯粹理性的基础上，并且排除了感觉、情感、欲望等感性因素的位置。因此，在康德主义这里，一个道德正确的行动不仅是由理性所规定的，而且是由理性所发动的，并且只由理性所发动。而功利主义则更看重趋乐避苦的自然欲望，以及关于欲望的衡量与计算能力。因此，功利主义眼中的行动是欲望和理性的共同产物。换言之，在功利主义这里，仅凭理性自身不足以发动行动；除非行为者的欲望在道德上是合理的，否则，纯粹的理性不足以确保行动的正确。

围绕实践理性的研究透露出现代规则伦理学关于行为者心理基础和心理结构的基本看法，但是，它们以行动为中心的理论旨趣决定了，这些看法并不是它们关注的最终目的，而只是为了证明如下观念的必要，即"存在一种堪称'正确行动理论'的东西，它会告诉我们哪些行动是对的，或是为我们提供一种关于正确行动之原因的论述，并且，它能为身处任何道德发展阶段、对于成为好人具有任何程度兴趣的任何人所使用"①。这一方面说明，现代规则伦理学希望完成的最主要任务，是从各式各样良莠不齐的行动方式中筛选并确认正确的那一种；而另一方面也说明，在规则伦理学那里，"什么是正确的行为？什么是错误的行为"其实仍是一个悬而未决的问题。

但对亚里士多德主义来说，这并不是个问题。至少，并不是个严重的问题。因为，既有的伦理习俗，以及那些能够恰当理解和体现这些习俗的行为者——有美德的行为者，或者说，实践智慧之人——已

---

① Julia Annas, "Virtue Ethics", in David Copp ed., *The Oxford Handbook of Ethical Theory*, Oxford: Oxford University Press, 2006, p. 524.

经通过自身的实践示范给出了答案。对这些优秀的行为者来讲，他们的优良品质、卓越的洞察力和判断力，还有在实践中积累的丰富经验，使得"何为正确的行为"似乎不再成为一个问题。因此，亚里士多德主义认为，与其花费精力，抽象地或思辨地构造一些脱离人类生活语境的普遍有效的行为方式，不如在承认既定语境中那些正确行为的前提下，探索其得以生长的真实的心理机制。只要（也只有）恰当地理解了美德行为者的心理状况，那么，构造一种合理的实践理性模式并确认正确的行为方式，即便不像探囊取物那般容易，也将成为一件顺理成章的事情。因此，亚里士多德主义美德伦理学推动伦理学的研究焦点"由外向内"的翻转，不是因为它忽视了正确行为方式的重要性，而是因为它希望为这个问题谋求一种更加基础和内在的解决方案。该方案的关键就在于，它虽然也涉及正确行动的问题，但"行为是否正确"不是首要问题，而是在回答"如何成为好的人"的过程中衍生出来的次级问题。① 对于亚里士多德主义美德伦理学来说，成为一个"好的人"，不仅要求行为者把事情做正确，还要求他持有正确的认识和动机，具备稳定而卓越的内在品质，并在生活中不断加以运用。正如安娜斯所说，"在仅仅做得正确的人与那些全身心投入到自己行为的

---

① 在伦理学思考的开端，哲学家的问题是"怎样的生活值得一过"，而不是"怎样的行为才是正当的"。前者是一个比后者更宽泛的问题。因此，在本源的意义上，伦理学最关心的问题是：既然我是一个"人"，那么我该如何成为一个"好的人"，如何把"人"做成"好的"？"做好人"的过程固然涉及正确的行动，但后者不是首要问题，而是在回答"如何做好人"这个问题的过程中自然衍生出来的次级问题。"做人"之"做"（become）不等于"做事"之"做"（do）。参见（1）麦金太尔：《伦理学简史》，龚群译，商务印书馆 2003 年版，第 126 页；（2）Richard Taylor, "Ancient Wisdom and Modern Folly", in Peter A. French, Theodore E. Uehling, Jr., Howard K. Wettstein eds., *Ethical Theory: Character and Virtue*, Notre Dame: University of Notre Dame Press, pp. 55 – 57；（3）Stephen Darwall ed., *Virtue Ethics*, Malden: Oxford University Press, 2003, p. 3；（4）廖申白：《我们的"做人"观念》，《北京师范大学学报（社会科学版）》2004 年第 2 期；（5）廖申白：《"做事"：日常语言中朦胧的公共交往伦理观念》，《哲学研究》2005 年第 7 期。

人之间，始终存在着一种重大的道德差异"①。因此，在构造实践理性方案、谋求正确行为指南这个问题上，美德伦理学选择从行为者的心理基础着眼，而非拘泥于行为本身。

与现代规则伦理学相比，亚里士多德主义美德伦理学的实践理性模式并非纯粹的理性运用，而是一种融合了理性、情感、欲望、感觉与意志等各种心理要素的过程。在这个意义上，这种美德伦理学的实践理性概念是广义的，它是指行为者在对实践事务进行思考或做出反应时所发生的全部心理过程。在特定环节上，它甚至可以对康德主义和功利主义所主张的心理机制或心理过程开放。

之所以表现出这种融合性，一方面当然是因为，作为现代规则伦理学的批评者和超越者，亚里士多德主义美德伦理学不仅涉及理性的运作，而且必定反映出前者所忽视（甚至排斥）的那些非理性的方面。正是"对一种更具有心理敏感性的伦理学的渴望，导致了最近美德伦理学的复兴。美德理论被许多人看作针对契约论、后果论和义务论的某些缺点的解决方案"，因为"这些理论似乎过于理性主义或认知主义了。它们依赖于一幅理想的道德行为者的图像，这种行为者是按照某种普遍目的的道德原则、程序或理想而行动的深思熟虑之人"，而且"对各种善的异质性和各种价值之间的紧张状况并不充分敏感"。② 而亚里士多德主义的美德伦理学恰恰就是要规避这种片面性，进而还原一种全面的图像。事实上，如同理性构成实践思维的基本部分一样，感觉、情感、欲望等非理性要素也从来没有脱离一个有实践智慧的行为者的实践思维。毋宁说，当这样的行为者通过理性来认知

① Julia Annas, "Virtue Ethics", in David Copp ed., *The Oxford Handbook of Ethical Theory*, Oxford: Oxford University Press, 2006, p. 517.

② Owen Flanagan, Amelie Rorty eds., *Identity, Character and Morality: Essays in Moral Psychology*, Cambridge, MA.: The MIT Press, 1990, p. 13.

和解决实践难题的时候，一种伴随着或蕴含着感觉、情感和欲望的理性概念对他来说才是更加真实，也更富弹性的。①

　　另一方面则是因为，"生活世界的正常境况显得像是一个在义务与幸福主义的动因之间摇摆不定的状况"，其中，"一种由禀好和敬畏混合而成的感受成为我们行动的引发动机：我们听到为其本身的缘故而须遵从的应然之善的良知声音，但我们同时又准备追随的我们的禀好，对此声音听而不闻"。② 因此，在不同情境中，一个行为者受到激发并加以运用的心理要素，或者说，他所做出的心理反应及其表现出来的心理过程，在性质和类型上可能是非常不同的。我们无法完全确定，在这个或那个具体的情境中，行为者到底是更多的基于理性的推理，还是出于情感的推动，抑或两者等量齐观。我们也无法完全预测，在下一个具体情境中，究竟是康德主义的方式更好，还是功利主义的办法更佳。因此，伦理学的关键"既不在于从规范上去提出应当如何生活，也不在于从形上学的角度去先验地断言人性的善恶，亦不在于从历史的经验中去描述道德意识的远古起源，甚至不在于从生物遗传的角度去探寻道德的基因"③，而在于，根据日常生活的复杂性来为今后的伦理实践预备足够的应对之策。为此，亚里士多德主义美德伦理学的实践理性概念可以也应该有更大的空间，将康德主义或功利主义的论述在一定条件下融为自身的一部分。从这个意义上讲，"美德伦理学的复兴不仅仅提供了'第三条道路'；它挑战了潜在的假设，从而不仅为其他形式的理论提供了一种替代品，而且为它们丰富自身提供了

---

① Mark Johnson, *Morality for Humans: Ethical Understanding from the Perspective of Cognitive Science*, Chicago: The University of Chicago Press, 2014, pp. 115 – 118.
② 克劳斯·黑尔德：《对伦理的现象学复原》，《哲学研究》2005 年第 1 期。
③ 王庆节：《道德感动与伦理意识的起点》，《哲学研究》2010 年第 10 期。

资源"①。

亚里士多德主义美德伦理学的融合性除了表现在它承认一个心智成熟的行为者在实践智慧的指引下融贯地运用理性、情感、欲望、感觉等心理要素，还表现在它允许那些心智尚不够成熟的行为者（比如，儿童）也能被纳入伦理学的考虑之中，而成为道德行为者的一个部分。这既意味着"道德行为者"的指称对象的数量增加，也意味着那些非理性的心理因素不仅在跨情境的维度上，而且将在跨时间的维度上得到合理的承认与接纳。毕竟，经验观察和心理科学研究都表明，儿童的道德判断与道德推理，在很大程度上，就是受趋利避害的欲望或喜怒哀乐的情感支配的。正如赫斯特豪斯指出的那样，在亚里士多德的思想中有一个特别务实的方面，那就是"他从未忘记'我们都曾是儿童'这个事实"②。坚持亚里士多德主义立场的美德伦理学相信，我们并非一夜之间就变成拥有实践智慧的成熟行为者，"从儿童到成人的转变是一个连续的过程，不存在发生这种改变的精确位置"③。因此，关于道德行为者之心理基础的伦理学分析，必须承认和体现这种连续性，亦即，描述一种（大致）从"以感觉、欲望、情感为主"直至"以理性为主"的心理发展过程。

这样，不仅非理性的心理要素能够在亚里士多德主义的美德伦理学中找到合适的位置并得到合理的说明，而且，通过引入时间维度，行为者也不再是某种尽管心智成熟但却静态而抽象的理性存在者或功利追求者形象，而是拥有了一种逐步发展和变迁的动态人格。由此，

---

① Julia Annas, "Virtue Ethics", in David Copp ed., *The Oxford Handbook of Ethical Theory*, Oxford: Oxford University Press, 2006, p. 533.

② Rosalind Hursthouse, *On Virtue Ethics*, New York: Oxford University Press, 1999, p. 14.

③ Rosalind Hursthouse, *On Virtue Ethics*, New York: Oxford University Press, 1999, p. 15.

美德伦理学将会特别注重对行为者的实践理性的教育和培养，也拥有更多的心理资源可以用于这种教育和培养。① 对亚里士多德主义的美德伦理学来说，即便承认行为者最初缺乏理性，也不要紧。因为，这正是每个正常的行为者所必然经历的阶段。真正重要的是，通过在接受理性的教诲的同时又扬弃地融合那些感性的心理要素，美德伦理学已经为它所主张的那种理想行为者（实践智慧之人）铺陈出一条切实可行的成长之路。②

---

① 参见（1）Brad Wilburn ed., *Moral Cultivation: Essays on the Development of Character and Virtue*, Plymouth: Lexington Books, 2007, ch. 3;（2）Nancy E. Snow ed., *Cultivating Virtue: Perspectives from Philosophy, Theology and Psychology*, Oxford: Oxford University Press, 2015, ch. 5。

② 安娜斯说："根据古典美德伦理学，我们是从效仿其他人而开始我们的道德教育的，既是通过做出关于对与错的特殊判断，又是通过将某些人当作角色楷模或示范，或是通过遵循特定的规则。最开始，作为学生，我们之所以采纳这些观点，是因为我们被告知应当这么做，或是因为它们看起来就是显而易见的，并且，我们得到的是一组零碎的、基于别人的权威而被接受的道德观点。对美德伦理学来说，好的道德教育的目的在于，要让学生为了自己而思考他的行动理由，从而思考他被传授的那些内容。于是，在理想状况下，这位效仿者将会开始反思他所接受的东西，将会考察和处理其中不一致的地方，而且，将会努力使得自己的判断与实践根据一种能够使他整合、解释和证明其所做出的具体决定的较为宽阔的理解而变得协调起来。"参见 Julia Annas, "Virtue Ethics", in David Copp ed., *The Oxford Handbook of Ethical Theory*, Oxford: Oxford University Press, 2006, p. 517。

参考文献

一、著作

安东尼·朗:《心灵与自我的希腊模式》,何博超译,北京大学出版社 2015
　　年版。

奥古斯丁:《独语录》,成官泯译,上海社会科学院出版社 1997 年版。

奥古斯丁:《恩典与自由》,奥古斯丁著作翻译小组译,江西人民出版社
　　2008 年版。

奥古斯丁:《论灵魂及其起源》,石敏敏译,中国社会科学出版社 2004 年版。

芭芭拉·赫尔曼:《道德判断的实践》,陈虎平译,东方出版社 2006 年版。

北京大学哲学系编译:《西方哲学原著选读》,商务印书馆 1999 年版。

柏拉图:《理想国》,郭斌和等译,商务印书馆 1986 年版。

布伦塔诺:《从经验立场出发的心理学》,郝亿春译,商务印书馆 2017 年版。

策勒尔:《古希腊哲学史纲》,翁绍军译,山东人民出版社 1992 年版。

大卫·查默斯:《有意识的心灵》,朱建平译,中国人民大学出版社 2013
　　年版。

戴维·迈尔斯:《社会心理学》,侯玉波等译,人民邮电出版社 2006 年版。

丹尼尔·斯图尔加:《物理主义》,王华平等译,华夏出版社 2014 年版。

德尔图良:《论灵魂和身体的复活》,王晓朝译,道风书社 2001 年版。

狄尔泰:《精神科学引论》,童奇志等译,中国城市出版社 2002 年版。

笛卡尔:《第一哲学沉思录》,庞景仁译,商务印书馆 1986 年版。

笛卡尔:《论灵魂的激情》,贾江鸿译,商务印书馆 2013 年版。

笛卡尔:《哲学原理》,关文运译,商务印书馆 1958 年版。

范明生：《晚期希腊哲学和基督教神学》，上海人民出版社 1993 年版。

冯契主编：《哲学大辞典》，上海辞书出版社 2001 年版。

G. 墨菲、J. 科瓦奇：《近代心理学历史导引》（上册），林方等译，商务印书馆 1980 年版。

哈奇森：《论激情和感情的本性与表现》，戴茂堂等译，浙江大学出版社 2009 年版。

海德格尔：《尼采》（上卷），孙周兴译，商务印书馆 2002 年版。

海德格尔：《现象学之基本问题》，丁耘译，上海译文出版社 2008 年版。

荷马：《伊利亚特；奥德赛》，陈中梅译，上海译文出版社 1998 年版。

黑格尔：《哲学史讲演录》（第 1 卷），贺麟、王太庆译，商务印书馆 1959 年版。

胡塞尔：《笛卡尔式的沉思》，张廷国译，中国城市出版社 2002 年版。

胡塞尔：《逻辑研究》（第 2 卷），倪梁康译，上海译文出版社 1998 年版。

胡塞尔：《现象学的构成研究：纯粹现象学和现象学哲学的观念》（第 2 卷），李幼蒸译，中国人民大学出版社 2013 年版。

黄希庭、郑涌：《心理学十五讲》，北京大学出版社 2014 年版。

基尔克等：《前苏格拉底哲学家：原文精选的批评史》，聂敏里译，华东师范大学出版社 2014 年版。

吉尔伯特·赖尔：《心的概念》，徐大建译，商务印书馆 1992 年版。

江畅：《德性论》，人民出版社 2011 年版。

杰里·博格：《人格心理学》，陈会昌译，中国轻工业出版社 2014 年版。

康德：《道德形而上学原理》，苗力田译，上海人民出版社 2002 年版。

康德：《任何一种能够作为科学出现的未来形而上学导论》，庞景仁译，商务印书馆 1977 年版。

康德：《实践理性批判》，邓晓芒译，人民出版社 2003 年版。

克里斯托弗·希尔兹编：《古代哲学》，聂敏里译，中国人民大学出版社 2009 年版。

李义天：《美德、心灵与行动》，中央编译出版社 2016 年版。

李义天：《美德伦理学与道德多样性》，中央编译出版社 2012 年版。

刘宇：《实践智慧的概念史研究》，重庆出版社 2013 年版。

罗斯：《亚里士多德》，王路译，商务印书馆 1997 年版。

罗素：《心的分析》，贾可春译，商务印书馆 2010 年版。

洛克：《人类理解论》（上），关文运译，商务印书馆 1959 年版。

洛克：《人类理解论》（下），关文运译，商务印书馆 1959 年版。

玛莎·纳斯鲍姆：《善的脆弱性》，徐向东等译，译林出版社 2006 年版。

麦金太尔：《伦理学简史》，龚群译，商务印书馆 2003 年版。

苗力田主编：《古希腊哲学》，中国人民大学出版社 1989 年版。

内格尔：《人的问题》，万以译，上海译文出版社 2004 年版。

尼古拉斯·布宁、余纪元编：《西方哲学英汉对照辞典》，人民出版社 2001
    年版。

诺尔曼·李莱佳德：《伊壁鸠鲁》，王利译，中华书局 2005 年版。

亓奎言：《神经伦理学：实证与挑战》，上海交通大学出版社 2017 年版。

乔纳森·巴恩斯编：《剑桥亚里士多德研究指南》，廖申白等译，北师大出
    版社 2015 年版。

沙夫茨伯里：《人、风俗、意见与时代之特征》，李斯译，武汉大学出版社
    2010 年版。

施泰因：《论移情问题》，张浩军译，华东师范大学出版社 2014 年版。

斯宾诺莎：《伦理学》，贺麟译，商务印书馆 1983 年版。

托马斯·黎黑：《心理学史》，蒋柯等译，上海人民出版社 2013 年版。

汪子嵩等：《希腊哲学史》（第 1 卷），人民出版社 1997 年版。

斯蒂芬·斯蒂克等编：《心灵哲学》，高新民等译，中国人民大学出版社
    2014 年版。

威廉·詹姆士：《彻底的经验主义》，庞景仁译，上海人民出版社 1965 年版。

维尔海姆·冯特：《人类与动物心理学讲义》，李维译，北京大学出版社
    2013 年版。

维尔纳·耶格尔：《亚里士多德：发展史纲要》，朱清华译，人民出版社
    2013 年版。

文德尔班：《古代哲学史》，詹文杰译，上海三联书店 2009 年版。

西季威克：《伦理学史纲》，熊敏译，江苏人民出版社 2008 年版。

休谟：《道德原则研究》，曾晓平译，商务印书馆 2002 年版。

休谟：《人性论》（下册），关文运译，商务印书馆 1980 年版。

徐向东：《道德哲学与实践理性》，商务印书馆 2006 年版。

亚当·斯密：《道德情操论》，蒋自强等译，商务印书馆 1997 年版。

亚里士多德：《尼各马可伦理学》，廖申白译，商务印书馆 2003 年版。

亚里士多德：《尼各马可伦理学》，苗力田译，中国社会科学出版社 1999
年版。

亚里士多德：《政治学》，吴寿彭译，商务印书馆 1965 年版。

杨适：《古希腊哲学探本》，商务印书馆 2003 年版。

余纪元：《亚里士多德伦理学》，中国人民大学出版社 2011 年版。

约翰·华生：《行为主义》，李维译，北京大学出版社 2012 年版。

赵汀阳：《论可能生活》，中国人民大学出版社 2004 年版。

赵永刚：《美德伦理学：作为一种道德类型的独立性》，湖南师范大学出版
社 2011 年版。

A. W. Price, *Mental Conflict*, New York: Routledge, 1995.

Adam Smith, *The Theory of Moral Sentiments*, Oxford: Oxford University Press,
1976.

Aristotle, *De Anima Books II and III*, trans. by D. Hamlyn, Oxford: Clarendon
Press, 1993.

Aristotle, *Nicomachean Ethics*, trans. by Robert C. Bartlett, Susan D. Collins,
Chicago: The University of Chicago Press, 2011.

B. F. Skinner, *Science and Human Behavior*, New York: Macmillan, 1953.

Bernard Hart, *The Psychology of Insanity*, Cambridge: Cambridge University
Press, 2010.

Bernard Williams, *Moral Luck*, Cambridge: Cambridge University Press, 1981.

Brad Inwood ed., *The Cambridge Companion to the Stoics*, Cambridge:
Cambridge University Press, 2003.

Brad Wilburn ed., *Moral Cultivation: Essays on the Development of Character
and Virtue*, Plymouth: Lexington Books, 2007.

C. C. W. Taylor, *Aristotle: Nicomachean Ethics Books II－IV*, Oxford:
Oxford University Press, 2006.

C. D. Baston, *The Altruism Question: Toward a Social-Psychological Answer*, Hillandale: Lawrence Erlbaum, 1991.

C. D. C. Reeve, *Practice of Reason: Aristotle's Nichomachean Ethics,* Oxford: Clarendon Press, 1992.

Christine Korsgaard, *The Constitution of Agency: Essays on Practical Reason and Moral Psychology*, New York: Oxford University Press, 2008.

D. Amstrong, *A Materialist Theory of the Mind*, London: Routledge and Kegan Paul, 1968.

Daniel C. Russell, *Practical Intelligence and the Virtues*, Oxford: Clarendon Press, 2009.

Daniel Dennett, *Brainstorms*, Montgomery: Bradford Books, 1978.

David Charles, *Aristotle's Philosophy of Action*, Ithaca: Cornell University Press, 1984.

David Furley ed. , *Routledge History of Philosophy*, Vol. 2, London: Routledge, 1999.

David Hume, *A Treatise of Human Nature*, Auckland: The Floating Press, 2009.

Diana Lobel, *Philosophies of Happiness: A Comparative Introduction to the Flourishing Life*, New York: Columbia University Press, 2017.

Edward B. Titchener, *Lectures on the Experimental Psychology of Thought Processes*, New York: The Macmillan Co. , 1909.

Frederick Rosen, *Classical Utilitarianism from Hume to Mill*, New York: Routledge, 2003.

G. E. M. Anscombe, *Intention*, Cambridge, MA. : Harvard University Press, 1957.

G. R. F. Ferrari, *City and Soul in Plato's Republic,* Chicago: The University of Chicago Press, 2005.

Galen Strawson, *Mental Reality*, Cambridge, MA. : The MIT Press, 1994.

Giles Pearson, *Aristotle on Desire*, Cambridge: Cambridge University Press, 2012.

Gordon Allport, *Personality: A Psychological Interpretation*, New York: H. Holt and Co. , 1937.

Ingram Bywater ed. , *Aristotelis Ethica Nicomachea*, Cambridge: Cambridge University Press, 2010.

James Baillie, *Hume on Morality*, London: Routledge, 2000.

Jan Bremmer, *The Early Greek Concept of the Soul*, Princeton: Princeton University Press, 1983.

John Cooper, *Reason and Human Good in Aristotle*, Cambridge: Harvard University Press, 1975.

John Doris, *Lack of Character: Personality and Moral Behavior*, Cambridge: Cambridge University Press, 2002.

John Searle, *Minds, Brains and Science*, Cambridge: Harvard University Press, 1984.

Julia Annas, *Platonic Ethics, Old and New*, Ithaca: Cornell University Press, 1999.

Julia Drive, *Uneasy Virtue*, New York: Cambridge University Press, 2001.

Kathleen Freeman ed. , *Ancilla to the Pre-Socratic Philosophers: A Complete Translation of the Fragments in Diels*, Cambridge, MA. : Harvard University Press, 1948.

Lawrence Blum, *Moral Perception and Particularity*, New York: Cambridge University Press, 1994.

Linda Zagzebski, *Virtue of the Mind: An Inquiry into the Nature of Virtue and the Ethical Foundations of Knowledge*, Cambridge: Cambridge University Press, 1996.

Lou Agosta, *A Rumor of Empathy*, London: Palgrave Macmillan, 2014.

Mark Johnson, *Morality for Humans: Ethical Understanding from the Perspective of Cognitive Science*, Chicago: The University of Chicago Press, 2014.

Martha C. Nussbaum, *Upheavals of Thought: The Intelligence of Emotions*, New York: Cambridge University Press, 2001.

Martin Hoffman, *Empathy and Moral Development,* Cambridge: Cambridge University Press, 2000.

Michael Slote, *Moral Sentimentalism*, New York: Oxford University Press, 2010.

Michael Slote, *Morals from Motives*, New York: Oxford University Press, 1992.

Michael Slote, *The Ethics of Care and Empathy*, New York: Routledge, 2007.

Michael Smith, *The Moral Problem*, Malden: Blackwell Publishing Ltd. , 1994.

Mike Martin, *From Morality to Mental Health: Virtue and Vice in a Therapeutic Culture*, Oxford: Oxford University Press, 2006.

Nancy E. Snow ed. , *Cultivating Virtue: Perspectives from Philosophy, Theology and Psychology*, Oxford: Oxford University Press, 2015.

Nicholas Bunning, Jiyuan Yu eds. , *The Blackwell Dictionary of Western Philosophy*, Malden: Blackwell Publishing Ltd. , 2004.

Nomy Arpaly, *Unprincipled Virtue: An Inquiry into Moral Agency*, Oxford: Oxford University Press.

Owen Flanagan, Amelie Rorty eds. , *Identity, Character and Morality: Essays in Moral Psychology*, Cambridge, MA. : The MIT Press, 1990.

Owen Flanagan, Amelie Rorty eds. , *Identity, Character and Morality: Essays in Moral Psychology*, Cambridge, MA. : The MIT Press, 1990.

Philippa Foot, *Natural Goodness*, New York: Oxford University Press, 2001.

Philippa Foot, *Virtues and Vices and Other Essays in Moral Philosophy*, Berkeley: University of California Press, 1978.

Raymond J. Devettere, *Introduction to Virtue Ethics: Insights of the Ancient Greek*, Wanshington DC. : Georgetown University Press, 2002.

Robert Brandom, *Making It Explicit: Reasoning, Representing and Discursive Commitment*, Cambridge, MA. : Harvard University Press, 1994.

Rosalind Hursthouse, *On Virtue Ethics*, New York: Oxford University Press, 1999.

S. Frost, *Basic Teachings of the Great Philosophers*, New York: Doubleday, 1989.

St. Thomas Aquina, *Questions on the Soul*, edited by James Robb, Milwaukee: Marquette University Press, 1984.

Stephen Darwall ed. , *Virtue Ethics*, Malden: Oxford University Press, 2003.

Susan T. Fiske, Daniel T. Gilbert, Gardner Lindzey eds. , *Handbook of Social Psychology*, Vol. 2, 5th edition, New Jersey: John Wiley & Sons, Inc. , 2010.

Thomas Hurka, *Virtue, Vice and Value*, New York: Oxford University Press, 2001.

Thomas Scanlon, *What We Owe Each Other*, Cambridge, MA. : Harvard University Press, 1998.

Tom Beauchamp, *Philosophical Ethics*, New York: McGraw-Hill Book Company, 1982.

Tom L. Beauchamp, *Philosophical Ethics*, New York: McGraw Hill Book Company, 1982.

W. D. Hart, *Engines of Soul*, Cambridge: Cambridge University Press, 1988.

W. Guthrie, *Orpheus and Greek Religion*, Princeton: Princeton University Press, 1993.

Walter Mischel, *Personality and Assessment*, New York: Wiley, 1968.

Walter Sinnott-Armstrong ed. , *Moral Psychology*, Vol. 1, Cambridge, MA. : The MIT Press, 2008.

二、论文、析出文献及其他

阿奎那:《论人》,载《神学大全》(第 1 集第 6 卷),段德智译,商务印书馆 2013 年版。

宝拉·高特里布:《实践三段论》,载理查德·克劳特编:《布莱克维尔〈尼各马可伦理学〉指南》,刘玮、陈玮译,北京大学出版社 2014 年版。

柏拉图:《斐德罗篇》,载《柏拉图全集》(第 2 卷),王晓朝译,人民出版社 2002 年版。

柏拉图:《斐多篇》,载《柏拉图全集》(第 1 卷),王晓朝译,人民出版社 2002 年版。

柏拉图:《国家篇》,载《柏拉图全集》(第 2 卷),王晓朝译,人民出版社

2002 年版。

柏拉图：《美诺》，载《柏拉图全集》（第 1 卷），王晓朝译，人民出版社 2002 年版。

柏拉图：《普罗泰戈拉》，载《柏拉图全集》（第 1 卷），王晓朝译，人民出版社 2002 年版。

布伦塔诺：《伦理知识的起源》，许为勤译，《贵州大学学报（社会科学版）》2003 年第 1 期。

陈立胜：《恻隐之心："同感""同情"与"在世基调"》，《哲学研究》2011 年第 12 期。

陈真：《论斯洛特的道德情感主义》，《哲学研究》2013 年第 6 期。

陈真：《斯洛特是如何从"是"推出"应当"的?》，《伦理学研究》2016 年第 4 期。

戴维森：《行动、理由与原因》，载《真理、意义与方法》，牟博等译，商务印书馆 2008 年版。

多罗西娅·弗雷德：《亚里士多德伦理学中的快乐与痛苦》，载理查德·克劳特编：《布莱克维尔〈尼各马可伦理学〉指南》，刘玮、陈玮译，北京大学出版社 2014 年版。

费多益：《情绪的内在经验与情境重构术》，《哲学研究》2013 年第 11 期。

费多益：《情绪的哲学分析》，《哲学动态》2013 年第 10 期。

费多益：《认知视野中的情感依赖与理性、推理》，《中国社会科学》2012 年第 8 期。

甘绍平：《意志自由与神经科学的挑战》，《哲学研究》2013 年第 8 期。

耿宁：《孟子、斯密与胡塞尔论同情与良知》，陈立胜译，《世界哲学》2011 年第 1 期。

赫斯特豪斯：《规范美德伦理学》，邵显侠译，《求是学刊》2004 年第 2 期。

胡塞尔：《纯粹现象学通论·法译本译者导言》，李幼蒸译，中国人民大学出版社 2014 年版。

贾新奇：《美国道德心理学发展状况管窥》，《伦理学研究》2011 年第 5 期。

柯克·路德维希：《心身问题：一个综述》，载斯蒂芬·斯蒂克等编：《心灵哲学》，高新民等译，中国人民大学出版社 2014 年版。

克劳斯·黑尔德：《对伦理的现象学复原》，《哲学研究》2005 年第 1 期。

乐国安、董颖红：《情绪的基本结构：争论、应用及其前瞻》，《南开学报（哲学社会科学版）》2013 年第 1 期。

李恒威：《觉知及其反身性结构》，《中国社会科学》2011 年第 4 期。

李晓进：《西方哲学中意向性话题的嬗变脉络和发展动向》，《中山大学学报（社会科学版）》2012 年第 5 期。

李忠伟：《亚里士多德与布伦塔诺论意向性》，《中国现象学与哲学评论》2015 年第 2 期。

理查德·克劳特：《如何证成伦理命题》，载理查德·克劳特编：《布莱克维尔〈尼各马可伦理学〉指南》，刘玮、陈玮译，北京大学出版社 2014 年版。

廖申白：《"做事"：日常语言中朦胧的公共交往伦理观念》，《哲学研究》2005 年第 7 期。

廖申白：《试析亚里士多德的灵魂论》，《道德与文明》2012 年第 5 期。

廖申白：《我们的"做人"观念》，《北京师范大学学报（社会科学版）》2004 年第 2 期。

刘明海：《还原论的当代发展》，《江汉论坛》2012 年第 4 期。

刘玮：《亚里士多德伦理学的两个起点：Endoxa 与良好的教养》，《世界哲学》2011 年第 2 期。

刘宇：《当代西方"实践智慧"问题研究的四种进路》，《现代哲学》2010 年第 4 期。

卢华萍：《苏格拉底与亚里士多德论意志软弱》，《外国哲学》第 17 辑，商务印书馆 2005 年版。

罗森：《实践智慧或本体论：亚里士多德和海德格尔》，载聂敏里选译：《20世纪亚里士多德研究文选》，华东师范大学出版社 2010 年版。

马文艳编译：《科学发现支持亚当·斯密道德理论》，《中国社会科学报》2012 年 4 月 13 日，第 A3 版。

倪梁康：《东西方意识哲学中的"意向性"与"元意向性"问题》，《文史哲》2015 年第 5 期。

倪梁康：《现象学的方法特征——关于现象学与人类学、心理学之间关系的思考》，《安徽大学学报（哲学社会科学版）》2009 年第 3 期。

倪梁康：《早期现象学运动中的特奥多尔·利普斯与埃德蒙德·胡塞尔——从移情心理学到同感现象学》，《中国高校社会科学》2013 年第 3 期。

彭凯平、喻丰：《道德的心理物理学：现象、机制与意义》，《中国社会科学》2012 年第 12 期。

彭凯平等：《实验伦理学：研究、贡献与挑战》，《中国社会科学》2011 年第 6 期。

亓奎言：《神经伦理学研究的进展》，《自然辩证法通讯》2009 年第 5 期。

亓学太：《行动的理由与道德的基础》，《学术月刊》2010 年第 5 期。

亓学太：《理由、情感与道德的规范性》，《道德与文明》2010 年第 5 期。

舍勒：《同感现象的差异》，载刘小枫编：《舍勒选集》（上），上海三联书店 1999 年版。

施泰因：《一个犹太家庭的生活》，转引自玛利亚·桑德曼：《导言》，载施泰因：《论移情问题》，张浩军译，华东师范大学出版社 2014 年版。

斯蒂芬·斯蒂克等：《民间心理学》，载斯蒂芬·斯蒂克等编：《心灵哲学》，高新民等译，中国人民大学出版社 2014 年版。

斯坎伦：《一种契约论理论》，载约瑟夫·德马科、理查德·福克斯：《现代世界伦理学新趋向》，石毓彬等译，中国青年出版社 1990 年版。

谭安奎：《古今之间的哲学与政治：Martha C. Nussbaum 访谈录》，《开放时代》2010 年第 11 期。

特伦斯·霍根、詹姆斯·伍德沃德：《民众心理学不会消失》，载高新民等编：《心灵哲学》，商务印书馆 2002 年版。

王庆节：《道德感动与伦理意识的起点》，《哲学研究》2010 年第 10 期。

王淑芹：《近代情感主义伦理学的道德追寻》，《中国人民大学学报》2004 年第 4 期。

吴天岳：《重思〈理想国〉中的城邦-灵魂类比》，《江苏社会科学》2009 年第 3 期。

希拉里·普特南、乔什·哈兰：《论心灵、意义和实在——希拉里·普特南访谈录》，《科学技术哲学研究》2010 年第 6 期。

肖恩·麦卡尼尔：《美德伦理学的一种亚里士多德式的解释：论道德分类

学》，赵永刚译，载李建华主编：《伦理学与公共事务》（第 3 卷），湖
南人民出版社 2009 年版。

徐向东：《道德知识与伦理客观性》，《云南大学学报（社会科学版）》2013
年第 1 期。

徐向东：《休谟主义、欲望与实践承诺》，《自然辩证法通讯》2015 年第
2 期。

徐英瑾：《英美心灵哲学到底在何处异于欧陆现象学?》，载约翰·塞尔：
《心灵导论》，徐英瑾译，上海人民出版社 2008 年版。

徐长福：《实践智慧：是什么与为什么》，《哲学动态》2005 年第 4 期。

杨国荣：《理由、原因与行动》，《哲学研究》2011 年第 9 期。

杨国荣：《论意志软弱》，《哲学研究》2012 年第 8 期。

喻丰等：《道德人格研究：范式与分歧》，《心理科学进展》2013 年第 11 期。

喻丰等：《伦理美德的社会及人格心理学分析：道德特质的意义、困惑及解
析》，《清华大学学报（社会科学版）》2012 年第 4 期。

扎哈维：《同感、具身和人际理解：从里普斯到舒茨》，陈文凯译，《世界哲
学》2010 年第 1 期。

张浩军：《施泰因论移情的本质》，《世界哲学》2013 年第 2 期。

张浩军：《同感与道德》，《哲学动态》2016 年第 6 期。

张巍：《意图的形而上学》，《自然辩证法通讯》2015 年第 2 期。

张伟、杨明：《休谟问题再思考——基于同情、旁观者和效用原则的考察》，
《伦理学研究》2012 年第 5 期。

赵永刚：《美德伦理学的兴起与挑战：以道德心理学为线索》，《哲学动态》
2013 年第 2 期。

周晓亮：《试论西方心灵哲学中的"感受性问题"》，《黑龙江社会科学》
2008 年第 6 期。

A. W. Price, "Acrasia and Self-Control", in Richard Kraut ed., *The Blackwell Guide to Aristotle's Nicomachean Ethics*, Malden: Blackwell Publishing Ltd., 2006.

Aristotle, *Eudemian Ethics*, trans. by J. Solomon, in Jonathan Barnes ed., *The Complete Works of Aristotle*, Vol. 1, Princeton: Princeton University

Press, 1991.

Aristotle, *Generation of Animals*, trans. by A. Platt, in Jonathan Barnes ed. , *The Complete Works of Aristotle*, Vol. 1, Princeton: Princeton University Press, 1991.

Aristotle, *Movement of Animals*, trans. by A. S. L. Farquharson, in Jonathan Barnes ed. , *The Complete Works of Aristotle*, Vol. 1, Princeton: Princeton University Press, 1991.

Aristotle, *Nicomachean Ethics*, trans. by W. D. Ross, in Richard McKeon ed. , *The Basic Works of Aristotle*, New York: Random House Inc. , 2001.

Aristotle, *On the Soul*, trans. by J. Smith, in Jonathan Barnes ed. , *The Complete Works of Aristotle*, Vol. 1, Princeton: Princeton University Press, 1991.

Aristotle, *On Virtues and Vices*, trans. by J. Solomon, in Jonathan Barnes ed. , *The Complete Works of Aristotle*, Vol. 2, Princeton: Princeton University Press, 1991.

Aristotle, *Parts of Animals*, trans. by W. Ogle, in Jonathan Barnes ed. , *The Complete Works of Aristotle*, Vol. 1, Princeton: Princeton University Press, 1991.

Aristotle, *Physics*, trans. by R. P. Hardie, R. K. Gaye, in Jonathan Barnes ed. , *The Complete Works of Aristotle*, Vol. 1, Princeton: Princeton University Press, 1991.

Aristotle, *Rhetoric*, trans. by W. Rhys Roberts, in Jonathan Barnes ed. , *The Complete Works of Aristotle*, Vol. 2, Princeton: Princeton University Press, 1991.

Aristotle, *Sense and Sensibilia*, in Jonathan Barnes ed. , *The Complete Works of Aristotle*, Vol. 1, Princeton: Princeton University Press, 1991.

Bernard Wand, "A Note on Sympathy in Hume's Moral Theory", *The Philosophical Review*, Vol. 64, No. 2 (1955).

Bernard Williams, "Morality, the Peculiar Institution", in *Ethics and The Limits of Philosophy*, London: Fontana Press, 1985.

Bernard Williams, "The Analogy of City and Soul in Plato's *Republic*", in Richard Kraut ed., *Plato's Republic: Critical Essays*, Washington, DC.: Rowman & Littlefield Publishers Inc., 1997.

C. D. C. Reeve, "Aristotle on the Virtues of Thought", in Richard Kraut ed., *The Blackwell Guide to Aristotle's Nicomachean Ethics*, Malden: Blackwell Publishing Ltd., 2006.

C. Starkey, "On the Category of Moral Perception", *Social Theory and Practice*, Vol. 31, No. 1 (2006).

Candace Upton, "Virtue Ethics and Moral Psychology: The Situationism Debate", *The Journal of Ethics*, Vol. 13, No. 2 (2009).

Chris Bobonich, "Aristotle's Ethical Treatises", in Richard Kraut ed., *The Blackwell Guide to Aristotle's* Nicomachean Ethics, Malden: Blackwell Publishing Ltd., 2006.

Christian Miller, "Social Psychology and Virtue Ethics", *The Journal of Ethics*, Vol. 7, No. 4 (2003).

Christine Korsgaard, "Skepticism about Practical Reason", *Journal of Philosophy*, Vol. 83, No. 1 (2001).

Daniel Dennett, "Making Sense of Ourselves", *Philosophical Topics*, Vol. 12, No. 1 (1987).

David Sanford, "The Primary Objects of Perception", *Mind*, Vol. 85, No. 338 (1976).

David Solomon, "Internal Objection to Virtue Ethics", *Midwest Studies in Philosophy*, Vol. 13, No. 1 (1988).

Donald Davidson, "Actions, Reasons and Causes", in *Essays on Action, Reason and Cause*, Oxford: Clarendon Press, 2001.

Donald Davidson, "How Is Weakness of the Will Possible", in *Essays on Actions & Events*, Oxford: Clarendon Press, 1980.

Donald Davidson, "Intending", in *Essays on Action, Reason and Cause*, Oxford: Clarendon Press, 2001.

F. de Buzon, D. Kambouchner, *Le Vocabulaire de Descartes*, Paris: Ellipses,

1984,转引自贾江鸿:《笛卡尔对灵魂概念的变革》,《求是学刊》2013年第 3 期.

F. F. Centore, "Review of On Virtue Ethics", *The Review of Metaphysics*, Vol. 56, No. 1 (2002).

G. E. M. Anscombe, "Modern Moral Philosophy", *Philosophy*, Vol. 33, No. 124 (1958).

Gabriel R. Lear, "Aristotle on Moral Virtue and the Fine", in Richard Kraut ed., *The Blackwell Guide to Aristotle's Nicomachean Ethics*, Malden: Blackwell Publishing Ltd., 2006.

Gareth Matthews, "Aristotle: Psychology", in Christopher Shields ed., *The Blackwell Guide to Ancient Philosophy*, Malden: Blackwell Publishing Ltd., 2003.

Gavin Lawrence, "Human Good and Human Function", in Richard Kraut ed., *The Blackwell Guide to Aristotle's Nicomachean Ethics*, Malden: Blackwell Publishing Ltd., 2006.

Gilbert Harman, "Moral Philosophy Meets Social Psychology: Virtue Ethics and the Fundamental Attribution Error", *Proceedings of the Aristotelian Society*, Vol. 99 (1999).

Herbert A. Simon, "The Social and Behavioral Science", *Science*, Vol. 209, No. 4452 (1980).

Hilary Putnam, "Minds and Machines", in S. Hook ed., *Dimensions of Mind*, New York: Collier Books, 1960.

Hilary Putnam, "Philosophy and Our Mental Life", in *Mind, Language and Reality: Philosophical Papers*, Vol. 2, Cambridge: Cambridge University Press, 1975.

Hilary Putnam, "The Mental Life of Some Machines", in H. N. Castanda ed., *Intentionality, Minds and Perception*, Detroit: Wayne State University Press, 1967.

J. M. Digman, "Personality Structure: Emergence of the Five Factor Model", *Annual Review of Psychology* (1990).

Jamie Dow, "Aristotle's Theory of the Emotions: Emotions as Pleasures and Pains", in Michael Pakaluk, Giles Pearson eds., *Moral Psychology and Human Action in Aristotle*, Oxford: Oxford University Press, 2011.

Jesse Prinz, "The Moral Emotions", in Peter Goldie ed., *The Oxford Handbook of Philosophy of Emotion*, New York: Oxford University Press, 2010.

Joel Kupperman, "Character and Ethical Theory", in Peter French et al. eds., *Ethical Theory: Character and Virtue*, Notre Dame: University of Notre Dame Press, 1988.

John Doris, "Persons, Situations and Virtue Ethics", *Nous*, Vol. 32, No. 4 (1998).

John J. Smart, "Sensation and Brain Processes", *Philosophical Review*, Vol. 68, No. 2 (1959).

John R. Wallach, "Contemporary Aristotelianism", *Political Theory*, Vol. 20, No. 4(1992).

Jonathan Haidt, "The Emotional Dog and Its Rational Tail: A Social Intuitionist Approach to Moral Judgment", *Psychological Review*, Vol. 108 (2001).

Jonathan Webber, "Character, Attitude and Disposition", *European Journal of Philosophy*, Vol. 23, No. 4 (2013).

Jonathan Webber. "Virtue, Character and Situation", *Journal of Moral Philosophy*, Vol. 3, No. 2 (2006).

Julia Annas, "Virtue Ethics", in David Copp ed., *The Oxford Handbook of Ethical Theory*, Oxford: Oxford University Press, 2006.

Justin P. McBrayer, "A Limit Defense of Moral Perception", *Philosophical Studies*, Vol. 149, No. 3 (2010).

Kristján Kristjánsson, "An Aristotelian Critique of Situationism", *Philosophy*, Vol. 83, No. 323 (2008).

L. D. Ross, T. M. Amabile, J. L. Steinmetz, "Social Roles, Social Control and Biases in Social-Perception Processes", *Journal of Personality and Social Psychology*, Vol. 35, No. 7 (1977).

L. R. Goldberg, "An Alternative 'Description of Personality': The Big-Five

Factor Structure", *Journal of Personality and Social Psychology*, Vol. 59, No. 6 (1990).

Lee Ross, "The Intuitive Psychologist and His Shortcomings: Distortions in the Attribution Process", in L. Berkowitz ed., *Advances in Experimental Social Psychology*, New York: Academic Press, 1977.

Maria Merritt, "Virtue Ethics and Situationist Personality Psychology", *Ethical Theory and Moral Practice*, Vol. 3, No. 4 (2000).

Martha C. Nussbaum, "Aristotle on Emotions and Rational Persuasion", in Amelie O. Rorty ed., *Essays on Aristotle's Rhetoric*, Berkeley: University of California Press, 1996.

Martha C. Nussbaum, "Non-Relative Virtues: An Aristotelian Approach", in Martha Nussbaum, Amartya Sen eds., *The Quality of Life*, Oxford: Clarendon Press, 1993.

Max Scheler, "Wesen und Formen der Sympathie", in *Max Schelers Gesammelte Werke*, Band 7, Bern und Mtinehen: Francke Verlag, 1973.

Michael Slote, "Moral Sentimentalism and Moral Psychology", in David Copp ed., *The Oxford Handbook of Ethical Theory*, Oxford: Oxford University Press, 2006.

Michael Slote, "Moral Sentimentalism", *Ethical Theory and Moral Practice*, Vol. 7, No. 1 (2004).

Michael Slote, "Sentimentalist Virtue and Moral Judgement: Outline of a Project", *Metaphilosophy*, Vol. 34, No. 1－2 (2003).

Michael Stocker, "The Schizophrenia of Modern Ethical Theories", *The Journal of Philosophy*, Vol. 73, No. 14(1976).

P. G. Zimbardo, "Experimental Social Psychology: Behaviorism with Minds and Matters", in A. Rodrigues, R. V. Levine eds., *Reflections on 100 Years of Experimental Social Psychology*, New York: Basic Books, 1999.

R. M. Hare, "Weakness of Will", in L. Becker, C. Becker eds., *The Encyclopedia of Ethics*, 2nd ed., New York: Routledge, 2001.

Rachana Kamtekar, "Situationism and Virtue Ethics on the Content of Our

Character", *Ethics*, Vol. 114, No. 3 (2004).

Richard Kraut, "Introduction", in Richard Kraut ed., *The Blackwell Guide to Aristotle's Nicomachean Ethics, Malden*: Blackwell Publishing Ltd., 2003.

Richard Sorabji, "Aristotle on the Role of Intelligence in Virtue", in Amelie O. Rorty ed., *Essays on Aristotle's Ethics*, Berkeley: University of California Press.

Richard Taylor, "Ancient Wisdom and Modern Folly", in Peter A. French, Theodore E. Uehling, Jr., Howard K. Wettstein eds., *Ethical Theory: Character and Virtue*, Notre Dame: University of Notre Dame Press.

Rico Vitz, "Sympathy and Benevolence in Hume's Moral Psychology", *Journal of the History of Philosophy*, Vol. 42, No. 3 (2004).

Robert Audi, "Intending", *The Journal of Philosophy*, Vol. 70, No. 2 (1973).

Robert B. Louden, "On Some Vices of Virtue Ethics", in Roger Crisp, Michael Slote eds., *Virtue Ethics*, New York: Oxford University Press, 1997.

Robert McCrae, Paul Costa, "A Five-Factor Theory of Personality", in L. A. Pervin, O. P. John eds., *Handbook of Personality: Theory and Research*, New York: Guilford Press, 1999.

Rosalind Hursthouse, "Applying Virtue Ethics", in Rosalind Hursthouse, Gavin Lawrence, Warren Quinn eds., *Virtues and Reasons: Philippa Foot and Moral Theory*, New York: Oxford University Press, 1995.

Rosalind Hursthouse, "The Central Doctrine of the Mean", in Richard Kraut ed., *The Blackwell Guide to Aristotle's Nicomachean Ethics*, Malden: Blackwell Publishing Ltd., 2006.

Sarah Broadie, "Aristotle and Contemporary Ethics", in Richard Kraut ed., *The Blackwell Guide to Aristotle's Nicomachean Ethics*, Malden: Blackwell Publishing Ltd., 2006.

Stephen Everson, "Psychology", in Jonathan Barnes ed., *The Cambridge Companion to Aristotle*, Cambridge: Cambridge University Press, 1995.

Susan Meyer, "Aristotle on the Voluntary", in Richard Kraut ed., *The Blackwell Guide to Aristotle's Nicomachean Ethics*, Malden: Blackwell Publishing

Ltd. , 2006.

T. H. Irwin, "Aristotle on Reason, Desire and Virtue", *The Journal of Philosophy*, Vol. 72, No. 17 (1975).

T. H. Irwin, "The Metaphysical and Psychological Basis of Aristotle's Ethics", in A. O. Rorty ed. , *Essays on Aristotle's Ethics*, London: University of California Press, 1980.

Timothy Chappell, "Moral Perception", *Philosophy*, Vol. 83, No. 326 (2008).

Ullin T. Place, "Is Consciousness a Brain Process?", *British Journal of Psychology*, Vol. 47, No. 1 (1956).

William Frankena, "Hare on Moral Weakness and the Definition of Morality", *Ethics*, Vol. 98, No. 4 (1988).

后　记

2012年，我出版了自己关于美德伦理学研究的第一本专著——《美德伦理学与道德多样性》。从2004年选题，到后续写作，直至最后的修订出版，大概花了八年的时间。当时，我主要着眼于美德伦理学的道德探究观及其知识属性。因此，在那本书里，我没有处理或涉猎美德伦理学的全部问题，而仅仅试图论证与辩护的是：美德伦理学基本命题所蕴含与折射的那种道德多样性，是如何不同于且优越于道德普遍主义、道德多元论和道德相对主义的？

尽管是初出茅庐之作，但令我感动的是，那本书出版后得到了许多老师和前辈的鼓励与肯定，陆续获得第二届"中国伦理学会学术成果奖"一等奖（2015）、第八届"胡绳青年学术奖"提名奖（2018）等重要荣誉。对我而言，这些鼓励无疑是莫大的鞭策。它们使我在步入职业生涯以后，无论面对多大的压力或诱惑，无论有多么充分的理由放弃美德伦理学研究，我的初心都须臾未曾改变，未曾动摇。并且，就在那本书出版前后的日子里，我已经开始认真考虑：应当选择怎样的方向，才能延续并有效拓展自己的美德伦理学研究？

我逐渐意识到，对于美德伦理学这座理论殿堂而言，真正有益的工作不是让它更加华丽，而是让它更加稳固。因为，当美德伦理学的古典源头历经千年辗转而在现代社会再度复兴的时候，它迫切地需要根据现代的知识语境和生活语境做出相应的修缮与调适。因此，在我看来，接下来的任务，不是"推出"一个又一个美德伦理学的形态技法，而是"夯实"美德伦理学作为一种规范伦理理论的知识根基。也就是说，在论证和辩护了美德伦理学的知识观念等总体特征后，我还需更进一步，去处理那些更深层次的、基础性或支柱性的内部问题，即揭示或建构美德伦理学的心理基础。

很多人觉得，对美德伦理学而言，选择这样的研究方向意味着对现代道德哲学的屈服。但是我认为，美德伦理学如果真的要在现代社会实现它的复兴，真的要跟义务论、后果论鼎足而立，真的要成为现代伦理学说的一个实质性的组成部分，而不是仅仅满足于对现代道德哲学的嘲笑或否定，那么，它就必须要迈出这一步。更何况，对美德伦理学来说，这些方面本就是它亟待弥补的短板和亟须澄清的问题。因为，尽管人人都同意说，美德伦理学特别重视行为者的内在品质，特别重视行为者的心理因素，可是，它究竟重视哪些心理因素？它究竟怎样重视这些心理因素？这些因素究竟又怎样发挥效用、形成何种机理？迄今为止，我们其实并不清楚。这一方面当然是因为，包括亚里士多德在内的古典资源对这些问题的讨论尚未尽善尽美；另一方面也是因为，来自美德伦理学内部的讨论，如今不得不面对现代心灵哲学和现代心理科学的外部质疑与挑战。

因此，大概从 2010 年开始，我对美德伦理学的研究就逐渐集中到对于它的心理基础的探索上。我希望通过对亚里士多德的重新阅读、对现代美德理论的深入理解、对现代心灵哲学和心理科学的广泛吸收，能够较为清晰地梳理出一条线索或搭建一个框架，从而初步展示一种以亚里士多德主义为基本范式的美德伦理学将会如何表述和建构自己的道德心理学，又将会如何处理和应对其他相关学科的现代知识系统所提出的全新资源和挑战。我不得不承认，这是一个颇有难度的议题。它不仅意味着我必须时时顾及美德伦理学的古代源头和现代境遇，而且必须时时调适美德伦理学所提供的心理知识同各种现代心理理论之间的平衡与张力。因此，自我 2012 年正式着手此项工作之后，不知不觉间又过去了一个八年。

在这八年间，我的人生轨迹也发生了一些变化：从中央编译局又重新回到清华园。而为了撰写和修订这本书稿，我的右眼也患上了眼疾。但我想，如果这些改变能够有助于我对伦理学学术的钻研，或者，它们是为了呈现更好的思考而必须付出的代价，那么，这一切都是值得的。在这八年间，关于美德伦理学的心理基础问题，我的思考也在不断深化。2016 年，我曾尝试性地将思考过程的阶段成果结集出版。但如今看来，那本文集已经远远不能满足我对这个问题的探究，也远远不能代表我对这个问题的理解。它只能作为一个松散的、过渡性的思想产物，其中也只有个别观点可以被吸纳和保留在目前呈现的这部作品中，而且还必须得到全面的拓展和扬弃。所以，我更愿意把当下这本书看作我关于美德伦理学研究的第二部专著。我希望把它献给我的父母，感谢他们几十年如一日的付出，感谢他们奔波于京汉两地的辛劳。

本书的写作得到国家哲学社会科学基金和教育部"长江学者奖励计划"的支持。本书的出版得到清华大学道德与宗教研究院的资助。由衷感谢万俊人教授、唐文明教授、圣凯教授等诸位老师的教诲与指导。感谢商务印书馆白中林先生、尹振宇编辑的辛劳和帮助。感谢在这几年间围绕其中相关内容给我提出批评和修改意见的师长与同仁。关于美德伦理学的心理基础研究是一次跨时空、跨学科的奥妙之旅。希望能有更多朋友加入其中，相互批评，彼此砥砺，共同促进理论的发展，实现生活的成就。

李义天

庚子春　清华园

图书在版编目 (CIP) 数据

美德之心 / 李义天著 . —北京 : 商务印书馆，
2021
（清华大学道德与宗教研究丛书）
ISBN 978-7-100-19999-5

Ⅰ.①美… Ⅱ.①李… Ⅲ.①伦理学－研究 Ⅳ.
① B82

中国版本图书馆 CIP 数据核字（2021）第 107570 号

清华大学道德与宗教研究丛书
美德之心
李义天　著

商　务　印　书　馆　出　版
（北京王府井大街 36 号　邮政编码 100710）
商　务　印　书　馆　发　行
南京新世纪联盟印务有限公司印刷
ISBN　978-7-100-19999-5

2021 年 7 月第 1 版　　开本 700×1000　1/16
2021 年 7 月第 1 次印刷　　印张 24

定价：118.00 元